Susanne Fetzer · Grau sind nur die Haare

Die Bibelstellen stammen aus der Lutherbibel, revidierter Text von 1984
© Deutsche Bibelgesellschaft, Stuttgart 1999.


Bibliografische Information der Deutschen Nationalbibliothek

Die Deutsche Nationalbibliothek verzeichnet diese Publikation in der Deutschen Nationalbibliografie; detaillierte bibliografische Daten sind im Internet über http://dnb.d-nb.de abrufbar.

2., durchgesehene Auflage 2012

© 2010 Neukirchener Verlagsgesellschaft mbH, Neukirchen-Vluyn
Alle Rechte vorbehalten
Umschlaggestaltung: Andreas Sonnhüter, Düsseldorf
unter Verwendung eines Bildes von © istockphoto.com
Lektorat: Patrick Depuhl, Alpen
DTP: Andreas Sonnhüter, Düsseldorf
Verwendete Schriften: M Rockwell, The Mix
Gesamtherstellung: CPI – Ebner & Spiegel, Ulm
Printed in Germany
ISBN 978-3-7615-5755-6

**www.nvg-medien.de**

Susanne Fetzer

# Grau sind nur die Haare

## Handbuch für die neue Seniorenarbeit

# Danke

Viele Menschen haben auf ganz unterschiedliche Weise dazu beigetragen, dass dieses Handbuch entstehen konnte. Ihnen allen möchte ich danken:

Menschen, die mir wichtige Impulse gaben und die mich mit den nötigen Informationen versorgten.
Menschen, die mir über viele Jahre hinweg ermöglichten, Erfahrungen in der Seniorenarbeit zu sammeln und die mich teilhaben ließen an ihrem Ergehen und ihren Lebenserkenntnissen.
Und ganz besonders auch Menschen, die bereit waren, einen Beitrag für dieses Buch zu schreiben, um der Komplexität der neuen Seniorenarbeit gerecht zu werden und eine Vielzahl an Perspektiven einzubringen:

Christoph Alber, Adolf Ast, Maria Ast, Rolf Brune, Dr. Ludwig Burgdörfer, Brigitte Dürr, Karin Goetz, Bettina Groger, Fritz Hanßmann, Annette Härdter, Coretta Haustein, Elisabeth Heinecke, Rudolf Horn, Heiko Hörnicke, Claus Jesch, Silke Luther, Vera Kern, Heidrun Kopp, Eberhard Mayer, Gerhard Kohler, Trude Kohler, Martin Plath, Liesel Pohl, Ernst Raich, Magdalene Raich, Ulrich Ruck, Ernst Schmidt.
Konrad Eißler für sein Vorwort, Heinrich Kaufmann für die Begleitung bei der Entstehung dieses Buches, Patrick Depuhl für seine guten Ideen und die geduldige Betreuung des Projektes.
Allen Personen, die ihre Adressen für Informationszwecke zur Verfügung gestellt haben, und allen Männern und Frauen, die mit ihren Aussagen und mit ihrem Foto diesem Buch ein Gesicht gegeben haben.

# Inhalt

# Vorwort von Konrad Eißler

In einer Biografie über den Theologieprofessor Adolf Schlatter, der vor 60 Jahren an der Universität Tübingen gelehrt hat, las ich, dass er die letzte Lebensphase (ab 60) nicht als Periode abnehmender Kraft beklagte. Vielmehr würdigte er sie unter dem Gesichtspunkt der „besonderen Freuden des Herbstes" als Zeit des Ausreifens und der Erfüllung. „Der Ton der Dankbarkeit, der Sinn für das Festliche, das Empfinden für das bleibend Fruchtbare im Christenleben, die Gewissheit der Treue Gottes, all das gewann zunehmende Bedeutung."

Unsere dritte Lebensperiode sieht oft genug ganz anders aus. Die Gedanken gehen zurück, so wie es Jürnjakob Swehn, der Amerikafahrer, geschrieben hat: „Wenn die Menschen alt werden und die Beine wollen nicht mehr vorwärts, dann fangen die Gedanken an zu wandern, und sie wandern rückwärts."

Dann wird der Ton der Undankbarkeit lauter, weil die erwachsenen Kinder immer weniger Kontakt zu den Eltern suchen. Dann verkümmert der Sinn für das Festliche, weil die Schmerzens- und Krankheitstage alles andere als festlich sind. Dann stumpft das Empfinden für das Fruchtbare ab, weil im Spätherbst des Lebens keine Früchte mehr reifen. Und der Zweifel an der Treue Gottes nagt am schwächer werdenden Glauben.

Wir brauchen Hilfen zum gelingenden Leben, nicht nur in der Morgenzeit, sondern auch und gerade in der Abendzeit unserer Lebenstage.
Dieses gelungene Handbuch will eine solche Hilfe sein. Die grundsätzlichen Beiträge und die vielen praktischen Ideen für Seniorenarbeit sind Wegweiser für die nächsten Schritte im Morgenglanz der Ewigkeit.

„Wer der Sonne entgegengeht, hat die Nacht hinter sich."
(Marie Luise Kaschnitz)

Konrad Eißler

# Einleitung

Handbuch für die neue Seniorenarbeit – so lautet der Titel dieses Buches.
Neue Seniorenarbeit – warum eigentlich? Ist das „Alte", Bewährte, mal wieder nicht gut genug?

Um es gleich vorweg zu sagen: Neue Wege in der Seniorenarbeit sind nicht nötig, um in der Kirche einfach ein wenig „moderner" zu sein. Neue Wege sind auch nicht nötig, um das Erscheinungsbild der Gemeinde etwas aufzufrischen. Wir brauchen keine neuen, anderen Wege, weil es chic ist, immer wieder etwas Neues zu präsentieren.

Wir brauchen neue und andere Wege in der Seniorenarbeit, weil wir „neue" und andere Senioren haben!

Die Gruppe der Senioren umfasst einen riesigen Altersbereich. Die ältesten sind noch in den 1910er Jahren geboren, die jüngsten in den frühen 1950ern. Zwischen hochbetagten und jungen Senioren liegen über 40 Jahre – und ein entscheidendes Datum: Das Ende des Zweiten Weltkrieges war eines der einschneidendsten Ereignisse des 20. Jahrhunderts. Es war eine Zeitenwende. Die Welt vor 1945 war eine völlig andere als die Welt nach 1945. Die Zäsur durch das Ende des Zweiten Weltkrieges ist nicht nur in der Geschichte und Gesellschaftsordnung des neuen Deutschlands zu finden, sondern macht sich auch im Wesen der verschiedenen Generationen bemerkbar. Und diese „Zäsur" zwischen den Generationen ist nun im Seniorenbereich angekommen. Mit den nach 1945 geborenen Jahrgängen kommen zum ersten Mal Menschen ins Seniorenalter, die keine Kriegserfahrungen machen mussten. Es sind Senioren, die in einer Zeit des relativen Friedens und des zunehmenden Wohlstandes aufgewachsen sind und sich schon allein dadurch grundlegend von den älteren Seniorenjahrgängen unterscheiden.

Es ist zu erwarten, dass die Erfahrungswelten innerhalb der großen Gruppe der Senioren in Zukunft noch stärker auseinanderklaffen werden: dann nämlich, wenn die 1960er Jahrgänge in Rente gehen. Die kirchengemeindliche Seniorenarbeit wird es dann einerseits mit Menschen zu tun haben, die in ihrer Kindheit von Krieg, Bombenhagel und Mangelernährung, Flucht und Vertreibung geprägt wurden. Auf der anderen Seite werden junge Senioren stehen, die sich im Blick auf ihre gemeinsamen Kindheitserlebnisse vor allem an Bonanza, Flipper, Lassie und Nutella, an Ein Kessel Buntes, die Puhdys und Halloren Kugeln erinnern werden. Welch Unterschiede!!

Die Welt der Senioren ist ein Kaleidoskop der bunten Vielfalt. Keine Gruppe innerhalb der kirchengemeindlichen Arbeit unterscheidet sich so sehr im Blick auf ihre Lebenserfahrung, ihre Bedürfnisse und ihre vitalen Möglichkeiten.

Senioren heute sind sehr viel fitter, mobiler und interessierter als noch vor zwanzig Jahren. Das gefühlte Alter liegt oftmals zehn bis fünfzehn Jahre unterhalb des tatsächlichen. Die aktive, unabhängige Zeit nach dem Ende des Erwerbslebens hat sich deutlich verlängert. In der Regel machen sich gesundheitliche Einschränkungen und zunehmende Abhängigkeit erst in einem höheren Alter bemerkbar. Deshalb spricht man heute von der dritten *und* der vierten Lebensphase.

So findet kirchliche Seniorenarbeit im Spannungsfeld zwischen Chinareisen und Alzheimererkrankungen statt. Die aktiven, mobilen Senioren erkunden die Welt, fliegen nach Peking und folgen den Spuren der Seidenstraße. Pflegebedürftige oder demente Senioren dagegen finden nicht mal mehr den Weg vom Wohnzimmer in die Küche.

Kirchliche Seniorenarbeit hat es mit beiden Gruppen von Senioren zu tun – und mit allen nur denkbaren Varianten dazwischen. Diesen Spannungsbogen gilt es auszuhalten und auszufüllen. Neue Seniorenarbeit heißt deshalb auch: Neue Ideen und bewährte Angebote gehören zusammen, weil sich kirchengemeindliche Seniorenarbeit an alle Senioren richtet.

Senioren sind ein bunter, aktiver Haufen, interessiert am Leben und immer wieder für Überraschungen gut. Und Senioren sind Menschen, die sich mit dem Abnehmen ihrer Kräfte und mit dem Tod auseinandersetzen. Menschen, die einen Weg suchen, ihr Älterwerden auf gute Weise zu leben. Arbeit mit Senioren bedeutet deshalb vor allem eines: sich einlassen auf das volle, ganze Leben.

# A. GRUNDLAGEN
## EINER NEUEN SENIORENARBEIT

Leben ist Bewegung und Veränderung. Von der ersten Minute an beginnt ein Mensch, zu wachsen und sich weiterzuentwickeln. Auch unsere gesellschaftlichen und politischen Verhältnisse sind einem stetigen Wandel unterworfen – ein Wandel, der in den letzten Jahrzehnten an Geschwindigkeit und Dynamik zugenommen hat.

Als Christen möchten wir Gottes gute Nachricht zu den Menschen unserer Zeit bringen: zu konkreten Menschen an konkreten Orten in konkreten Lebenssituationen. Es ist deshalb nötig, das unveränderliche Evangelium auf unterschiedliche Weise weiterzusagen, damit es zu den Herzen der unterschiedlichsten Menschen findet. Paulus hat das im ersten Korintherbrief so formuliert (aus 1. Korinther 9,20-22): „Den Juden bin ich wie ein Jude geworden, damit ich die Juden gewinne. (...) Denen, die ohne Gesetz sind, bin ich wie einer ohne Gesetz geworden (...) damit ich die, die ohne Gesetz sind, gewinne. Den Schwachen bin ich ein Schwacher geworden, damit ich die Schwachen gewinne. Ich bin allen alles geworden, damit ich auf alle Weise einige rette."

Und wir können ergänzen: Den Senioren unserer Zeit müssen wir Senioren unserer Zeit werden, um ihnen Gottes gute Botschaft zu bringen!

Dazu müssen wir die Menschen in ihrer unterschiedlichen Situation verstehen und ihnen nahekommen. Eine neue, auf die heutigen Menschen ausgerichtete Seniorenarbeit ist kein opportunistischer Modernismus, sondern ein Gebot der Liebe Gottes.

Veränderung und Wandel in der Gemeindearbeit sind nicht immer leicht. Methoden der Arbeit haben sich in der Vergangenheit verändert und werden sich auch in Zukunft verändern. Was heute angemessen ist, kann in einigen Jahren bereits überholt sein. Es ist manchmal schwer für engagierte, langjährige Mitarbeiter, dazu ein Ja zu finden. Da gibt es Mitarbeiter, die seit 20 oder 30 Jahren in großer Treue und mit viel Einsatz den Seniorenkreis betreut haben. Nun stellen sie fest, dass deutlich weniger Teilnehmer kommen und dass viele Senioren andere Angebote bevorzugen. Ratlosigkeit und Enttäuschung macht sich breit. Es ist ein Stück Trauerarbeit nötig, um diese Entwicklung zu akzeptieren. Dabei ist es entscheidend, in diesem Prozess kein Negativ-Urteil über die eigene Arbeit zu sehen. Die bisherige Arbeit war gut, wichtig und hilfreich! Doch Arbeitsformen, Methoden, Gruppen und Kreise können sich ändern – ja, sie müssen es sogar: damit wir Gottes beständige und andauernde Liebe in angemessener Weise an die Menschen in ihren wechselnden Lebenssituationen weitergeben können.

Oft wird heute im Zusammenhang mit einer neuen Seniorenarbeit mit der demografischen Bevölkerungsentwicklung und der zunehmenden Überalterung der Gesellschaft argumentiert. Aber: Die Notwendigkeit einer neuen Seniorenarbeit hat nur zum Teil damit zu tun, dass wir mehr Senioren bekommen werden. Die Notwendigkeit einer neuen Seniorenarbeit liegt vor allem darin begründet, dass wir *andere* Senioren haben – egal, wie viele es dann sind. Kirchliche Seniorenarbeit ist nötig und wichtig, ganz unabhängig davon, wie groß die Gruppe der Senioren ist. Dass die Zahl älterer Menschen beständig wächst, verstärkt die Notwendigkeit einer neu ausgerichteten Seniorenarbeit, aber begründet sie nicht.

Mancher stöhnt vielleicht: Jetzt müssen wir in unserer Gemeinde noch mehr, noch andere, noch aktuellere Arbeit für Senioren machen! Wie sollen wir das auch noch fertigbringen? Woher dazu die Mitarbeiter nehmen? – Doch „neue" Seniorenarbeit bedeutet auch: Senioren engagieren sich für Senioren. Ziel ist es, Senioren eine Plattform zu bieten, um sich selbst zu organisieren. Es geht darum, Senioren zu ermöglichen, selbstbestimmt in von ihnen ausgewählten Bereichen tätig zu werden – für sich selbst und für andere.

Jugendliche, junge Erwachsene und Ältere haben unterschiedliche Gaben. Alle sind wichtig. Dabei bietet die Seniorenarbeit viele Möglichkeiten für generationenübergreifende Arbeit. Die Arbeit von und mit Senioren kann so zur elementaren Bereicherung der Gemeinde beitragen. Ja, sie kann in Zukunft zum Motor der Gemeindearbeit werden.

Ich benutze in diesem Buch die Bezeichnung „Senioren" und meine damit diejenigen Menschen, die das berufliche Arbeitsleben hinter sich haben und nun im Ruhestand sind. Das bedeutet natürlich, dass der Beginn des Seniorenalters nicht genau definiert werden kann. Es ist auf diese Weise möglich, dass ein 55-jähriger Vorruheständler zu den Senioren gehört, ein 64-jähriger Arbeiter aber noch nicht.

Auf folgende Punkte kommt es bei einer neuen Seniorenarbeit an:

# 1. Potenziale entdecken

Wer mit älteren Menschen zu tun hat, ist einer permanenten Gefahr ausgesetzt: der Gefahr, sein Gegenüber zu unterschätzen!

Menschen, die in Rente sind, die ein paar Falten mehr im Gesicht haben und Coregatabs benutzen, werden in unserer Gesellschaft nach wie vor unterschätzt. Dabei verlieren Männer und Frauen, die in den Ruhestand gehen, nicht von einem Tag auf den anderen ihr Können, ihre Kompetenz, ihre Kreativität und ihre Lust aufs Leben!

*„Die geschenkten Jahre nach dem Berufsleben ermöglichen es heute vielen Älteren, sensibler zu werden und sich mehr als vorher für Andere einzubringen."* Adolf Ast, 79, Meßstetten

Gott hat jeden einzelnen Menschen mit einem Reichtum an Eigenschaften, Talenten und Fähigkeiten ausgestattet – Geschenke Gottes, die sich nicht einfach mit dem 65. Geburtstag in Luft auflösen. Senioren haben vielfältige Gaben und können damit zu einer immensen Bereicherung des Gemeindelebens beitragen. Das Potenzial von älteren Menschen zu erkennen, ist die Grundlage jeder modernen Seniorenarbeit.

Senioren haben ganz unterschiedliche, im Laufe ihres Lebens erworbene Fähigkeiten und persönliche Begabungen. Sie besitzen ein umfangreiches intellektuelles Wissen und handwerkliches Können. Sie haben soziale Kompetenzen und Lebenserfahrung. Viele Senioren sind geistig fit und körperlich vital. Und sie verfügen über wesentlich mehr freie Zeit als in der Phase ihrer Berufstätigkeit.

Aber wenn es um die Potenziale älterer Menschen geht, zählen nicht nur die aktiven oder jungen Senioren. Auch hier lauert die Gefahr der Unterschätzung: Potenziale haben auch betagte Menschen – vielleicht haben sie sogar die wichtigste Kompetenz: Sie können uns Vorbild sein für unser eigenes Älterwerden – für ein sinnerfülltes und zuversichtliches Leben trotz Einschränkungen, für den Umgang mit Krankheit und Gebrechen und für unser eigenes Sterben.

*Mobile* Senioren in unseren Kirchengemeinden wollen nicht „versorgt" oder „betreut" werden, *betagte* Senioren wollen es nicht ausschließlich. Es ist nötig, die Möglichkeiten älterer Menschen zu entdecken, ohne dabei den Blick für mögliche Einschränkungen zu verlieren.

Alle Senioren wollen im Rahmen ihrer Möglichkeiten am Leben teilhaben, möchten mitwirken und mitbestimmen, möchten einbezogen sein und dazugehören.

Wenn Senioren ihre Gaben und Fähigkeiten einbringen dürfen, wird das Leben einer Kirchengemeinde enorm bereichert. Vielfältige neue Bereiche können entstehen. Moderne Seniorenarbeit kann Kirchengemeinden außerdem voranbringen auf ihrem Weg hin zu einem besseren Miteinander der Generationen und einer intensiveren Gemeinschaft.

**Wer in der kirchengemeindlichen Seniorenarbeit mitarbeitet, sollte sich vor allem eines zu Herzen nehmen: nie einen älteren Menschen zu unterschätzen!**

# 2. Wunsch nach Tätigsein wahrnehmen

„Tätigsein ist der wahre Genuss des Lebens, ja das Leben selbst." Es ist ein weiser Satz, den der Philosoph August Wilhelm von Schlegel uns mit auf den Weg des Nachdenkens gibt. Ein Satz, der allerdings in unserer heutigen Zeit auch fehlinterpretiert werden kann.

Wir leben in einer Gesellschaft, in der im höchsten Maße die Leistung zählt. Die Ausübung einer Arbeit bringt gesellschaftliche Anerkennung – aber nur, wenn diese Arbeit auch bezahlt wird. Viele Menschen definieren ihren persönlichen Wert über die Arbeit. Geht sie verloren oder beginnt der Ruhestand, verlieren sie ihr Selbstwertgefühl und ihr Selbstbewusstsein.

Tätigsein dagegen hat nichts mit bezahlter Leistung und beruflicher Arbeit zu tun. Es ist ein Grundbedürfnis des Menschen, aktiv zu sein, sein Leben zu gestalten, sich einzubringen in die Gemeinschaft mit anderen und sinnvolle Dinge zu tun. Das Bedürfnis nach Tätigsein steckt tief in uns Menschen und ist völlig unabhängig von unserem Leistungsvermögen oder unserem Alter.

Sicher kennen Sie ähnliche Situationen wie im folgenden Beispiel: Die 80-jährige Mutter, deren Kräfte nicht mehr weit reichen, sitzt den größten Teil des Tages im Sessel. Nun kommt die Schwiegertochter mit einem Korb Wäsche ins Zimmer und beginnt, Socken zusammenzufalten. „Ich kann dir doch helfen", heißt es dann voller Freude. Nicht ganz uneigennützig – schließlich ist die Arbeit schneller erledigt, wenn man sie alleine macht – weist man darauf hin, die Mutter dürfe doch gerne im Sessel ausruhen, sie habe doch schon so viel gearbeitet in ihrem Leben, sie müsse sich jetzt wirklich nicht so anstrengen. Doch das alles zählt nicht. Auch wenn nur zwei Paar Socken in einer Viertelstunde zueinander finden – es ist beglückend, gebraucht zu werden und sich einzubringen.

Es ist klar: Auch Menschen im Ruhestand möchten tätig sein. Viele möchten sich mit ihren Gaben und im Rahmen ihrer persönlichen Möglichkeiten in das gesellschaftliche Leben einbringen. In diesem Sinn ist der Begriff „Ruhestand" regelrecht widersinnig: Unser ganzes Leben ist geprägt von der Bewegung. Bis zuletzt schlägt das Herz und arbeitet der Organismus. „Wer rastet, der rostet" – so bringt es das bekannte Sprichwort auf den Punkt. (Was natürlich nicht heißt, dass zum tätigen Leben nicht auch das Innehalten und Kräfteschöpfen gehören!)

Viele ältere Menschen möchten tätig sein und sich für ihre Mitmenschen engagieren – aber dürfen sie es auch? Unsere Gesellschaft steht erst am Beginn eines

> *„Wir Älteren sollten versuchen, uns in erster Linie selbst zu unterstützen."* Wilhelm Link, 70, Nehren

Weges, Strukturen zu schaffen für die volle Einbeziehung älterer Menschen in alle Bereiche des Lebens. Dabei wollen Senioren nicht nur Helfer und Handlanger sein.

Kirchen und Kirchengemeinden haben die Aufgabe, Voraussetzungen und Rahmenbedingungen für ein selbstbestimmtes und mitbestimmendes Engagement von Senioren zu verbessern. Dazu gehört, dass Senioren für ihre ehrenamtlichen Aufgaben selbstständig Verantwortung übernehmen dürfen und die nötigen finanziellen und materiellen Mittel zur Verfügung gestellt bekommen. Außerdem sollte Senioren der Zugang zu passenden Qualifizierungsangeboten ermöglicht werden. Ein Umdenken ist nötig von der Betreuungskirche hin zur Beteiligungskirche, von der Servicekirche zur Mitmachkirche.

Die Kirche kann jeden gebrauchen – im Prinzip. In der Praxis sieht es allerdings oft so aus, dass es für praktisch begabte Menschen und für Menschen ohne höhere Schulbildung nicht allzu viele Betätigungsfelder in der Kirchengemeinde gibt. Dies gilt insbesondere auch für Männer. Fahrdienste, Handwerkerarbeiten, Pflege der Grünflächen, Betreuung der technischen Anlagen, Hilfe bei Computerproblemen, Bestuhlung der Gemeinderäume, Grillen beim Gemeindefest, Planung von Ausflügen und Reisen, Organisation von Festen – das alles sind Bereiche, die für ein praktisches Engagement von Männern interessant sein könnten. Es sind allesamt Bereiche, die von vielen Kirchengemeinden noch längst nicht als mögliche Betätigungsfelder von Ehrenamtlichen entdeckt worden sind.

Natürlich ist auch klar: Mitarbeit im Reich Gottes ist viel mehr als nur der Einsatz innerhalb der Gemeinde. Viele Christen vermitteln in ihrem Alltag das Evangelium in Wort und Tat, ohne deshalb in der Mitarbeiterkartei der Kirche aufzutauchen.

> **Für die eigene, innere Zufriedenheit braucht jeder Mensch Aufgaben und Tätigkeiten, die für ihn persönlich sinnerfüllend sind. Es ist ein wichtiger Auftrag kirchlicher Seniorenarbeit, dieses Bedürfnis wahrzunehmen und Menschen in ihren ganz unterschiedlichen persönlichen Situationen bei der Suche nach sinnerfüllenden Tätigkeiten zu begleiten.**

## 3. Kultur der Anerkennung und Wertschätzung entwickeln

Senioren leiden in unserer Gesellschaft unter mangelnder Anerkennung und Wertschätzung. Viele haben den Eindruck, mit dem Beginn des Ruhestandes im Abseits zu landen und nicht mehr gebraucht zu werden. Hier sind wir als Christen besonders herausgefordert. Denn wir wissen, dass der Wert und die Würde eines Menschen nichts mit dessen Leistungsfähigkeit oder der beruflichen Inanspruchnahme zu tun hat. Jeder Mensch ist wertvoll und von Gott geliebt.

Trotz dieses Wissens um die biblischen Wahrheiten ist es um die Wertschätzung von Senioren in unserer kirchengemeindlichen Realität nicht immer zum Besten bestellt. Auch wir sind von dem gesellschaftlichen Trend beeinflusst, Alter und ältere Menschen eher defizitär zu sehen.

Dabei ist es einer der wichtigsten Wünsche älterer Menschen, respektiert und geachtet zu sein – egal, in welchem gesundheitlichen Zustand sie sich befinden.

Gerade im Umgang mit Hochbetagten oder Pflegebedürftigen lauert auf andere Weise erneut die Gefahr der Unterschätzung. Und es bedarf manchmal einer gewissen Anstrengung, sich klarzumachen, dass hinter einem runzeligen und gebrechlichen Menschen ein ganzes Leben steht: Wer weiß, ob sich hinter dem pflegebedürftigen Mann im Rollstuhl nicht ein Mensch verbirgt, der sehr viel mehr erlebt hat als sein „Betreuer". Vielleicht ist er ein Professor. Oder er lebte für zwei Jahre in Afrika. Vielleicht hat er 30 Jahre lang in einem Heim schwererziehbare Jugendliche betreut oder in den letzten vier Jahrzehnten den Stadtpark sauber gehalten. – Vielleicht hat die Frau sechs Kinder geboren und fünf bereits verloren. Oder sie lebte alle 85 Jahre ihres Lebens am gleichen Ort. Vielleicht fuhr sie im Alter von 78 Jahren zum ersten Mal mit einem Schiff oder besuchte Woche für Woche viele Jahre lang eine MS-kranke Freundin.

Mangelnde Wertschätzung gibt es aber nicht nur im Verhältnis von „Noch-Nicht-Senioren" zu „Bereits-Senioren". Auch Senioren selbst haben mit fehlendem Selbstvertrauen und mit Minderwertigkeitsgefühlen zu kämpfen. Die gesellschaftlichen Wertungen haben Spuren in den Menschen hinterlassen. Die Überbetonung der Arbeit haben sie selbst längst verinnerlicht. Viele Menschen definieren sich über ihre berufliche Leistung. Scheiden sie aus dem Arbeitsleben aus und gehen in Rente, werden sie Opfer ihrer eigenen Beurteilung. Sie müssen ihre eigene tiefsitzende Geringschätzung dem neuen Lebensabschnitt gegenüber überwinden. Es ist deshalb dringend nötig, in der kirchlichen Seniorenarbeit das

Selbstwertgefühl der Menschen zu stärken, ihre innere Selbstblockade aufzubrechen und sie zu einem Engagement zu ermutigen.

Die Senioren der Kriegskindergeneration haben darüber hinaus noch mit einer anderen Art von innerer Selbstzensur zu kämpfen. Viele berichten, dass sie bereits in ihrer Kindheit das Gefühl von Wertlosigkeit und geringer Bedeutsamkeit vermittelt bekommen haben. Diese Erziehung drückte sich aus in Sätzen wie: „Aus dir wird nichts." „Du kannst nichts." „Du musst dich zurücknehmen." „Meine Wenigkeit."

Im Moment gibt es keine Bezeichnung für „Senioren", die von den Betroffenen als rundum positiv empfunden wird. Ein Begriff also für ältere Menschen, der gesellschaftlich akzeptiert ist und Wertschätzung ausdrückt. Viele Senioren sind nicht „alt", sie leben eben nur schon etwas länger als andere!

Auch in der Gemeindearbeit gibt es immer wieder das Problem: Welche Namen geben wir unserer Seniorenarbeit? Versieht man ein Angebot mit dem Etikett „Senioren", so muss man davon ausgehen, dass viele Menschen sich nicht angesprochen fühlen, obwohl sie zu der Zielgruppe gehören. Aber als „Senior" fühlt man sich eben nicht und will auch nicht so angesprochen werden. Auch die Bezeichnung „55plus" gefällt vielen Menschen nicht – vor allem den 55-Jährigen! Sie stehen mitten im Leben und werden nun durch diesen Begriff irgendwie gerade daraus abgeschoben. Besonders schwierig ist die Bezeichnung „alt". „Alt" will eigentlich überhaupt niemand sein. Trotzdem gibt es an manchen Orten den „Altenkreis". Da kann es durchaus passieren, dass eine 80-jährige Dame meint: „Zu den Leuten dort setze ich mich nicht rein. So alt bin ich doch noch nicht."

Wertschätzende Bezeichnungen für einzelne Seniorenangebote müssen immer wieder gesucht werden. Zur Zeit gibt es keinen Begriff, der in unserer Gesellschaft eine durchweg positive und das Alter anerkennende Bedeutung hat.

Die Entwicklung einer Kultur der Anerkennung und Wertschätzung erscheint aus all diesen Gründe als eine der wichtigsten Aufgaben kirchlicher Seniorenarbeit.

### Wertschätzung und Anerkennung können durch folgende Punkte gefördert werden:

• Senioren müssen ermutigt und in ihrem eigenen Selbstwertgefühl gestärkt werden. Besonders jüngere Senioren möchten angeregt, herausgefordert und in ihrer weiteren Entwicklung gefördert werden.

*„Ich finde es gut, wenn aktuelle Sachverhalte der Senioren-
arbeit mit dem zuständigen Gemeindeleiter sofort behandelt und nicht erst auf die lange Bank geschoben werden."*
*Werner Bucher, 74, Hormersdorf*

- Kirchengemeinden sollten Senioren die Möglichkeit geben, sich mit ihren Gaben zu entfalten. Dabei ist es nötig, dass Senioren in ihrem Engagement ideell und materiell unterstützt werden. Versicherungsfragen sind abzuklären. Die eigenverantwortlichen Entscheidungen von Seniorenmitarbeitern gilt es zu akzeptieren. Ehrenamtlich tätige Senioren möchten einen kompetenten und entscheidungsbefugten Ansprechpartner haben. Durch die Anteilnahme von Hauptamtlichen an der ehrenamtlichen Arbeit wird Verbindung und Verbindlichkeit geschaffen.

- Über die Arbeit von Senioren sollte wertschätzend geredet werden. Mitglieder der Kirchengemeinde sollten dankbar für das Engagement von Senioren sein.

- Strukturen der öffentlichen Einsetzung von Ehrenamtlichen in ihre Dienste und des öffentlichen Dankes sollten gefördert werden.

- Es ist selbstverständlich, dass alle nötigen Informationen über übergemeindliche Aktivitäten oder Fortbildungsmöglichkeiten an die Mitarbeiter in der Seniorenarbeit weitergeleitet werden. Es ist eine Würdigung ihres Engagements, wenn sie in grundsätzliche Überlegungen des Kirchengemeinderates zu Fragen der Seniorenarbeit mit einbezogen sind.

- Es ist nötig, auch in kleinen Dingen nachdenklich und aufmerksam zu sein, z. B. bei Altersgeburtstagsgeschenken: Ein akademisch gebildeter Senior fühlt sich unter Umständen durch das Geschenk eines gängigen Geburtstagsverteilhefts in seinen intellektuellen Fähigkeiten missachtet. Das kann zu Verärgerung bei dem Beschenkten führen. Ein Besuch mit Gespräch ist hier das eigentliche Geschenk, eine Blume oder eine Flasche Wein eher als Mitbringsel geeignet.

- Wertschätzung für die Lebenssituation älterer Menschen zeigt sich auch da, wo deren finanzielle Möglichkeiten differenziert wahrgenommen werden. Ein großer Teil heutiger Senioren lebt ohne materielle Sorgen – aber eben nicht alle.

Altersarmut ist eine zunehmende Herausforderung auch für die kirchengemeindliche Seniorenarbeit. Es gibt Menschen, die einen Unkostenbeitrag von drei oder fünf Euro zum Seniorennachmittag nicht zahlen können oder die sich das Essen beim Seniorenmittagstisch nicht leisten können. Hier sind kreative Lösungen gefragt, die helfen, ohne zu demütigen.

• Wertschätzung wird einem Menschen dann entgegengebracht, wenn dieser so sein darf, wie er ist – auch mit allen Einschränkungen. Besonders im Blick auf die mögliche Schwerhörigkeit von Senioren besteht in der kirchengemeindlichen Arbeit oftmals Handlungsbedarf. Es ist ein Ausdruck von Respekt und Achtung, wenn hier, etwa im Gottesdienst oder im Seniorenkreis, nach guten Lösungen gesucht wird, die Senioren eine möglichst umfangreiche Teilhabe an allem Geschehen erlauben. Mitarbeiter der Schwerhörigenseelsorge können Informationen geben, wie man Schwerhörigen das Gemeindeleben erleichtern kann.

• Ältere Menschen müssen in ihrer Verschiedenartigkeit ernst genommen werden. Die Unterschiede zwischen den Einzelpersonen werden mit dem Alter immer größer. Das gefühlte Alter unterscheidet sich oftmals erheblich vom tatsächlichen Alter.

• Mitarbeiter in der Seniorenarbeit sollten sich selbst immer wieder vor Augen führen, dass hinter jedem Menschen ein einzigartiges Leben steht. Ältere Menschen sollten sich mit ihrer Persönlichkeit akzeptiert fühlen.

• In der biblischen Verkündigung sollte der Wert des Alters und die Würde jedes Menschen immer wieder betont werden. Es ist gut, die Möglichkeiten von Älteren auch in der Predigt regelmäßig zu thematisieren. Gleichzeitig ist es eine wichtige Aufgabe für Predigt und Gemeindearbeit, deutlich zu machen: „Ja – ich darf auch alt sein. Ich darf gebrechlich sein und hochbetagt. Das mag nicht immer schön sein – aber eines ist klar: Ich brauche mich nicht dafür zu schämen!"

> **Wertschätzung und Anerkennung sind die Seele jeder Seniorenarbeit. Ohne Wertschätzung bleiben alle Bemühungen leer. Mit einer Haltung, die geprägt ist von Achtung, Anerkennung und Zuwendung, werden dagegen die Herzen der Menschen erreicht.**

# 4. Selbstbestimmtes Engagement ermöglichen

*„Das Fiasko" – Mitarbeitersuche, erster Akt:* „Herr Maier, Sie haben ja jetzt Zeit. Wir suchen dringend jemanden, der sich um die Grünanlagen rund um die Kirche kümmert. Das ist doch jetzt etwas für Sie!" – Der so gefragte Herr Maier ist Diplomingenieur, arbeitete in der Entwicklung von Automotoren und befindet sich seit drei Wochen im Ruhestand. Bei dieser Anfrage bleiben ihm erst der Mund offen stehen, dann die Worte im Halse stecken, und schließlich hat er nur noch ein energisches Kopfschütteln übrig: „Nein", sagt er, „das ist nichts für mich!" – und fühlt sich in seinen Fähigkeiten und Möglichkeiten in keinster Weise adäquat wahrgenommen und gewürdigt.

Senioren möchten sich selbstbestimmt engagieren. Alter ist geschenkte Zeit. Zeit, die nach eigenen Vorstellungen und Wünschen gestaltet werden kann. Vor einem großen Teil der Senioren liegen nach dem Abschluss ihres Berufslebens viele Jahre, die sie in geistiger und gesundheitlicher Fitness und ohne große materielle Sorgen gestalten können (und natürlich auch müssen!). Viele Menschen wollen diese Zeit sinnvoll für sich und andere nutzen. Die Bereitschaft zum freiwilligen ehrenamtlichen Engagement ist hoch – zum *selbstbestimmten* ehrenamtlichen Engagement.

Wer Menschen für einen Einsatz innerhalb der Kirchengemeinde gewinnen will, sollte deshalb nicht primär die offenen Aufgabenfelder im Blick haben. Viel wichtiger und auch Erfolg versprechender ist es, von den Gaben, Interessen und Stärken der Menschen her zu denken. Dabei ist es allerdings so, dass Menschen nicht nur und nicht immer die im Berufsleben erworbenen Kompetenzen einbringen wollen. Ruhestand bedeutet eben gerade auch die Gelegenheit, endlich Dinge zu tun, für die man vorher *keine* Zeit hatte. Jetzt können alte Träume verwirklicht oder brachliegende Begabungen reaktiviert werden. Es gibt die Möglichkeit, Verpasstes nachzuholen und sich in Bereichen einzusetzen, die früher zu kurz kamen. Wer etwa seinen Traum, Lehrerin zu werden, nicht erfüllen konnte, kann jetzt bei der Hausaufgabenbetreuung, beim Vorlesen oder im Schulsozialbereich aktiv werden. Oder das verstaubt in der Ecke liegende Saxophon kommt zu neuen Ehren in einer kleinen „Rentnerband".

Freiwilliges Engagement in diesem Sinn bringt Senioren eine große, innere Befriedigung und einen stetigen Zuwachs an eigenem Wissen und Erfahrungen. Neue Kontakte für die Nach-Berufs-Welt werden gewonnen – ein wichtiger Faktor im Kampf gegen die drohende soziale Isolation.

*„Ich will nicht mehr unter Termindruck arbeiten. Schließlich bin ich ja jetzt im Ruhestand."* Ernst Schmidt, 71, Öhringen

*„Der Zufall" – Mitarbeitersuche, zweiter Akt:* Was ist nun mit Herrn Maier und den Grünanlagen? – Es könnte sein, dass der Fragesteller Glück hat. Dann nämlich, wenn Herrn Maiers heimliche Leidenschaft die Gartenarbeit ist, für die er sich im Ruhestand nun endlich genügend Zeit nehmen will. Dann kann es allerdings sein, dass der Pensionär nicht nur freudig zusagt, sondern auch gleich einen Vorschlag zur umfangreichen Neugestaltung der Anlagen ausarbeitet.

An dieser Stelle steht moderne Seniorenarbeit vor ihrer Bewährungsprobe! Nun zeigt sich, ob das Engagement von selbstständig denkenden und handelnden Menschen in der Kirchengemeinde wirklich erwünscht ist. Ob der Einsatz und die Kreativität von Mitarbeitern gewürdigt und *gefördert* werden. Wird das Experiment in diesem Beispiel gewagt, gewinnt die Gemeinde in vieler Hinsicht: Sie bekommt einen neu gestalteten Kirchplatz, sie wird voraussichtlich für längere Zeit einen hoch motivierten Mitarbeiter im Grünanlagenbereich haben und durch die Mithilfe beim Pflanzen oder durch das Sponsoring können neue Kontakte gewonnen werden.

Die Aufgaben von Kirchengemeinderäten, hauptamtlichen Mitarbeitern und Pfarrern wird sich immer mehr in Richtung Koordination und Begleitung von Ehrenamtlichen entwickeln. Hauptamtliche sind mehr und mehr als Coach oder Mentor gefragt – darauf sind viele Hauptamtliche allerdings im Rahmen ihrer Berufsausbildung noch gar nicht ausreichend vorbereitet. Kontakte zu halten, Zeit und ein offenes Ohr für Ehrenamtliche zu haben, sie zu fördern, sie zu ermutigen und ihnen zu danken – das sind wichtige Aufgaben für hauptamtliche Mitarbeiter. Außerdem ist die Bereitstellung von materieller und finanzieller Unterstützung nötig.

Nicht nur über die Art ihres Engagements wollen Senioren selbst entscheiden, auch über dessen zeitlichen Umfang. Das gilt sowohl für die wöchentliche Einsatzzeit als auch für die Befristung generell. Die Unsicherheit, wie lange die gesundheitlichen Kräfte reichen, steht hier im Hintergrund. Das Ausscheiden aus der Aufgabe nach einer bestimmten Zeit sollte unbedingt respektiert werden.

Senioren wollen selbstbestimmt über ihr Engagement entscheiden – das heißt aber *nicht*, dass sie von sich aus mit diesem Engagement beginnen. Menschen wollen gefragt werden! Die persönliche Ansprache und die Einladung zu einer Mitarbeit ist auch in heutiger Zeit eine der wichtigsten Voraussetzungen für den Beginn eines Ehrenamtes. Fantasie ist bei der Mitarbeitersuche ebenso gefragt wie ein weites Herz. Es ist nötig, auch an diejenigen Menschen zu denken, die nicht bereits an vorderster Mitarbeiterfront stehen. Und es gilt, denjenigen etwas zuzutrauen, die selbst wenig von sich halten.

Neben der persönlichen Ansprache ist es ein guter Weg, eine öffentliche Mitarbeit-Börse einzurichten. Das kann in kleinerem Rahmen, etwa im Gemeindebrief, geschehen. In manchen Orten gibt es auch Kontaktbörsen für die Ehrenamtssuche generell, unterstützt von den unterschiedlichsten Organisationen.

Darüber hinaus bieten Seminarabende mit Fragen zur Neuorientierung in der dritten Lebensphase eine gute Gelegenheit, Kontakte zu Menschen am Ende ihres Berufslebens zu knüpfen.

*„Neue Visionen" – Mitarbeitersuche, dritter Akt:* Herr Maier hat Besuch von seinem Gemeindepfarrer. Noch ist Herr Maier beruflich eingespannt. „Sie haben mir kürzlich bei unserem Seminarabend erzählt, dass Sie in einigen Wochen in den Ruhestand gehen." So beginnt der Pfarrer das Gespräch. „Haben Sie sich schon Gedanken gemacht im Blick auf diese Zeit? – Wir würden uns in der Kirchengemeinde sehr freuen, wenn Sie Lust hätten, sich an irgendeiner Stelle zu engagieren. Wäre ein solcher Einsatz eine Option für Sie? Und wenn ja, haben Sie selbst vielleicht schon eine Idee, welche Art von Engagement das sein könnte?"

Vielleicht würde Herr Maier sich über den Besuch freuen und nun bei einem Gläschen Wein gerne von seinen Überlegungen erzählen. Er habe zum Beispiel schon daran gedacht, einen „Förderverein Senioren" ins Leben zu rufen, meint Herr Maier. Ein Verein, der auf vielfältige Weise und in Zusammenarbeit mit den unterschiedlichsten Organisationen das Leben von Senioren am Ort verbessern könnte. Gerne würde er einen solchen Verein auch als Initiative aus der Kirchengemeinde heraus starten und sich darin verwurzelt sehen. Aber so richtig wisse er noch nicht, ob er das wirklich machen solle.

Nun ist es der Mund des Gemeindepfarrers, der offen stehen bleibt. Der Pfarrer schluckt kurz – und dann freut er sich. Eine tolle Idee. Er wird sie unterstützen und fördern – auch wenn jetzt die Grünanlagen rund um die Kirche immer noch auf einen Gärtner warten ...

> **Ein wirkliches „Happy End" bei der Mitarbeitersuche gibt es da, wo Menschen sich mit ihren Begabungen und Fähigkeiten in der Kirchengemeinde entfalten dürfen.**

# 5. Kooperationen suchen und pragmatische Lösungen finden

Wer das Programm städtischer Seniorenangebote anschaut, der wähnt sich oftmals im Schlaraffenland der Seniorenarbeit. Hier gibt es alles, was das Herz begehrt: Von der Begleitung in den Ruhestand bis zur Hospizarbeit. Streichorchester, Italienischkurs und Töpfergruppe. Politik, Reisen und Natur. Und auch ältere Migranten werden dabei nicht vergessen. Da kann einem das Herz in die Hose fallen, wenn man an seine eigenen, beschränkten Möglichkeiten kirchlicher Seniorenarbeit denkt.

Ohne Frage haben größere und kleinere Städte im Blick auf die Arbeit mit Senioren einen Vorteil. Durch die Zusammenarbeit und Vernetzung verschiedener Kirchengemeinden und kommunaler Organisationen kann ein abwechslungsreiches und differenziertes Programm zusammengestellt werden. Im Bereich der Seniorenarbeit stehen außerdem hauptamtliche Mitarbeiter zur Verfügung.

Dörfliche Gemeinden und einzelne, kleine Stadtteile können hier nicht mithalten. Dafür haben sie andere Vorteile. Je älter Menschen werden, desto mehr gewinnen die wohnungsnahen Angebote und Möglichkeiten an Bedeutung: der Bäcker um die Ecke, die Sparkasse in der Nähe, der Arzt drei Straßen weiter und die freundliche Nachbarin nebenan. Die Lebenssituation von Älteren legt nahe, wieder in wohnortnahen Größenordnungen zu denken: Stadtviertel, Dorf, Häuserblock, Nachbarschaft. Das bedeutet große Chancen für die Kirchengemeinde vor Ort, deren Gebäude und Veranstaltungen zu Fuß erreicht werden können. Hier kann die persönliche Gemeinschaft gepflegt werden. Man kennt sich – oder kann sich kennenlernen als Menschen eines Ortes in einem gemeinsamen Lebensbereich. Dadurch ist nachbarschaftliche Unterstützung und freundschaftliche Begleitung in alltäglichen Lebenssituationen möglich.

Moderne Seniorenarbeit heißt, sich der Realität mit allen Möglichkeiten, aber auch mit allen Beschränkungen zu stellen. Seniorenarbeit findet statt im Ausgleich von Machbarem und Wünschenswertem. Perfektionistische Traumziele entmutigen nur!

Eine der entscheidenden Fragen bei der Neustrukturierung von Seniorenarbeit lautet: Welche Bedürfnisse haben die Menschen in unserer konkreten Gemeinde? Antworten kann man auf verschiedene Weise erhalten. Von großem Vorteil ist es, wenn Kirchengemeinderäte, Hauptamtliche und Pfarrer bei Besuchen und Gesprächen mit Interesse und mit offenen Ohren zuhören. Hier können bereits manche Wünsche wahrgenommen werden. Dann gibt es die Möglichkeit, eine

*Was nicht einfach geht, geht einfach nicht.*
*Zweite von vier Gemeinderegeln der evangelischen*
*Jakobusgemeinde Tübingen*

Umfrage zu starten. Etliche Gemeinden haben außerdem gute Erfahrungen mit der Einladung zu einem Begegnungsabend gemacht (vgl. C. Ideenpool 1. „Neue Wege in der Seniorenarbeit – So kann man es anpacken"). Es ist nötig, die eigenen Ziele der Arbeit abzuklären. Eine wichtige Aufgabe der Kirchengemeinde ist es, kirchliche und theologische (Senioren-)Themen zur Sprache zu bringen und Älteren so eine Hilfe zum Glauben und zur Lebensbewältigung zu bieten.

Für die Entwicklung von Angeboten, die für eine individuelle Gemeinde passen, braucht es Fantasie. Es ist immer gut, quer zu denken und ungewohnte Wege, Orte und Zeiten in Betracht zu ziehen. Dazu soll auch der „Ideenpool" in diesem Buch dienen. Die vorgestellten Projekte in ihrer Gesamtheit sind nicht die Messlatte, die übersprungen werden muss, sondern Wegweiser für neue Anregungen.

Eine Hilfe bei der Verwirklichung von neuen Seniorenprojekten ist die Suche nach Kooperationspartnern. Hier bietet sich zuallererst die eigene Kirchengemeinde an! Oft existieren die verschiedenen Arbeitsbereiche relativ unverbunden nebeneinander. Da kann es sein, dass der Kirchenchorleiter die Mitarbeiter im Kindergottesdienst nicht kennt. Der Jungscharleiter hat noch nie davon gehört, dass im Gemeindehaus auch Seniorentanz angeboten wird. Und die Besucher des Seniorenkreises wissen nichts von der Wandergruppe für Männer. So bietet bereits die eigene Kirchengemeinde ungeahnte Möglichkeiten zum Zusammenarbeiten. Das könnte folgendermaßen aussehen: Hat die Jungschar alle vier Wochen ein größeres Bastelprojekt, helfen regelmäßig einige Senioren bei der Betreuung mit. Konfirmanden starten einen Handykurs für Ältere und die Kinder der Kinderstunde kommen zwei Mal im Jahr in den Seniorenkreis, singen ein paar Lieder und spielen einen Sketch. Und zusammen mit dem evangelischen Kindergarten wird ein Oma-Opa-Vorlesenachmittag oder ein Leih-Großeltern-Service organisiert.

Weitere Kooperationen bieten sich im innerkirchlichen Bereich an: Diakonie-Sozialstation, Nachbarschaftshilfe, Diakonische Bezirksstelle, evangelische Erwachsenenbildung, evangelisches Männer- und Frauenwerk. Darüber hinaus gibt es Möglichkeiten zur Zusammenarbeit im ökumenischen Bereich, mit der Volkshochschule, den örtlichen Vereinen, dem Roten Kreuz, der Arbeiterwohlfahrt usw., Kommune, Stadt- oder Kreisseniorenrat stehen ebenfalls als mögliche Partner zur Verfügung. Schulen, Behinderteneinrichtungen und Pflegeheime eröffnen

Möglichkeiten für gemeinsame Projekte auf sozialem Gebiet. Durch die Zusammenarbeit mit anderen Organisationen können Ideen verwirklicht werden, die für eine einzelne Kirchengemeinde mit ihren Mitarbeitern oftmals nicht zu realisieren wären.

Seniorenarbeit ist im eigentlichen Sinn Erwachsenenarbeit. Das heißt auch, dass bei verschiedenen Angeboten das Alter nach unten nicht abzugrenzen ist. Wo immer das möglich ist, sollte die Altersgrenze überhaupt offen bleiben. Dies ist schon der Fall z. B. bei Frauenfrühstück, Männerforum, Reiseangeboten etc.

Doppel- oder Dreifachangebote sind zu vermeiden: Wenn bereits der Sportverein und die Volkshochschule eine Gymnastikgruppe anbieten, braucht die Kirchengemeinde nicht noch eine weitere.

In der Gemeindearbeit stehen wir uns mit unseren perfektionistischen Maximal-Wunsch-Lösungen oft selbst im Weg. Immer wieder geschieht es, dass motivierte Mitarbeiter sich ein neues Projekt vornehmen und dann an ihren eigenen Ansprüchen scheitern. Wer die Messlatte von Beginn an sehr hoch legt, wird Probleme bekommen, sie regelmäßig und über einen langen Zeitraum hinweg immer wieder zu überspringen. Schnell macht sich dann Entmutigung und das Gefühl der Überforderung breit.

Vernünftiger ist es, pragmatische Lösungen zu suchen und sich mit dem Einfachen und Möglichen zufriedenzugeben. Ein Beispiel aus dem Gottesdienstbereich: In einer Gemeinde soll ein monatlicher Zweitgottesdienst gestartet werden. Wie vielerorts üblich, wünschen sich die Mitarbeiter für diesen Zweck eine kleine Band. Nur: Die ist nicht in Sicht! Statt nun frustriert gleich das ganze Vorhaben aufzugeben, ist es sinnvoll nach Alternativen zu schauen: Verschiedene einzelne Musiker finden sich, die bereit sind, sich bei einzelnen Gottesdiensten einzubringen. Nun hört man einmal Klavier und Querflöte. Das nächste Mal spielen Gitarre und Trompete. Und ein Akkordeonspieler vervollständigt mit einem Schlagzeuger das Potpourri ungewöhnlicher Instrumentierungen. Das Musikproblem für den Zweitgottesdienst ist auf diese Weise gelöst und die in dieser konkreten Gemeinde vorhandenen Begabungen wurden miteinbezogen.

> **Bei der Neustrukturierung von Seniorenarbeit ist es nötig, nach unkomplizierten pragmatischen Lösungen zu suchen, die gleichzeitig kreativ und unkonventionell die Möglichkeiten konkreter Menschen in den Blick nehmen.**

# 6. Miteinander von Alt und Jung stärken

„Alt und Jung gemeinsam" – solche Situationen sind rar in unserer heutigen Gesellschaft. Die Generationen bleiben oftmals unter sich. Sogar im familiären Bereich mangelt es an der Begegnung: Viele Kinder wachsen ohne den alltäglichen Umgang mit Großeltern auf.

Auch in den Kirchengemeinden wird hübsch getrennt zwischen Kinderarbeit und Jugendarbeit, jüngerer und älterer Frauenarbeit, Männerarbeit und Seniorenarbeit. Austausch untereinander und Kommunikation miteinander? – Fehlanzeige!

Und die Vorstellung, dass sich Menschen aller Generationen im sonntäglichen Gottesdienst treffen, bleibt oftmals nur ein frommer Wunsch.

Hier bietet die neue Seniorenarbeit Chancen: Sie hat das Potenzial, Jung und Alt in der Gemeinde wieder stärker zusammenzuführen – zum Nutzen aller: denn vom Miteinander und Füreinander der Generationen profitieren viele.

In verschiedenen Orten gibt es Projekte, bei denen sich Senioren für Kinder und Jugendliche engagieren: bei der Hausaufgabenbetreuung, als Lesepaten, beim Schulfrühstück, als Ersatzgroßeltern, bei der Kinderbetreuung, als Konfibegleiter oder als Schülermentoren. Genauso gibt es Projekte, bei denen Jugendliche ihr Können und Wissen an Senioren weitergeben: etwa bei Internet- und Handykursen oder bei Einsätzen im Seniorenheim. Jugendliche können dabei ihre Fähigkeiten zum Erklären von komplexen Zusammenhängen erproben, lernen soziale Kompetenz und erfahren Bestätigung und Lob vonseiten der Senioren.

Es ist gut, solche „institutionalisierten" Begegnungen der Generationen ins Leben zu rufen und zu fördern.

Darüber hinaus ist es wichtig, Alt und Jung im alltäglichen Gemeindeleben stärker zu vernetzen. Dies kann durch kleine, aber fantasievolle Schritte geschehen: Wer neue Ziele erreichen will, muss vertraute Wege verlassen.

**Ein paar praktische Beispiele:**

- Eine junge Mutter möchte gerne in der Jungschar mitarbeiten, braucht aber für diese Zeit jemanden zur Betreuung ihrer eigenen Kinder. Hier könnte ein Senior oder eine Seniorin einspringen. Jede Woche zur Jungscharzeit kommt die Ersatzoma oder der Ersatzopa nun ins Haus, und die Mutter kann unbesorgt gehen.

- Die Kinderkirche lädt zu einer Wochenendfreizeit ein, der Seniorenkreis gibt aus seiner Kasse einen Zuschuss zu den Kosten. Auch den Kindern wird davon

*„Jedes gute Gespräch hebt die Altersdifferenz auf."*
Paul Rapp, 77, Illmensee

erzählt – sie sollen wissen, dass es in der Gemeinde ältere Menschen gibt, die es gut mit ihnen meinen und die sich für sie einsetzen. Eine Gruppe von Kindern aus dem Kindergottesdienst macht anschließend einen „Dankebesuch" mit Liedersingen im Seniorenkreis.

• Bei der Durchführung eines Actioncamps der Jungscharen backen zwei ältere Frauen zusammen mit jüngeren Mamas im „Backhaus" Pizza für die Kinder. Die Seniorinnen kennen die Kniffe beim „Backhausbacken", die jüngeren Frauen profitieren von diesem Wissen. Andere Seniorinnen bügeln die Actioncamp-T-Shirts, die mit dem Farbdrucker bedruckt wurden und nun fixiert werden müssen.

• Für die Kulissen eines Kindermusicals werden große Leintücher zum Bemalen benötigt. Weil sich überflüssige Betttücher eher im Haushalt von Älteren finden, wird im Gottesdienst gefragt, wer hier helfen kann. Über die konkrete Lösung des Kulissenproblems hinaus stärkt dieses Vorgehen das gegenseitige Wahrnehmen und das Füreinander-Dasein: Wer sein Leintuch gespendet hat, interessiert sich mit großer Wahrscheinlichkeit auch anschließend für das Musical. Und die Jugendmitarbeiter sehen, dass sie mit ihrer Arbeit nicht alleine stehen. Sie fühlen sich unterstützt und ermutigt.

• Einige Senioren der Kirchengemeinde organisieren einen Kuchenverkauf am Sonntag. Der Erlös geht an den Jugendkreis, der damit das Loch bei der Finanzierung eines Konzerts mit christlichen Bands stopft.

Alt und Jung haben in unserer Gesellschaft seit Jahrzehnten immer mehr den Kontakt zueinander verloren. Und sie werden nicht wieder zueinanderfinden, wenn wir nicht etwas dafür tun. Die „gewohnten Wege" haben auch in unseren Kirchen dazu geführt, dass die Generationen in der Gemeindearbeit weitgehend getrennt sind. Wer Alt und Jung zusammenbringen will, muss deshalb initiativ werden und sich Mühe machen, muss querdenken und neue Wege suchen.

**Wenn sich die Generationen wieder füreinander einsetzen, profitieren alle: Kinder, Jugendliche, Erwachsene – und die Gemeindearbeit!**

# Fazit

Wagt man neue Wege – auch und gerade in der Seniorenarbeit – kann oft Wunderbares entstehen ... Christoph Alber, Diakon aus Uhingen, berichtet davon:

„Es lohnt sich, neue Wege in der Seniorenarbeit zu gehen: ‚Ich weiß nicht warum, aber wir können uns nicht retten vor dem Ansturm', so berichtete ein Mitarbeiter eines aktiven Seniorenkreises aus einer schwäbischen Gemeinde. ‚Zuerst wollten wir nur miteinander kochen, jetzt ist ein Mittagstisch für unsere Ortschaft daraus geworden.' Die Gruppe der Verantwortlichen sind junge Senioren im besten Alter. Sie haben für sich entdeckt: Gemeinsames Tun ist lustvoll und macht Sinn, gemeinsames Erleben wirkt sich positiv aus für mich und für andere. Ich werde gebraucht. Ich bekomme Anerkennung. Ich kann mich mit meiner Lebenserfahrung einbringen, mich austauschen und dabei auch für andere da sein. Und das steckt an. Die Initiatoren resümieren: ‚Jeder macht etwas für sich. Wir machen etwas miteinander. Wir machen etwas für andere. Das ist das geheime Erfolgsrezept. Ständig werden neue Ideen entwickelt. Menschen aus der Gruppe sind für einander sensibel und ergreifen spontan die Initiative. Sie sprechen sich ab und unternehmen etwas miteinander.'"

## Lesetipps

Sechster Bericht zur Lage der älteren Generation in der Bundesrepublik Deutschland: Altersbilder in der Gesellschaft.
Bundesministerium für Familie, Senioren, Frauen und Jugend, 2010

Alter als Chance für Re-Sozialisierung. Wie wollen wir leben?
Herausgegeben von der Evangelischen Arbeitsgemeinschaft für Altenarbeit in der EKD (EAfA), 2009

Platz für Potenziale?
Partizipation im Alter zwischen alten Strukturen und neuen Erfordernissen.
Herausgegeben von der Evangelischen Arbeitsgemeinschaft für Altenarbeit in der EKD (EAfA), 2006

Potenziale des Alters. Chance für Kirche und Gesellschaft.
Herausgegeben von der Evangelischen Arbeitsgemeinschaft für Altenarbeit in der EKD (EAfA), 2004

Alter und ältere Menschen in Kirche und Gesellschaft. Positionen der EAfA.
Herausgegeben von der Evangelischen Arbeitsgemeinschaft für Altenarbeit in
der EKD (EAfA), 2002

Modelle und Projekte zum Miteinander der Generationen in der Kirchengemeinde, Flyer und Links zu Projekten, Evangelische Arbeitsgemeinschaft für
Altenarbeit in der EKD (EAfA), www.ekd.de/eafa/

Zum Glauben einladen. Bausteine für eine missionarische Seniorenarbeit.
Ein Leitfaden für Mitarbeiter und Verantwortliche in Gemeinden,
Informationsbrief Sonderheft 2007, Evangelisches Seniorenwerk

Praxisimpulse Notwendiger Wandel 7, „Leitungsaufgabe Ehrenamt!",
Broschüre herausgegeben von der Evangelischen Medienhaus GmbH,
Augustenstr. 124, 70197 Stuttgart

Matthias Dannenmann, Die Begleitung älterer Menschen durch Bildung,
Gemeindeaufbau und Seelsorge: Ein wachsender Auftrag christlicher
Gemeinden in einer älter werdenden Gesellschaft, Weißensee Verlag, 2009

Heiko Hörnicke, Die neue Freiheit.
Gottes Perspektive für die Generation plus, Neufeld Verlag, 2. Auflage 2010

Verschiedene Texte zur Seniorenarbeit
auf der Homepage des Bildungswerkes der Evangelisch-methodistischen
Kirche: www.emk-bildungswerk.de

Hauptbericht des Freiwilligensurveys 2009 – Zivilgesellschaft, soziales Kapital
und freiwilliges Engagement in Deutschland 1999-2004-2009.
Bundesministerium für Familie, Senioren, Frauen und Jugend, 2010

# Zusammenfassung

### Sich dem Wandel stellen

Alter ist eine Zeit des erneuten Aufbruchs. Seniorenarbeit hat die Aufgabe, Menschen auf diesem Weg geistlich zu begleiten. Eine auf heutige Menschen ausgerichtete Seniorenarbeit ist kein opportunistischer Modernismus, sondern ein Gebot der Liebe Gottes.

## GRUNDLAGEN EINER NEUEN SENIORENARBEIT

### Potenziale von Senioren erkennen

Unterschätzen Sie nie einen älteren Menschen. Hinter Runzeln und grauen Haaren verbirgt sich ein Reichtum an Begabungen, Kompetenzen und Lebenserfahrungen.

### Den Wunsch nach Tätigkeit wahrnehmen

Jeder Mensch braucht Aufgaben und Tätigkeiten, die für ihn persönlich sinnerfüllend sind. Senioren wollen nicht untätig auf dem Bänkchen sitzen, sondern sich am Leben beteiligen.

### Kultur der Anerkennung und Wertschätzung entwickeln

Senioren haben in unserer Gesellschaft immer noch kein wirklich positives Image. Das sollten wir in unseren Kirchen und Gemeinden ändern.

### Selbstbestimmtes Engagement ermöglichen

Senioren möchten selber darüber bestimmen, ob, wo, wann und wie lange sie sich in einem bestimmten Bereich engagieren. Trotzdem muss ein erster Anstoß oftmals vom Gemeindepfarrer oder von anderen Mitarbeitern ausgehen.

### Kooperationen suchen und pragmatische Lösungen finden

Bei der Neustrukturierung von Seniorenarbeit ist es nötig, nach unkomplizierten pragmatischen Lösungen zu suchen, die gleichzeitig kreativ und unkonventionell die Möglichkeiten konkreter Menschen in den Blick nehmen.

### Miteinander von Alt und Jung wahrnehmen

Seniorenarbeit bietet vielfältige Möglichkeiten, sich über die Generationen hinweg neu zu entdecken und füreinander da zu sein.

# Exkurs: Alter in der Bibel – Herausforderungen für die kirchliche Seniorenarbeit

von Karin Goetz

*„Und wenn sie auch alt werden, werden sie dennoch blühen, fruchtbar und frisch sein, dass sie verkündigen, wie der Herr es recht macht (...)" (Psalm 92,15-16)*

In der Bibel werden traditionelle Erwartungen an bestimmte Lebensalter immer wieder aufgebrochen: Jugendliche erfüllen Aufgaben, für die in der Regel nur Menschen in der Lebensmitte berufen werden. Alte vollbringen, was man sonst nur Jüngeren zutraut. Mit Gottes Segen stehen den Menschen in jeder Lebensphase viele Möglichkeiten offen.

Seit jeher ist es der Wunsch aller Menschen, ein erfülltes Leben zu führen und ein gutes Alter zu erreichen. Wem es vergönnt ist, alt zu werden, darf sich über dieses Geschenk des Schöpfers freuen. Dass in bestimmten Lebensphasen auch mit Krankheiten, Krisen und nachlassenden Kräften umgegangen werden muss, relativiert aus biblischer Sicht nicht das Ideal, „alt und lebenssatt" zu sterben (1. Mose 25,8 und 35,28-29; Richter 8,32 usw.).

Kirchliche Seniorenarbeit tritt darum allen eindimensionalen Altersbildern entgegen. Sie schärft den Blick für die Vielfalt menschlicher Erfahrungen mit dem Altern. Sie unterstützt Menschen dabei, ihr Leben so zu gestalten und zu erfahren, dass sie alt und lebenssatt sterben können.

## 1. Alter als Zeit des Aufbruchs

*„Und der Herr sprach zu Abram: Geh aus deinem Vaterland und von deiner Verwandtschaft und aus deines Vaters Hause in ein Land, das ich dir zeigen will (...) Abram aber war 75 Jahre alt, als er aus Haran zog." (1. Mose 12,1 und 4)*

Die Geschichte des Volkes Israel beginnt mit zwei betagten Menschen: Abram und Sarai lassen sich herausrufen aus den gewohnten Bahnen ihres Alltags. Sie brechen auf ins Unbekannte und finden zur eigentlichen Bestimmung ihres Lebens. Erst im hohen Alter werden sie – als Abraham und Sara – zu Segensträgern der Heilsgeschichte. Mit der Geburt ihres Sohnes Isaak erleben sie, dass mit Gottes Hilfe sogar die Grenzen des biologisch Möglichen verschoben werden.

> *„Als mein Mann vor neun Jahren gestorben ist, habe ich mich Gott zur Verfügung gestellt. Ich kann nur staunen, was seither in meinem Leben alles passiert ist."* Eva-Maria Bießlich, 83, Dresden

Das Alter kann eine Zeit sein, in der lang gehegte Lebensträume in Erfüllung gehen. Aber das Leben im Alter wird auch begleitet von Abschieden und Anfechtungen: Es ist verbunden mit dem Verlust von Familie und Freunden und mit der Herausforderung des eigenen Denkens und Glaubens.

Für das religiöse Leben waren alte Menschen schon immer von großer Bedeutung. Die Fähigkeit und die Bereitschaft sich zu erinnern, sind eine zentrale Kategorie im biblischen Denken: Die Erinnerung an die Befreiung aus Ägypten, die Bewahrung in der Wüste und die Landgabe bilden den Kern der religiösen Überlieferung Israels. Für Christen spielt das Gedenken an Jesu Leben, Tod und Auferstehung die entscheidende Rolle. Zur Weitergabe des Glaubens an die nächsten Generationen braucht es Menschen, die die geschichtliche Erinnerung pflegen und die Wahrheit der Verheißungen mit ihrer eigenen Lebenserfahrung bezeugen können.

Im öffentlichen Leben Israels erhielten ältere Männer Aufgaben im Gemeinwesen: Aufgrund ihrer Lebenserfahrung und der ihnen zugetrauten Weisheit waren sie als Ratgeber gefragt und saßen im Tor, um Streit zu schlichten und Recht zu sprechen.

Die frühchristlichen Gemeinden übertrugen bewährten Witwen Gebetsanliegen und diakonische Dienste (1. Timotheus 5,3ff.). Damit wurden alleinstehende Frauen jenseits der 60 nicht nur wirtschaftlich abgesichert, sondern mit einer sozial anerkannten Rolle in die Gemeinde integriert.

Kirchliche Seniorenarbeit macht Mut zur Beschäftigung mit der eigenen Biografie und zur Überwindung unpassend gewordener Lebensmuster. Sie ist Anwalt dafür, dass Ältere in der kirchlichen und bürgerlichen Gemeinde Rollen finden und ihre Kompetenzen einbringen können. Wertschätzend gibt sie der Erinnerung Raum und lässt auch andere Generationen am Erfahrungswissen und am Glauben der Älteren teilhaben. Sie stellt ein Forum bereit, um sich bewusst mit der letzten Lebensphase zu beschäftigen und wichtige Fragen rechtzeitig zu klären: Wo will ich leben? Wie will ich wohnen? Was soll geschehen, wenn ich Pflege brauche? Kirchliche Seniorenarbeit begleitet Ältere bei den kleinen und großen Verlusten, die erlitten werden: beim Abschied von der Berufsrolle, vom dementiell erkrankten Ehepartner oder von verstorbenen Freunden.

## 2. Alter als Zeit des Abbruchs

*„Denn wir wissen: wenn unser irdisches Haus, diese Hütte, abgebrochen wird, so haben wir einen Bau, von Gott erbaut, ein Haus, nicht mit Händen gemacht, das ewig ist im Himmel." (2. Korinther 5,1)*

Spätestens im hohen Alter erfahren die Menschen die Grenzen ihres geschöpflichen Lebens: Krankheiten häufen sich, körperliche und geistige Einschränkungen nehmen zu. Besonders eindrücklich beklagt der Prediger Salomo diese bösen Tage, die Zeit, *„wenn die Hüter des Hauses (Beine) zittern und die Starken (Arme) sich krümmen und müßig stehen die Müllerinnen (Zähne), weil es so wenige geworden sind, und wenn finster werden, die durch die Fenster (Augen) sehen (...),wenn man vor Höhen sich fürchtet und sich ängstigt auf dem Wege (...)" (Prediger 12,3-5; Erläuterung in Klammern durch die Autorin).*

Damals wie heute löst der schrittweise Abbau der irdischen Behausung vielfältige Ängste aus: die Angst, sein Lebensende im Elend fristen zu müssen, allein und unter Schmerzen; die Angst, die eigene Persönlichkeit zu verlieren und vom Tod ausgelöscht zu werden.

Kirchliche Seniorenarbeit nimmt diese Ängste ernst: Sie unterstützt die Menschen dabei, mit der eigenen Hilfebedürftigkeit und Endlichkeit umzugehen. Sie stärkt das Selbstwertgefühl der Menschen, indem sie beständig darauf verweist, dass auch der hinfällige Mensch Gottes Ebenbild ist und volle Würde hat. Sie widerspricht der neuzeitlichen Vorstellung, die gelingendes Leben allein an der Selbstbestimmung festmacht und die sogar das Sterben in die Verfügungsmacht des Menschen stellen will. Sie begleitet durch Besuchsdienste, fördert die palliativmedizinische Versorgung und beteiligt sich an Hospizdiensten und Sitzwachen. Sie legt Zeugnis ab von der christlichen Hoffnung auf Auferstehung und ein künftiges Leben bei Gott.

## 3. Alter in der Gemeinschaft der Generationen: in der Gesellschaft, der Familie und der christlichen Gemeinde

### Gesellschaft

*„Vor einem grauen Haupt sollst du aufstehen und die Alten ehren und sollst dich fürchten vor deinem Gott." (3. Mose 19,32)*

Nach biblischem Verständnis obliegt es der Gesellschaft, die Bedürfnisse alter

Menschen zu achten. Die Alten zu ehren meint dabei mehr, als ihnen Respekt und Rücksicht entgegenzubringen. Ehren hat ganz handfeste Implikationen: Es beinhaltet die Verpflichtung, für eine menschenwürdige Existenz zu sorgen.

Kirchliche Seniorenarbeit hat darum ein sozialpolitisches Wächteramt: Sie mahnt die Politik, sowohl die materielle Versorgung der Rentnergeneration als auch die Rahmenbedingungen in der ambulanten und stationären Pflege so zu gestalten, dass alte Menschen in Würde leben können. Gegenüber der Gesundheitspolitik vertritt sie ein ganzheitliches Menschenbild. Sie setzt sich dafür ein, dass bei der Entwicklung der Pflegeleistungen nicht nur die Fürsorge für den Leib im Blick ist, sondern auch die Notwendigkeit seelsorglicher Begleitung anerkannt wird.

Kirchliche Seniorenarbeit ist des Weiteren ein wichtiger Akteur und Anwalt für die eigene Nachbarschaft. Mit zunehmendem Alter reduziert sich der Bewegungsspielraum hochaltriger Menschen auf den sozialen Nahraum. Diesen gilt es so mitzugestalten, dass immobiler werdende Menschen notwendige Einrichtungen vorfinden und sich sicher und gut aufgehoben fühlen.

### Familie

*„Du sollst deinen Vater und deine Mutter ehren, auf dass du lange lebest in dem Lande, das dir der Herr, dein Gott, geben wird." (2. Mose 20,12; 5. Mose 5,16; Epheser 6,2f.)*

Die Antike kannte keine Rentenversicherung. Die Versorgung der Eltern lag ganz in den Händen von Familie und Nachkommen. Dass diese Verantwortung per Gebot festgeschrieben und durch die damit verbundene Verheißung eingeschärft wurde, macht deutlich, dass die Fürsorge für die Alten keine Selbstverständlichkeit war. In den oftmals wiederkehrenden Zeiten von wirtschaftlicher Not und sozialem Umbruch stand das Überleben der arbeitenden Erwachsenen und der nachwachsenden Kinder im Vordergrund.

Die familiäre Pflege war noch nie eine ungetrübte heile Welt: Das zeigen die zahlreichen Warnungen, die alt gewordenen Eltern zu verachten oder gar zu schlagen (2. Mose 21,15; 5. Mose 27,16; Sprüche 23,22; 30,17; Sirach 3,14f.). Selbst einem Patriarchen wie Isaak bleibt menschliche Enttäuschung nicht erspart: Seine Ehefrau und sein zweitgeborener Sohn machen sich seine Blindheit zunutze, um ihn zu täuschen und seinen Segen zu erschleichen.

Insbesondere verwitwete Frauen gerieten schnell in existentielle Not. Die freiwillige Gemeinschaft von Noomi und Rut – jenseits der aufgelösten familiären Bindungen – bietet ein eindrückliches Beispiel dafür, dass neue solidarische

Hilfenetze notwendig und hilfreich sind (Rut 1). Die frühchristlichen Gemeinden nahmen sich der alleinstehenden älteren Frauen in besonderer Weise an und schufen zu diesem Zweck das Witwenamt.

Trotz Pflegeversicherung und vielfältigen ambulanten und stationären Hilfsangeboten ist die Familie heutzutage noch immer der größte Pflegedienst: Die Mehrzahl der alten Menschen wird nach wie vor zu Hause betreut. Die Pflege der Eltern oder des Ehepartners führt nicht selten an die Grenzen der physischen und psychischen Belastbarkeit. Dabei stehen die pflegenden Angehörigen oftmals selbst an der Schwelle zum Alter oder haben diese bereits überschritten. Kirchliche Seniorenarbeit nimmt darum auch die pflegenden Angehörigen in den Blick, schafft Entlastungsmöglichkeiten durch die Nachbarschaftshilfe und bietet Begleitung an, z. B. durch einen Gesprächskreis.

Kirchliche Seniorenarbeit fördert die Entwicklung neuer Wohnformen, damit alte Menschen möglichst lange ihr Leben organisieren können. Sie ist Partnerin bei der Ausgestaltung solidarischer nachbarschaftlicher Netze: Generationennetzwerke regen Kooperationen zwischen verschiedensten Institutionen an, eröffnen Räume für generationenübergreifende Kontakte und soziales Lernen, ergänzen hauptamtliche Strukturen, erbringen zusätzliche Dienste durch freiwilliges Engagement und knüpfen im Idealfall ein derart dichtes Seelsorgenetz, dass niemand durch die Maschen fällt und isoliert bleibt.

## Christliche Gemeinde

*„Vielmehr sind die Glieder des Leibes, die uns die schwächsten zu sein scheinen, die nötigsten (...) Aber Gott hat den Leib zusammengefügt und dem geringeren Glied höhere Ehre gegeben, damit im Leib keine Spaltung sei, sondern die Glieder in gleicher Weise füreinander sorgen." (1. Korinther 12,22.24.25)*

Nach christlichem Verständnis gewinnen Menschen durch die Taufe Anteil am Sterben und Auferstehen Jesu Christi (Römer 6). Die entscheidende Wende liegt darum bereits hinter ihnen und ist nicht mit einem bestimmten Lebensalter oder gar dem eigenen Tod verknüpft. Mit der Taufe werden Menschen nicht nur mit Christus verbunden, sondern gleichzeitig auch Mitglied und Teil einer christlichen Gemeinde.

Paulus vergleicht die christliche Gemeinde mit einem menschlichen Körper, der sich aus vielen verschiedenen Gliedern zusammensetzt. Jedes Glied hat eine bestimmte Aufgabe und Funktion. Gerade diejenigen Teile, die auf den ersten

Blick am unscheinbarsten und entbehrlichsten erscheinen, werden am dringend-
sten benötigt. Leidet ein Glied oder fehlt eines, so trifft das auch alle anderen und
beeinträchtigt das Miteinander im Leib.

Die ethischen Ermahnungen in den neutestamentlichen Briefen zeichnen darum eine Kultur des Zusammenlebens, die vom Miteinander auf Augenhöhe
geprägt sein soll: vom einander dienen, miteinander reden, füreinander sorgen,
untereinander lieben ...

Jesus hat dieses Gemeindeverständnis dem Gleichnis vom verlorenen Schaf zu-
grunde gelegt (Lukas 15, 3-6). Während die Herde weiterzieht, bleibt ein Schaf allein
in der Einöde zurück. In seiner Erzählung macht Jesus unmissverständlich klar, dass
dies auf keinen Fall so bleiben darf. Der Hirte sucht das Verlorene, begibt sich in dessen
Lebenslage hinein und trägt es zur Herde zurück. Jesus fordert seine Zuhörerinnen
und Zuhörer auf, sich mit dem Hirten und seinem Handeln zu identifizieren. Die
Gemeinde Jesu Christi zeichnet sich dadurch aus, dass sie auf ihrem Weg in Richtung
Zukunft diejenigen nicht aus den Augen verliert, die nicht mehr Schritt halten können.
Keiner soll auf der Strecke bleiben. Niemand soll verloren gehen.

Für die kirchliche Seniorenarbeit bedeutet dies, dass sie den Hirtendienst, den
ihr Jesus anträgt, übernimmt. Dieser Hirtendienst ist ein doppelter: Es ist ein
Suchdienst und ein Tragedienst. Es ist ein Dienst, der diejenigen aufsucht und
besucht, die von zu Hause oder vom Altenpflegeheim aus den Weg zur Gemeinde
aus eigener Kraft nicht mehr gehen können. Es ist ein Dienst, der sich Zeit nimmt,
bei den Menschen auszuharren und der dadurch beim Tragen und Ertragen der
Lebenssituation hilft. Es ist ein Hol- und Bringdienst, der die Menschen und deren
Anliegen in die Gemeinde trägt und die Verbindung aufrecht erhält.

## 4. Resümee

*„Verwirf mich nicht in meinem Alter, verlass mich nicht, wenn ich schwach werde."*
*(Psalm 71,9)*

Im Gebet des Psalmisten spiegelt sich die große Angst, im Alter von Gott im Stich
gelassen zu werden und in der Schwäche die Kraft Gottes nicht mehr zu spüren.

Auf die Bitte des Beters antwortet Gott nicht nur mit einer allgemeinen
Beistandszusage, wie sie sich in der Bedeutung seines Namens „Ich bin mit euch"
(2. Mose 3,14; eigene Übersetzung) ausdrückt und wie sie von Jesus im sogenannten Taufbefehl erneut aufgegriffen wird: *„Und siehe, ich bin bei euch alle Tage bis
an der Welt Ende."* (Matthäus 28,20)

> *„Ich bin dankbar für die herbstliche Zeit, die Gott mir noch gewährt. Aber nicht nur. Und nicht immer. Altwerden ist nicht nur lustig."* Ako Haarbeck, 77, Bonn

Der Schöpfer, der die Menschen im Mutterleib gebildet hat (Psalm 139,13) und auch vom Mutterschoß an trägt, sagt dem verängstigten Beter im Blick auf das Altwerden Folgendes zu:

*„Auch bis in euer Alter bin ich derselbe, und ich will euch tragen, bis ihr grau werdet. Ich habe es getan; ich will heben und tragen und erretten."* (Jesaja 46,4)

Kirchliche Seniorenarbeit hat in allererster Linie und vor allem anderen Zeuge und Bürge zu sein für die Zusage Gottes, die Menschen durch alle Lebensphasen hindurch zu begleiten. Die Gewissheit, auch im Alter von Gott getragen zu werden, macht es möglich, dem Alter getrost entgegenzusehen.

## Autorin

Karin Goetz, Pfarrerin, bis Juni 2010 Referentin für theologische Grundsatzfragen und Projektarbeit, Abteilung Theologie und Bildung, Diakonisches Werk Württemberg, seit Juli 2010 Pfarrerin in Erckenbrechtsweiler, Heilbronner Str. 180, 70191 Stuttgart, weitere Informationen: www.seelsorge-im-alter.de

## Buchtipp zum Zitat, Seite 32

Eva-Maria Bießlich, Die Alzheimererkrankung meines Mannes – meine Lektion Gottes. Buch bei der Autorin erhältlich: Eva-Maria Bießlich, Lewickistr. 42, 01269 Dresden

# B. DAS KLEINE EINMALEINS
## DER GROSSEN VIELFALT – WESHALB
## SENIOREN SO VERSCHIEDEN SIND

Es gibt über 20 Millionen Senioren in Deutschland (Stand 2008). Das sind über 20 Millionen einzelne Menschen, jeder mit seiner ganz individuellen Geschichte und Persönlichkeit. Das Einzige, was diese Menschen wirklich verbindet, ist ihr Kontoauszug: Sie bekommen alle Rente! Damit endet auch – fast schon – die alle verbindende Gemeinsamkeit. Keine Personengruppe innerhalb der kirchlichen Gemeindearbeit ist derart inhomogen wie die Gruppe der Senioren!

Zum einen unterscheiden sich Senioren im Blick auf ihre Vitalität und ihre Beweglichkeit. Sie unterscheiden sich hinsichtlich ihrer Geburtsjahrgänge und ihrer jeweiligen Sozialisation. Daraus resultieren wichtige Unterschiede zwischen Senioren in Ost und West. Außerdem gibt es auch im Seniorenalter geschlechtstypische Unterschiede.

Ein weiteres, für die gemeindliche Seniorenarbeit sehr wichtiges Untersuchungsmerkmal, rückt seit der Mitgliederbefragung der EKD im Jahr 2002 zunehmend ins Bewusstsein: Es ist die Unterscheidung der Kirchenmitglieder nach ihrem Lebensstil.

Wer als Mitarbeiter im Seniorenbereich diese Unterschiede wahrnimmt und in seine Arbeit einbezieht, profitiert in doppelter Hinsicht:

- Die Angebote der Seniorenarbeit werden zielgerichteter und passender.
- Frustrationen werden verhindert („Warum kommen nicht alle zu uns?"), weil von vornherein klar ist, dass nicht jedes Angebot für jeden passt.

Senioren gehören zu einer Gruppe der großen Vielfalt – dass sie alle nicht mehr zur Arbeit müssen, ist das Einzige, was sie verbindet. Fast das Einzige! Denn noch eine weitere Gemeinsamkeit haben Senioren: Sie alle wollen wahrgenommen, wertgeschätzt und am Leben beteiligt sein!

# 1. *Ein* wiedervereinigtes Land –
# Was Senioren im Osten von Senioren im
# Westen unterscheidet

Deutschland ist groß. Es gibt regionale Unterschiede, verschiedene Volksgruppen, besondere Prägungen. Der Norden ist nicht wie der Süden. Die Stadt ist anders als das Land. Volkskirchliche Gebiete wechseln sich ab mit Gegenden starker Entkirchlichung. Im Blick auf die Lage der Senioren ist eine der wichtigsten Unterscheidungen die zwischen Ost und West.

Heutige Senioren in den neuen Bundesländern haben den größten Teil ihres Lebens in der DDR verbracht. Kirchliches Leben fand in der Zeit des Atheismus und der Diktatur unter völlig anderen Bedingungen statt, als das bei den Kirchen in den alten Bundesländern der Fall war.

Beides – die spezifische Sozialisationsgeschichte der Senioren wie die spezielle Lage der Kirchen vor und nach der Wende – stellt die Seniorenarbeit in den neuen Bundesländern vor ganz eigene Herausforderungen.

Der folgende Beitrag soll die besondere Lage in den neuen Bundesländern zur Sprache bringen und würdigen.

## Kirchliche Seniorenarbeit in den neuen Bundesländern –
## ein von der Tradition getragenes Arbeitsfeld
von Coretta Haustein

Beschäftigt man sich näher mit der kirchlichen Seniorenarbeit in den neuen Bundesländern, so wird schnell offenbar, dass viele Angebote von heute bereits vor den 90er Jahren, also in der Zeit vor der Wende, entstanden sind. Diese Angebote finden vor allem bei älteren Senioren hohen Zuspruch. Sie kennen die Veranstaltungen und deren Ablauf, die Teilnehmer und Teilnehmerinnen und oft auch die Leiter und Verantwortlichen. Somit empfinden sie eine Vertrautheit und fühlen sich wohl in ihren Gruppen. Solche Veranstaltungen umfassen beispielsweise Bastelkreise, Großmütterkreise, Bibel- oder Frauenstunden, Besuchsdienste oder Seniorennachmittage.

Trotz der Konstanz bei der Gestaltung der Seniorenangebote hat sich seit der Wende einiges in der Seniorenarbeit verändert: Zu DDR-Zeiten waren die Bedingungen für Seniorenarbeit weitaus schwieriger: Bei Tagesveranstaltungen

*„Eine besondere Herausforderung für ältere Menschen in den neuen Bundesländern ist der Umgang mit der geschenkten Freiheit."* Gotthard Pollmer, 75, Thum, Sachsen

wurde beispielsweise selbst gekocht, statt sich, wie es heute selbstverständlich möglich ist, das Essen liefern zu lassen. Im Vergleich zu damals kann man beobachten, dass zwar heute die Mittel und Möglichkeiten für die kirchliche Seniorenarbeit weitaus größer geworden sind, aber gleichzeitig auch die Ansprüche und Erwartungen der Teilnehmenden gestiegen sind. In Rüstzeitheimen z. B. möchte jeder gern seine eigene Dusche und sein eigenes WC auf dem Zimmer haben.

Auch in anderen Bereichen macht sich der Wandel bemerkbar. Ein kleines Beispiel anhand von Erfahrungen im Besuchsdienst einer Großstadtgemeinde von Dresden soll dies verdeutlichen:

Während zu DDR-Zeiten die Wohnungs- bzw. Haustür persönlich geöffnet wurde, unterhält man sich heute zuerst über eine Wechselsprechanlage. Da besonders unter älteren Menschen die Angst gestiegen ist, auf Betrüger hereinzufallen, sind eine ausführliche Vorstellung der eigenen Person bzw. der Kirchengemeinde (seitens des Besuchsdienstes) sowie der Absicht des Besuches unabdingbar. Hinzu kommt, dass auch immer mehr ältere Menschen viele Termine haben und man daher ohne eine Anmeldung oft vor geschlossenen Türen steht.

Ein weiterer Unterschied zur Seniorenarbeit in der DDR ist, dass damals vielerorts eine Gemeindeschwester mit in das Aufgabenfeld integriert war. Sie kümmerte sich primär um die Kranken und alten Menschen innerhalb der Kirchengemeinde. Diese pflegerischen Tätigkeiten werden heute oft von einem ambulanten Pflegedienst (Sozialstation) übernommen, bei welchem mitunter, auf Grundlage dieser Tradition, eine Kirchengemeinde als Träger fungiert.

Bedingt durch technische Fortschritte und Verbreitung der Kommunikationsmedien, von Telefon bis hin zu Computern, sowie durch eine bessere räumliche Struktur, wurde die Arbeit einfacher. Die Kommunikation verläuft schneller und Veranstaltungsorte sind alters- und behindertengerecht zu erreichen.

Mir persönlich erscheinen die Unterschiede im Vergleich von damals mit heute eher gering. Die Ursache für diesen allgemein relativ geringen Unterschied zu DDR-Zeiten sehe ich darin, dass der Einfluss des sozialistischen Staates auf die kirchliche Seniorenarbeit nicht allzu groß war. Innerhalb der Kirche hatte man relativ viel Freiraum für Veranstaltungen und konnte auch nach der Wende diese

Tätigkeiten weiterführen, ohne dass man von einem neu gewonnenen Freiraum hätte wesentlich profitieren können.

### Wie gestaltet sich die kirchliche Seniorenarbeit in der Gegenwart konkret?

Die kirchlichen Veranstaltungen werden getragen von der Grundüberzeugung, dass der christliche Glaube seinen Bezug zum Alltag der Menschen hat und eine Lebensorientierung gerade auch im Alter darstellt. Lebenserfahrungen werden im Spiegel der biblischen Botschaft reflektiert. Dazu gehört auch ganz praktisch die Aufnahme von alltäglichen Lebensfragen und Lebensproblemen.

Das Durchschnittsalter der Besucherinnen und Besucher vieler Veranstaltungen in der Seniorenarbeit liegt bei 80 Jahren. Die sogenannten „jungen Alten" werden von der kirchlichen Seniorenarbeit kaum erreicht; sie erwarten auch nicht, dass die Kirche ihre Interessen und Bedürfnisse erfüllt. Durch die Sozialisationsgeschichte in der DDR haben viele Menschen dieser Generation den Anschluss an die Kirche verloren und finden nun nicht mehr zurück. Stattdessen suchen sie Angebote und Veranstaltungen primär außerhalb der Kirche auf, in denen sie sich aktiv engagieren können. Beispiele für Träger solcher Angebote sind u. a. die Erwachsenenbildung, das DRK, die AWO, die Volkssolidarität und die Seniorenakademie.

Wenn die „jungen Alten" in der Kirche zu finden sind, dann gerade in den Bereichen, in denen sie aktiv sein können und gebraucht werden, in denen sie sich für das Gemeindeleben engagieren können und eine neue Lebensaufgabe für sich finden.

So unterstützen sie neben den Seniorennachmittagen oft vielfältige Helferkreise mit Besuchs-, Einkaufs- oder Fahrdiensten für Gehbehinderte, Sozialschwache oder Ältere und tragen diese ehrenamtlich mit.

Somit ist die kirchliche Seniorenarbeit überwiegend von einer freundlichen Mentalität geprägt, welche sich in sozialem Mitgefühl und Engagement sowie großem Zuspruch auf ehrenamtliche Tätigkeiten äußert.

### Welchen Herausforderungen muss sich die kirchliche Seniorenarbeit speziell in den neuen Bundesländern stellen?

Ein großer Unterschied zu den alten Bundesländern ist auch die finanzielle Lage der Menschen. Zwar gibt es innerhalb der letzten Jahre Verbesserungen bezüglich des Nettogesamteinkommens, jedoch bleibt eine Differenz zwischen den alten und neuen Bundesländern sowie zwischen den Geschlechtern bestehen. So erhalten über 65-jährige Männer in den neuen Bundesländern nur etwa 70% des persönlichen Nettoeinkommens der Männer in den alten Bundesländern. Ostdeutsche Frauen über 65 bekommen lediglich 81% des Nettoeinkommens der ostdeutschen Männer und verfügen als Ehefrau über ein deutlich geringeres Nettoeinkommen gegenüber alleinstehenden Frauen mit einem Anteil von nur 63% (vgl. Bundesministerium für Arbeit und Soziales: ASiD 2007). Auswirkungen dieser finanziellen Lage zeigen sich immer dann, wenn es um die Teilnahme an kostenpflichtigen Veranstaltungen, wie z. B. Rüstzeiten, geht. Insofern stellt sich für die Kirche die Frage der Finanzierungsmöglichkeiten von Veranstaltungen, betreffend all jene Menschen mit geringen Renteneinkommen.

Ein weiterer wichtiger Punkt ist die Umbruchsituation der Wende. Während der DDR-Zeit spielte die Arbeitslosigkeit eine geringe Rolle in der Gesellschaft. Doch mit der Wende war plötzlich fast jede Familie von dieser Problematik betroffen. Und nur wenige Menschen fanden nach ihrer Entlassung in ihrem gelernten Berufszweig eine Neueinstellung. Viele ließen sich umschulen oder fanden als Quereinsteiger eine neue Arbeitsstelle. Allerdings erhielten sie, als ungelernte Fachkraft und ohne Berufserfahrung, weniger Gehalt. Dieser sogenannte „Berufsknick" wirkt sich jetzt auch auf die Rente aus. Auf eine Betriebsrente konnte man nicht hoffen, da es die meisten dieser Betriebe nach der Wende nicht mehr gab und man im neuen Betrieb von vorn anfangen musste. Für alle, die arbeitslos blieben, bot die Kirche verschiedene Treffen an (zum Beispiel Frühstückstreffen), aber auch Gemeindenachmittage wurden gestaltet. Hierfür wurden oft Fachkräfte eingeladen, die Vorträge, unter anderem über Berufsberatung, hielten.

Aber nicht nur die Arbeitslosigkeit ist ein Kennzeichen der Wende in Ostdeutschland, sondern auch der Wegzug der jungen Bevölkerung. Zum einen berichten die älteren Menschen voller Stolz von ihren Kindern, welche in einer neuen Stadt oder in einem fremden Land Arbeit gefunden haben. Aber auf der anderen Seite taucht die Frage auf, wer sich für diese älteren Menschen verantwortlich fühlt und sich um sie kümmert, sobald sie pflegebedürftig werden.

So werden die Herausforderungen zukünftiger kirchlicher Seniorenarbeit unter anderem darin gesehen, dass die Armut älterer Menschen steigen wird, u. a. bedingt durch den erwähnten „Berufsknick" nach der Wende. Folglich sollte sich die Kirche Initiativen überlegen, wie man diese Menschen unterstützen und begleiten kann.

Eine weitere Herausforderung wird sich mit dem Älterwerden alleinlebender Menschen einstellen. Wer kann und wird bei ihnen beispielsweise die Aufgabe

> „*Ältere Menschen in den neuen Bundesländern gehören im Blick auf Arbeitslosigkeit und unterschiedliches Rentenniveau zum großen Teil zu den Verlierern der Wiedervereinigung!*"
> *Richard Kunze, 73, Niederroßla, Thüringen*

der Patientenverfügung wahrnehmen? Ist nicht auch hier die Kirche zur Hilfeleistung bzw. -vermittlung verpflichtet?

Desgleichen muss sich die Kirche der Verantwortung stellen, dass mit der steigenden Lebenserwartung auch die Anzahl der Demenzkranken in den kommenden Jahren ansteigen wird. Angebote speziell auch für Angehörige sind erforderlich, um ihnen Unterstützung und Hilfeleistung für den angemessenen Umgang mit diesen, zum Teil altersbedingten, Erkrankungen zu bieten. Hier trägt die Kirche eine besondere Verantwortung, gerade in Bezug auf geistliche Hilfe und Unterstützung. Eine Möglichkeit könnten Gottesdienste speziell für Demenzkranke sowie geistig und körperlich behinderte Menschen und deren Angehörige sein. Insofern nähern sich viele der entstehenden Probleme in Bezug auf kirchliche Seniorenarbeit in den neuen und den alten Bundesländern zunehmend an.

## Autorin

Coretta Haustein, Studentin an der Friedrich-Schiller Universität Jena (Erziehungswissenschaft, Psychologie und Religionswissenschaft – Magisterstudium). Sie schrieb diesen Artikel während eines sechswöchigen Praktikums in der Evangelischen Erwachsenenbildung Thüringen in der Regionalstelle Jena. Grundlage ihrer Ausführungen waren vor allem die Erfahrungen, die sie in der Seniorenarbeit der Evangelisch-Lutherischen Johanneskirchgemeinde in Dresden sowie der Evangelisch-Lutherischen Friedenskirchgemeinde in Jena sammelte.

## Quelle

Bundesministerium für Arbeit und Soziales: Alterssicherung in Deutschland 2007 (ASID '07) – Zusammenfassung wichtiger Untersuchungsergebnisse. Forschungsbericht, F391/Z.

## 2. *Zwei* Geschlechter –
## Weshalb es nötig ist, Senioren als
## Frauen und Männer wahrzunehmen

Ist doch klar, dass Senioren aus Frauen und aus Männern bestehen! Das ist doch in allen Altersgruppen der Fall! Was soll diese Binsenweisheit, werden Sie vielleicht denken!

Tatsächlich wird dieser selbstverständliche Unterschied in der Seniorenarbeit oft viel zu wenig bedacht. Weil Frauen und Männer so unterschiedlich sind (und wer weiß das nach einem langen Leben besser als die Senioren), sind auch im Erwachsenen- und Seniorenalter immer wieder geschlechtsspezifische Angebote sinnvoll und nötig.

Eine fast alltägliche Szene: Der Gemeindepfarrer besucht ein Gemeindemitglied im Seniorenalter. Herr Maier ist seit kurzem von einem Reha-Aufenthalt nach einem Herzinfarkt zurück. Auch Frau Maier ist gerade zu Hause, zu dritt sitzen sie nun um den Tisch. „Wie geht es Ihnen?", fragt der Pfarrer Herrn Maier. „Ganz gut", meint der – und kommt gerade noch zwei Sätze weiter. Dann fällt ihm seine Frau ins Wort. Die nächsten zweihundert Sätze gehören ihr und sie beschreibt detailliert und wortreich die Leidensgeschichte ihres Mannes. Herr Maier sitzt daneben und schweigt. Eigentlich ist er der Patient, es ist seine Krankengeschichte – aber zu Wort kommt er nicht.

Solche Szenen sind übrigens nicht nur bei Pfarrerbesuchen zu beobachten. Auch im Familien- oder Bekanntenkreis haben Sie vermutlich schon Ähnliches erlebt. Und etwas flapsig könnte man sagen: Spezielle Seniorenangebote für Männer sind schon deshalb nötig, weil Männer sonst nicht zu Wort kommen!

Im Jahr 2007 veröffentlichte Eckart Hammer ein Buch mit dem Titel „Männer altern anders". Er hat darin ein bisher weitgehend unbekanntes Thema behandelt, denn der älter werdende Mann ist in der Gerontologie noch wenig erforscht. Eine seiner Fragen lautet: Wo findet der Mann in einer weiblichen Altersgesellschaft noch seinen Platz?

Das Alter ist „weiblich": Zahlenmäßig überwiegen Frauen in dieser Altersgruppe. In der Pflege arbeiten zum großen Teil Frauen – sei es bei den ambulanten Pflegediensten, in den Pflegeheimen oder bei der Pflege zu Hause. Besuche bei älteren Menschen werden oftmals von Frauen gemacht. Und bei „Betreuungsangeboten" unterschiedlichster Art sind es ebenfalls die Frauen, die engagiert

*„Unter Frauen gibt es eine andere Gemeinschaft – da stören Männer manchmal."* Maria Ast, 78, Meßstetten

sind. Je älter ein Mann wird und je mehr er auf Hilfe angewiesen ist, desto mehr gerät er in eine „Frauenwelt".

Auch bei der traditionellen Seniorenarbeit der Kirchengemeinden sind es zum großen Teil die Frauen, die zu den Veranstaltungen kommen und die sich als Mitarbeiterinnen zur Verfügung stellen. Oftmals ist diese Arbeit – vermutlich ganz unbeabsichtigt – eher frauenorientiert.

Ein paar Beobachtungen im Blick auf die traditionellen Seniorennachmittage zur Verdeutlichung:

Ein wichtiger Programmpunkt bei Seniorenkreisen ist die Kaffeerunde. Natürlich gibt es viele Männer, die gerne ein Stück Kuchen essen und einen Kaffee trinken. Ist zu Hause Kaffeebesuch eingeladen, dann setzt sich der Ehemann selbstverständlich mit dazu. Trotzdem: Kaffee und Kuchen – das ist vor allem die Leidenschaft von Frauen. Oder kennen Sie Männer, die sich zum Kaffeekränzchen verabreden?

Viele der Themen aus dem Programm eines Seniorenkreises können grundsätzlich Frauen und Männer gleich interessieren. Trotzdem: Die meisten dieser Themen lassen sich problemlos auch in einem Frauenkreis halten. Aber würde wirklich jemand auf die Idee kommen, alle diese Themen in einer reinen Männerrunde auf den Jahresplan zu setzen? Ich glaube nicht! Viele unserer Seniorennachmittagsthemen sind tatsächlich unterschwellig frauenorientiert. Oder haben Sie je von einem traditionellen Seniorentreff gehört, bei dem es um Fußball oder Autos ging?

Viele Seniorenkreise werden von einem Team engagierter Frauen getragen und gestaltet. Mit großer Hingabe und Liebe bringen sie sich in diese Arbeit ein und bereiten vielen Senioren dadurch schöne Stunden und begleiten sie in ihrem Älterwerden. Ganz wertfrei kann man dabei sagen: Frauen gestalten die Seniorennachmittage als Frauen, bringen sich als Frauen ein, sehen aus dem Blick einer Frau, was zu tun ist. Ganz wertfrei kann man sich fragen: Würden es Männer eventuell anders tun? Würden sie anders dekorieren, anders moderieren, ein anderes Programm machen, anders mit den Besuchern umgehen? – Ich denke ja.

Und um es klar zu sagen: Seniorennachmittage sind ein wunderbares Angebot für unzählige, oftmals einsame Frauen! – Aber wir sollten nicht erwarten, dass Männer in Massen dafür zu gewinnen sind!

*„Männer brauchen Aufgaben."* Rolf Brune, 69, Stuttgart

Was kann man tun, um auf dem weiten Feld der Seniorenarbeit auch Männer verstärkt anzusprechen?

Es ist nötig wahrzunehmen, wo die besonderen Herausforderungen beim Älterwerden für einen Mann liegen:

- Der Eintritt in den Ruhestand ist für Männer in der Regel ein sehr viel größerer Einschnitt als für Frauen – auch wenn manche Männer dem Ruhestand positiv entgegenblicken. Männer definieren sich oft stark über Arbeit und Beruf. Auch ihre sozialen Kontakte finden vorwiegend in ihrem beruflichen Umfeld statt und fallen mit der Berentung weg. Die Inanspruchnahme durch den Beruf führt bei Männern oftmals dazu, dass sie sozial isoliert sind, dass sie keine Zeit für die aktive Gestaltung ihrer Freizeit haben und dass sie darüber hinaus im eigenen Zuhause nicht vollständig zu Hause sind. Die neue Rolle als Rentner muss erst definiert und neu gefunden werden. Es müssen Wege gefunden werden, die freie Zeit sinnvoll zu füllen. Auch das alltägliche Leben gemeinsam mit der Partnerin muss neu geregelt und austariert werden.

- Das Nachlassen der körperlichen Leistungsfähigkeit und das Angewiesensein auf Hilfe ist für viele Männer sehr viel schwerer zu ertragen als für Frauen.

- Eher traditionell sozialisierte Männer haben Probleme, Gefühle wahrzunehmen und zu leben. Trotzdem entwickelt sich mit zunehmendem Alter oftmals ein Bedürfnis nach Spiritualität. Die Kirche aber hat ihre entsprechenden Angebote vorwiegend auf ältere Frauen ausgerichtet.

- Männer möchten nicht „betreut" werden. Sie möchten sich entsprechend ihren Fähigkeiten und Neigungen betätigen. Manche Männer entdecken im „Ruhestand" ganz neu auch ihre menschlichen Potenziale und bringen sich verstärkt ein, als Vater, Großvater oder in der Betreuung der eigenen Eltern. Auch im Blick auf einen Einsatz im ehrenamtlichen Bereich kann Versäumtes nun nachgeholt werden.

Spezifische Frauenarbeit hat in unseren Kirchengemeinden eine lange Tradition. Es ist gut, dass sich in den letzten Jahren auch im großen Bereich der Männerarbeit viel getan hat – allerdings gibt es hier noch viel Entwicklungspotenzial.

## Kontakt

„Fachausschuss für den Bereich Arbeit mit älteren Männern" innerhalb der Männerarbeit der EKD, Hauptgeschäftsstelle, Garde-du-Corps-Str.7, 34117 Kassel, Tel.: 0561 710181, www.maennerarbeit-ekd.de

## Lesetipps

Eckhart Hammer, Männer altern anders. Eine Gebrauchsanweisung, Verlag Herder, 2008

Männer in den besten Jahren. Denkanstöße für Einzelne und Gruppen. Broschüre herausgegeben von der Männerarbeit der EKD

Rainer Volz, Paul M. Zulehner: Männer in Bewegung. Zehn Jahre Männerentwicklung in Deutschland. Ein Forschungsprojekt der Katholischen Männer Deutschlands und der Männerarbeit der Evangelischen Kirche in Deutschland, herausgegeben vom Bundesministerium für Familien, Senioren, Frauen und Jugend, auf der Homepage www.bmfsfj.de als kostenloser Download zu finden

Frauenkirche und Männerkirche. Gendertheoretische Antwortversuche auf die Frage nach der Teilhabergerechtigkeit, Artikel von Dr. phil. Claudia Schulz im Deutschen Pfarrerblatt, 6/2007, online abrufbar unter www.pfarrverband.de

# 3. *Drei* Phasen der Vitalität – Wie aktiv Senioren sind

von Heinrich Kaufmann

Als unter Otto von Bismarck 1889 das Gesetz zur Alters- und Invalidenversicherung verabschiedet wurde, lag die durchschnittliche Lebenserwartung etwa zwischen 37 und 40 Jahren. Die wenigsten erreichten das Rentenalter. Im Jahr 2007 dagegen wurde für Neugeborene eine durchschnittliche Lebenserwartung zwischen 77,1 Jahren für Männer und 82,4 Jahren für Frauen prognostiziert. Damit hat sich die Lebenserwartung in den letzten 120 Jahren mehr als verdoppelt.

Fazit: Die durchschnittliche Lebenserwartung steigt stetig an. Wir werden aber nicht nur älter, sondern bleiben länger vital und gesund. Erst im Bereich der Hochbetagten gibt es mit 85 einen sprunghaften Anstieg der Demenzerkrankungen. Wie der erste Lebensabschnitt der Kindheit in unterschiedliche Entwicklungsphasen eingeteilt wird, so sollte auch der dritte Lebensabschnitt differenzierter beschrieben werden. Wir haben es hier mit einem wirklich neuen Alter zu tun.

## Die vitale Phase

Die vitale Phase kann viele Jahre umfassen. Fast uneingeschränkte körperliche und geistige Vitalität ist ihr Kennzeichen. Gesundheitliche Einschränkungen halten sich noch deutlich in Grenzen. Dagegen verkörpert man so viel an Wissen, unterschiedlichen Fähigkeiten und Lebenserfahrung wie nie zuvor. Ein Reichtum, den man nicht unterschätzen sollte.

Es wäre sträflich, dieses Potenzial brach liegen zu lassen. Nie zuvor in seinem Leben hatte man, ganz gleich ob Angestellter oder Arbeiter, so viel an Autonomie, so viel Selbstbestimmungsmöglichkeit. Und nie zuvor gab es so gute Begleitumstände.

Jenseits der Erwerbstätigkeit erschließt sich dem Menschen eine Lebensphase in außergewöhnlich großer Selbstbestimmung und Souveränität. Er kommt von der Pflicht zur Kür. Warum sollten sich hier keine Wege erschließen, diesen Reichtum unter neuen Voraussetzungen zum Wohl des Ganzen und zur eigenen Befriedigung einzusetzen? Heinrich von Kleist (1777-1811) schrieb: „Das nenne ich würdig, fürwahr, sich im Alter zu beschäftigen."

## Die eingeschränkt vitale Phase

In diesem Lebensabschnitt gilt es besonders, das Alter nicht nur unter dem Aspekt der körperlichen Leistungsfähigkeit zu begreifen. Jetzt treten die Überlegungen deutlicher in den Vordergrund, wo und wie man die letzten Jahre oder auch noch Jahrzehnte zubringen möchte. Es ist an der Zeit, sich spätestens jetzt der Frage zu stellen, ob man im angestammten Haus weiter wohnen kann. Zum einen kann es behindertengerecht umgebaut werden, zum andern steht die Option offen, in ein betreutes Wohnen oder in ein Alten- und Pflegeheim umzuziehen. Es ist von besonderem Wert, dort zu den anderen Bewohnern Beziehungen zu knüpfen, solange man dazu noch ohne Weiteres in der Lage ist. In einem solchen Umfeld wird man zwar in seiner Autonomie deutlicher eingeschränkt, aber man hat auch einen Gewinn davon. Schließlich müssen nicht mehr so viele Räume sauber gehalten werden, muss kein Garten gepflegt und auch kein Essen zubereitet werden. Die Rundumversorgung eröffnet neue Möglichkeiten. In vielen Häusern kann die gewünschte Leistung der noch vorhandenen Eigenständigkeit flexibel angepasst werden.

Prof. Dr. Andreas Kruse schreibt: „Mit den Einbußen in der körperlichen Dimension können Entwicklungsgewinne in der seelisch-geistigen Dimension einhergehen." (aus einem Referat im Internet, vgl. Quellenangabe am Kapitelende)

Wichtige Lebensfragen bekommen einen neuen Stellenwert.
- Was macht den Wert des Lebens aus?
- Wie gehe ich mit Verlusterfahrung, Leid, Sterben und Tod um?
- Welche Perspektive habe ich für die Zeit nach meinem Sterben?
- Lebe ich in versöhnten Beziehungen?
- Bin ich versöhnt mit meiner Lebensführung, meiner ganz persönlichen Geschichte?

Der Versöhnung kommt im dritten Lebensabschnitt eine ganz besondere Bedeutung zu. Unversöhnlichkeit schwächt den Menschen. Versöhnung setzt Kräfte des Lebens frei. Der Psychotherapeut Reinhard Tausch titelte in „Psychologie heute" (April 1993): „Verzeihen: die doppelte Wohltat." Er führte in seinem Beitrag aus, wie Versöhnung den entlastet, der an einem schuldig geworden ist, und wie befreiend und freisetzend es für den ist, der vergibt.

> „Ich beginne zu begreifen, dass ich nur im Loslassen und in der Konzentration auf weniges die Kraft gewinne, das, was ich (noch) tue, gründlich und ordentlich tun zu können."
> Horst Hahn, 75, Speyer

Versöhnte Menschen können zudem viel leichter auf die größte Herausforderung des Lebens zugehen, auf das Sterben. Sie können leichter Abschied nehmen, wenn das Leben hier zu Ende geht. Da die Beweglichkeit abnimmt, nimmt auch die Ablenkung ab, sodass bisher Verdrängtes ins Bewusstsein vorstößt. Das Leben liegt plötzlich in seiner Endlichkeit wie ein aufgeschlagenes Buch vor einem. Die Fehler und alles wirkliche und vermeintliche Versagen scheinen deutlich hervorgehoben. So tritt die seelische-geistige Arbeit in der „eingeschränkt vitalen Lebensphase" bei vielen Menschen viel deutlicher ins Bewusstsein.

## Die abhängige und pflegebedürftige Phase

In dieser Lebensphase kann das Leben zunehmend zur Last werden. Die organische Alterung schlägt deutlich zu Buche. Beweglichkeit nimmt ab, Schmerzen nehmen zu. Auch die geistige Regsamkeit lässt unter Umständen spürbar nach. So beklagen manche in diesem Altersabschnitt Gedächtnislücken, andere können sich nichts mehr merken und auch Demenzerkrankungen kommen gehäufter vor. Die Vereinsamung nimmt in der Regel zu, weil immer mehr Menschen aus dem Freundeskreis selbst eingeschränkt sind oder auch wegsterben. Andere, noch vitale Menschen verunsichert die Begegnung mit dem so eingeschränkten und abhängigen Menschen. In ihrer Unsicherheit ziehen sie sich zurück. Solche Erfahrungen erhöhen die Verletzbarkeit. Existenzielle Fragen brechen noch drängender auf und verlangen eine Antwort; Fragen nach dem, was nach dem Sterben kommt. Prof. Dr. Andreas Kruse aus Heidelberg schreibt: „Die christliche Altenarbeit ist auch in dieser Hinsicht von großer gesellschaftlicher Bedeutung, als die christliche Botschaft Alter, Leiden und Sterben nicht als eine ‚inferiore' (minderwertige) Phase des Lebens deutet, sondern vielmehr als einen notwendigen und damit gleichberechtigten Abschnitt in unserem Lebenslauf." Man muss lernen, sich mit der Angst vor dem Kommenden noch bewusster auseinanderzusetzen.

Versöhnung ist dazu eine wichtige Voraussetzung. Versöhnung mit sich selbst und seinem Leben, mit seinen Nächsten und nicht zuletzt mit Gott dem Schöpfer. Er wartet ja schließlich auf uns. Ihm werden wir jenseits der dunklen Wand des Sterbens begegnen. Und davor braucht keiner Angst zu haben, der durch Jesus Christus in die Versöhnung mit Gott eingegangen ist. So jedenfalls steht es als eindeutiges Zeugnis im Neuen Testament.

Pflegebedürftigkeit in diesem Altersabschnitt macht zunehmend abhängig. Kinder werden plötzlich in ihrer Funktion gegenüber den eigenen Eltern zu Eltern. Sie übernehmen die Fürsorge und Pflege der eigenen Eltern oder organisieren diese durch ambulante oder stationäre Hilfe. Ein Wechsel, der für beide Seiten nicht ganz einfach ist.

Besonders Demenzerkrankungen können die Angehörigen schwer belasten. Es tut weh, wenn einen die eigene Mutter, der eigene Vater nicht mehr erkennt. Man muss lernen zu akzeptieren, dass das Kurzzeitgedächtnis nichts mehr behalten kann, aber das Langzeitgedächtnis noch voll funktionsfähig ist und alle gespeicherten Daten abrufen kann. Es ist eine besondere Herausforderung für die pflegenden Angehörigen, in die Welt der Demenzkranken einzutreten, statt diese in die reale Welt zu zwingen. Besonders die pflegenden Angehörigen brauchen Entlastung und fachlichen Beistand. Sie müssen bei aller Hingabe auch an sich denken und dafür Sorge tragen, dass sie nicht unter der Last des Opfers zusammenbrechen. Davon hätte nämlich keiner etwas. Es zeugt von Verantwortungsgefühl, wenn pflegende Angehörige auch einmal zurücktreten und den Pflegebedürftigen zur Kurzzeitpflege außer Haus geben, um sich selbst ein wenig zu erholen.

## Schlussbemerkung

Bei diesem „Drei Phasen Modell" sollte der Leser berücksichtigen, dass diese nicht unbedingt chronologisch nacheinander eintreten. Mancher wird gar noch vor dem Austritt aus dem Erwerbsleben von heute auf morgen durch einen Herzinfarkt, einen Schlaganfall oder einen Unfall in die dritte, die abhängige und pflegebedürftige Phase katapultiert. Wenn Kirchen und christliche Gemeinden Senioren- bzw. Altenarbeit anstreben, ist es ganz wichtig, dass sie sich zuvor überlegen, welcher Gruppe dieser dritten Lebensphase ihre Aufmerksamkeit gelten soll. Die Zielgruppe wird ganz entscheidend für den Weg sein, den man zu gehen hat.

## Autor & Kontakt

Heinrich Kaufmann, verheiratet, 5 Kinder, Prediger und therapeutischer Seelsorger, seit 2002 Projektleiter Seniorenarbeit Schönblick.
Der Schönblick ist ein geistliches Zentrum in Württemberg (Schwäbisch Gmünd), zu dem das Christliche Gästezentrum Württemberg gehört, eine Senioren-Wohnanlage, ein Alten- und Pflegeheim, eine evangelische Gemeinschafts-Gemeinde und eine Gemeinde-Musikschule. Heinrich Kaufmann ist theologischer Mitarbeiter und verantwortlich als Betreuer für das betreute Wohnen sowie Projektleiter für diakonisch-missionarische 55plus-Arbeit.
Heinrich Kaufmann, Emil-Rudolph-Weg 25, 73527 Schwäbisch Gmünd

## Quelle

www.ev-diakonieverein.de/index.php3?t=diakonieverein%2Ftexte.php3

# 4. *Vier* Schicksalsgenerationen – Wie Senioren wurden, was sie heute sind

„Wie alt sind Sie?" – Diese Frage wird in der Begegnung mit älteren Menschen häufig gestellt (und ich selbst habe das auch schon unzählige Male getan). Doch viele Senioren hören die Frage mit Unbehagen. Denn wer nach dem momentanen Lebensalter fragt, nimmt sein Gegenüber vor allem als einen Menschen in einem bestimmten Lebensabschnitt wahr. Deshalb hören ältere Menschen bei der Frage nach ihrem Alter oftmals die unausgesprochene Frage nach ihren noch verfügbaren Möglichkeiten und den bereits vorhandenen Defiziten mitschwingen.

„Zu welchem Jahrgang gehören Sie?" – So kann man auch fragen (und ich selbst will das in Zukunft immer öfter tun). Wer so fragt, nimmt sein Gegenüber nicht nur als Menschen in einem bereits fortgeschrittenen Lebensabschnitt wahr, sondern vor allem als Menschen mit einer langen Lebensgeschichte: Ein Mensch, der in einer bestimmten Zeit geboren wurde, der unter ganz bestimmten zeitgeschichtlichen Umständen aufgewachsen ist und bis heute durch die unterschiedlichsten Faktoren in seiner Persönlichkeit geprägt wurde. Ein Mensch mit seinen ganz persönlichen Erlebnissen und Erfahrungen, eingebettet in die großen Linien der Weltgeschichte.

Deshalb sollten wir uns in der kirchlichen Seniorenarbeit unbedingt fragen: Wie sind Senioren zu dem geworden, was sie heute sind? Was hat sie geprägt? Welche Folgen hat das für ihr heutiges Lebensgefühl? Was unterscheidet die verschiedenen Jahrgänge voneinander? Und welche Konsequenzen hat das für die Seniorenarbeit?

Was prägt einen Menschen und macht ihn zu der Persönlichkeit, die er heute ist?

Zum einen sind das die charakterlichen und biologischen Grundzüge, die jeder Mensch mit auf die Welt bringt. Zum anderen wirkt auf jeden Menschen im Laufe seines Lebens eine Vielzahl äußerer Faktoren ein. Die Auseinandersetzung mit diesen äußeren Einflüssen und ihre Verarbeitung sind von entscheidender Bedeutung bei der Ausbildung einer Persönlichkeit.

Zu den äußeren Faktoren, die Einfluss auf uns Menschen haben, gehören Familie, Freunde, Erzieher, die Zugehörigkeit zu einer speziellen Kultur, zu einer besonderen Landsmannschaft und zu einer speziellen sozialen Schicht, die allgemeinen Lebensbedingungen, die geltenden gesellschaftlichen Normen, die herrschenden politischen Strukturen und die spezifische weltgeschichtliche Zeit. Ganz besonders

*„Ich bin 1941 geboren, meine Schwester 1950. Wir sind völlig unterschiedlich aufgewachsen."* Heiderose Schaufler, 67, Calw

prägend wirken diese Faktoren in der Kindheit und Jugend. Darüber hinaus verändert sich die Persönlichkeit eines Menschen auch weiterhin im Erwachsenenleben. Hier spielt neben der Auseinandersetzung mit der Gesamtheit der äußeren Einflüsse natürlich auch die Verarbeitung des individuellen Schicksals eine wichtige Rolle.

Die äußeren Einflüsse – etwa die Gesellschaftsordnung oder die zeitgeschichtlichen Umstände – können sich innerhalb weniger Jahre komplett verändern. Deshalb unterscheidet sich die Sozialisation einzelner Jahrgänge erheblich: Es ist ein großer Unterschied, ob jemand seine Kindheit und Jugend in den 1920er oder in den 1950er Jahren erlebt hat. Die Prägung, die in der Regel das ganze Leben nachwirkt, ist eine jeweils völlig andere. Beide gehören aber heute gemeinsam in die Gruppe der Senioren.

Darüber hinaus wirken bei der Sozialisation im Erwachsenenalter die gleichen äußeren Faktoren unterschiedlich auf die Menschen, je nachdem in welcher individuellen Lebensphase sie selbst gerade stehen. Ein Beispiel zum Verdeutlichen: Wer 1968 gelebt hat, gehörte vielleicht zu den rebellierenden Studenten, oder aber, weil 20 Jahre älter, zu den boykottierten Professoren. Sie haben die gleiche Zeit deshalb ganz unterschiedlich erlebt, wahrgenommen und verarbeitet. Beide jedoch, die damaligen Studenten und die damaligen Professoren, gehören heute gemeinsam in die Gruppe der Senioren.

Die Teilung Deutschlands in zwei getrennte Staaten und die endgültige Grenzschließung mit Mauerbau vonseiten der DDR im Jahr 1961 besiegelte eine getrennte weitere Entwicklung aller Jahrgänge, die heute zu den Senioren gehören.

Im Folgenden will ich versuchen, die spezifische Sozialisation einzelner Seniorenjahrgänge kurz in einigen allgemeinen Linien zu verdeutlichen. Natürlich kann sich das individuelle Leben einzelner Menschen vollständig davon unterscheiden. Die Charakterisierung der entsprechenden Jahrgänge in der DDR folgt im Wesentlichen der Darstellung von Thomas Ahbe und Rainer Gries in ihrem Buch „Geschichte der Generationen in der DDR und in Ostdeutschland".

## Die jungen Erwachsenen des Zweiten Weltkriegs –
## Geburtsjahrgänge 1915 bis 1929

Kinder der späten 1910er und der frühen 1920er Jahrgänge wurden in eine schwierige Zeit hineingeboren. Am 11. November 1918 ging der Erste Weltkrieg zu Ende. In Deutschland lag die Wirtschaft am Boden und die Menschen litten unter Hunger und Armut. Eine kaum vorstellbare Hyperinflation vernichtete bis Ende 1923 das Vermögen unzähliger Menschen. Der Erste Weltkrieg hinterließ allein in Deutschland rund zwei Millionen Tote und 4,2 Millionen Verletzte. Vielen der jungen Soldaten fiel es nach der Rückkehr schwer, wieder ins bürgerliche Leben zurückzufinden. Die in den 1920er Jahren geborenen Kinder hatten also womöglich Väter, die psychisch und physisch durch den Krieg verletzt waren.

Der Erste Weltkrieg, der oft als „Urkatastrophe" des 20. Jahrhunderts bezeichnet wird, übertraf an Grausamkeit alle bisherigen Kriegserfahrungen. Die stark erlebte Sinnlosigkeit dieses Krieges führte in den 1920er Jahren zu verschiedenen Gegenreaktionen. Zum einen drängten Künstler und Intellektuelle zu einer Erneuerung der Gesellschaft. Zum anderen waren vor allem wohlhabende junge Leute offen für jegliche Art von Vergnügungen. Berlin, eine der größten Städte der damaligen Welt, wurde zum Zentrum der „Roaring Twenties" und zur Partymetropole. Abend für Abend strömten bis zu 40.000 Menschen in die Kinos.

Mit der Abdankung von Kaiser Wilhelm II. im November 1918 ging eine seit elf Jahrhunderten (!) bestehende Monarchie zu Ende. Das bedeutet: Die 1920er Jahrgänge wuchsen als Kinder in einer Zeit großer gesellschaftlicher und politischer Umbrüche und Unsicherheiten auf.

Die Lebensbedingungen der Kinder unterschieden sich stark voneinander, in der Großstadt und auf dem Land und in Abhängigkeit von der sozialen Schicht. Die Wohnungen waren oft klein, man lebte beengt, manchmal mussten zwei Kinder in einem Bett schlafen. Öfters kam es vor, dass Kinder dieser Jahrgänge einzelne ihrer Geschwister sterben sahen. Krankheiten wie Tuberkulose oder Rachitis forderten ihre Opfer. Die Säuglingssterblichkeit lag in den 1920er Jahren noch zwischen 8,9 % und 13,4 %.

Der Kleiderschrank der Kinder war spärlich gefüllt. Die guten Sachen wurden nur am Sonntag getragen und durften beim Spielen natürlich nicht schmutzig gemacht werden. Die Kinder spielten Verstecken und Fangen, machten Ball- oder Murmelspiele, bastelten kleine Spielsachen aus Naturmaterialien (Schiffchen, Pfeifen). Manche Kinder besaßen eine Puppe oder eine Puppenstube, eine Holzeisenbahn oder Märklinautos.

Im Januar 1933 kam Adolf Hitler an die Macht. Eines seiner wichtigsten Ziele war die Durchdringung der Gesellschaft mit der nationalsozialistischen Ideologie. Die Erziehung der Jugend spielte dabei eine entscheidende Rolle. Durch Auflösung, Verbot oder Gleichschaltung anderer Jugendverbände wurde die Hitlerjugend zum einzigen staatlichen Jugendverband. (Der Begriff „Hitlerjugend" wird im Folgenden als Oberbegriff für die Gesamtheit aller nationalsozialistischen Jugendorganisationen verwendet.) Ab 1939 wurde für die 10- bis 18-jährigen Kinder und Jugendlichen die Mitgliedschaft in einer Organisation der Hitlerjugend Pflicht. Ab 1938 wurden ledige Frauen außerdem zum Pflichtjahr, junge Männer zum Arbeitsdienst herangezogen. 1939 hatte die Hitlerjugend rund 8,7 Millionen Mitglieder und erreichte damit 98 % aller deutschen Jugendlichen. Die 1920er Jahrgänge wurden also als Kinder und Jugendliche fast komplett von der Hitlerjugend erfasst. Neben der Vermittlung der nationalsozialistischen Ideologie, der Teilnahme an Paraden oder Propagandaveranstaltungen und der körperlichen Ertüchtigung, gab es in der Hitlerjugend Freizeitangebote wie Geländespiele, Fahrradtouren und Zeltlager. Die Mädchen lernten Volkstänze, Lieder und hauswirtschaftliche Fertigkeiten. Außerdem beteiligte sich die Hitlerjugend an verschiedenen Sammelaktionen, später auch an Luftschutzdiensten und Aufräumarbeiten. Was für Nachgeborene oftmals schwer zu verstehen ist: Mit der Zeit in der Hitlerjugend verbinden heutige Senioren auch viele Kindheits- und Jugenderinnerungen, die sie auch heute noch als schön empfinden.

Im Zweiten Weltkrieg mussten die jungen Männer der späten 1910er und ein großer Teil der 1920er Jahrgänge als Soldaten an die Front. Die jüngeren Oberschüler wurden zu Flakhelferdiensten herangezogen und dienten kurz vor Kriegsende als „letztes Aufgebot". Die Geburtsjahrgänge 1921–1925 wurden durch den Krieg besonders stark dezimiert: Mehr als ein Drittel starb in der Heimat oder an der Front.

Die jungen Soldaten kämpften, wurden verwundet, gerieten in Gefangenschaft. Als sie aus dem Krieg zurückkehrten, waren sie erst Mitte 20 und hatten bereits die schlimmsten Erlebnisse ihres ganzen Lebens mitgemacht. Die inneren Bilder von Grausamkeit, Elend und Todesangst begleiteten viele das ganze Leben. Auch die jungen Frauen dieser Jahrgänge – erst knapp über 20 – haben als Zivilisten zum Teil grausame Szenen erlebt. Die besondere Zeit der ersten Liebe, der Hochzeit und

*„Die Armut und Sparsamkeit der Kriegszeit haben mein Leben bis heute geprägt."* Luise Heinz, 85, Balingen

Familiengründung wurde bei vielen überschattet durch Trennung und Krieg. Nach Ende des Krieges befanden sich noch über zehn Millionen deutsche Soldaten in Kriegsgefangenschaft und erlebten hier zum Teil sehr schlimme Zeiten. Die letzten Kriegsgefangenen kehrten erst 1956 aus der Sowjetunion zurück.

Ein Tabuthema bis in unsere heutige Zeit sind die Vergewaltigungen in der Endphase des Krieges und in der unmittelbaren Nachkriegszeit. Es wird geschätzt, dass über zwei Millionen Frauen vergewaltigt wurden – etliche von ihnen auch mehrfach. Auch Frauen der 1920er Jahrgänge gehören zu den Betroffenen.

In den Nachkriegsjahren waren auch die 1920er Jahrgänge mit dem täglichen Kampf ums Überleben gefordert. Das Ausmaß der Zerstörung war enorm. Viele Orte lagen in Trümmern. Vor allem die Menschen in den Städten litten Hunger und mussten „hamstern" gehen. Nach dem Krieg musste ein Teil der Soldaten erst einmal die kriegsbedingt abgebrochene Berufsausbildung oder das begonnene Studium wieder aufnehmen.

In den 1950er Jahren begann für die Männer und Frauen der 1920er Jahrgänge das „normale" Leben mit Beruf und Familie. In den Jahrzehnten nach dem Krieg haben sie zum deutschen Wirtschaftswunder beigetragen. Die Vermögensbildung besonders der älteren 1920er Jahrgänge war aber noch gering.

Ab 1985 gingen die 1920er Jahrgänge in Rente.

In der DDR bot der Neuanfang nach dem Zweiten Weltkrieg den Angehörigen der Jahrgänge von etwa 1925 bis etwa 1935 großartige Möglichkeiten auf Bildungs- und Aufstiegschancen. Einzige Voraussetzung: Ein uneingeschränktes Bekenntnis zum Sozialismus und zu dem Führungsanspruch der SED. Ein Teil dieser DDR-Aufbaugeneration stimmte aus Überzeugung in diese Vorgaben ein. Der andere Teil reagierte pragmatisch, fügte sich äußerlich den geforderten politischen Werten und blieb innerlich auf Distanz. Angehörige dieser Jahrgänge nahmen in der DDR schon bald mittlere Führungspositionen in Verwaltung, Wirtschaft, Politik und Kultur ein. Die zentralen Leitungsaufgaben blieben dagegen den älteren „Patriarchen" vorbehalten.

Im Laufe der 1970er und 1980er Jahre konnte diese Generation, die die DDR aufgebaut hatte, zunehmend ihren selbst erarbeiteten Wohlstand genießen. Die Zeit ihrer Berufstätigkeit deckt sich im Wesentlichen mit der Zeit, in der die DDR existierte: Das Ende der DDR fiel bei ihnen weitgehend zusammen mit dem Eintritt in den Ruhestand. Die sich durch die Wende eröffnenden Möglichkeiten im Reise- und Konsumbereich konnten diese Jahrgänge aktiv wahrnehmen und genießen.

*Einige prominente Angehörige der Jahrgänge von 1915 bis 1929:*
*Kirk Douglas (\*1916), Nelson Mandela (\*1918), Helmut Schmidt (\*1918), Loki Schmidt*
*(\*1919), Maria Hellwig (\*1920), Prinz Philipp von England (\*1921), Vicco von Bülow*
*(Loriot) (\*1923), Königin Elisabeth II. (\*1926), Papst Benedikt XVI. (\*1927), Kurt Masur*
*(\*1927), Hans-Dietrich Genscher (\*1927), Joachim Fuchsberger (\*1927), Hardy Krüger*
*(\*1928), Karlheinz Böhm (\*1928), Pierre Brice (\*1929)*

## Kriegskinder – Geburtsjahrgänge 1930 bis 1945

Die Geburtsjahrgänge von 1930 bis Anfang 1945 verbindet – trotz des altersmä-
ßigen Unterschiedes von bis zu 15 Jahren – ein ganz zentrales, gemeinsames
Schicksal: Sie alle erlebten den Zweiten Weltkrieg als Kinder. Sie verbrachten damit
wesentliche Jahre ihrer Kindheit in einer dauerhaft gefährlichen und lebensbedrohlichen Zeit. Kinder dieser Jahrgänge mussten – als Kinder – zum Teil grausame Szenen miterleben. Manche sahen wie andere Menschen vor ihren Augen
verletzt oder zerfetzt wurden. Sie erlebten Bombenangriffe und bangten um ihr
eigenes Leben und das ihrer Eltern. Viele verloren ihre Heimat. Würde ein Kind in
heutiger Zeit auch nur annähernd Ähnliches erleben wie die Kinder der
Geburtsjahrgänge 1930–1945, wäre der Gang zum Psychologen selbstverständlich.
Damals war das anders. Die im Zusammenhang mit dem Krieg gemachten
Erfahrungen wurden zu dieser Zeit in gewissem Sinn als „normal" empfunden.
Noch heute sind viele Kriegskinder der Meinung, ihre Erlebnisse seien eine
Selbstverständlichkeit. Wie diese schrecklichen Erlebnisse die kindlichen Seelen
der Kriegskinder prägten, ist bis jetzt nur ansatzweise erforscht. Man geht davon
aus, dass etwa knapp ein Drittel der Menschen der Jahrgänge 1929 bis 1947 nach
dem Krieg traumatisiert war, ein weiteres Drittel musste mit belastenden
Erfahrungen leben. Auf etwa 40% aller Kinder traf beides nicht zu. Mögliche traumatische Folgen hingen auch davon ab, in welcher individuellen Lebensphase die
Kinder welche Erlebnisse hatten. Es wird vermutet, dass manche bis heute an-
dauernden Verhaltensweisen von Senioren Folgen möglicher belastender

*„Am letzten Kriegstag musste ich als 81-Jährige mit ansehen,*
*wie drei Buben vor meinen Augen starben. Dieses Erlebnis hat*
*mich mein ganzes Leben geprägt und mich zu Jesus geführt."*
*Ilse Schulze, 72, Calw*

Kriegserlebnisse sind: z. B. Sparsamkeit, Nicht-wegwerfen-können von Essen oder Gegenständen, mangelnde Fürsorge für den eigenen Körper etc.

Die Kriegskinder wuchsen in einer Diktatur auf. Die Erziehung in der Schule war durchgehend von der nationalsozialistischen Ideologie geprägt. Die frühen 1930er Jahrgänge wurden als Zehnjährige ab 1940 noch von der Hitlerjugend erfasst. Der Rückgang der Arbeitslosigkeit, der Wirtschaftsaufschwung und verschiedene sozialpolitische Maßnahmen (z. B. Winterhilfswerk, Kraft durch Freude) kennzeichneten allerdings eine verbesserte materielle Situation für das Leben der Kinder in den 1930er Jahren.

Die Kriegszeit erlebten diese Kinder sehr unterschiedlich – je nachdem, wo sie lebten und in welcher Familiensituation sie aufwuchsen. Kinder auf dem Land etwa, die außerdem das Glück hatten, dass der eigene Vater nicht an die Front musste, erlebten die Jahre des Krieges vergleichsweise „unbeschwert" und in geringerer materieller Not. Stadtkinder dagegen mussten oftmals ihre von Bomben bedrohte Heimat verlassen: Bis zum Ende des Krieges wurden etwa 2,5 Millionen Mädchen und Jungen im Alter von 10 bis 14 Jahren mit der Kinderlandverschickung evakuiert. Rund 9000 Lager standen für ihre Unterbringung zur Verfügung. Es waren Kinder, die allein oder im Klassenverband über Wochen und Monate von den Eltern getrennt waren – und das in einer lebensbedrohlichen Zeit. Andere Kinder wurden mit Mutter und Geschwistern bei Fremden einquartiert. Kälte, Hunger, Gewalt und der Kampf ums nackte Überleben prägten sich für immer in ihr Gedächtnis ein.

Junge Söhne, deren Väter im Krieg waren, wurden im Alter von 12 oder 13 plötzlich zum Beschützer der Familie. Manche Kinder verloren durch die Kriegsereignisse oder auf der Flucht ihre Eltern und kamen ins Heim.

Zwischen 12 und 14 Millionen Deutsche verloren durch Flucht und Vertreibung in den Jahren von 1944 bis 1950 ihre Heimat. Auch viele Kinder gehörten dazu. Wer heute Flüchtlinge und heimatvertriebene Menschen nach ihren Erlebnissen fragt, muss sich Zeit zum Zuhören nehmen: Ein halber Nachmittag ist schnell gefüllt mit bewegenden Erzählungen von den damaligen Ereignissen, die den Betroffenen bis heute lebhaft vor Augen stehen.

Viele Kinder und Jugendliche waren während des Dritten Reichs stark von der nationalsozialistischen Ideologie beeinflusst. Als der Krieg verloren ging, die unvorstellbaren Verbrechen der Nazis ans Licht kamen und sich die ideologischen Einflüsterungen im Nachhinein als falsch erwiesen – da fühlten sich viele dieser Jahrgänge betrogen. Viele zogen aus den Erlebnissen ihre Konsequenzen: Sie wollten nie mehr so verführt werden, sie wandten sich radikal vom Nationalsozialismus ab und entwickelten eine grundlegende Skepsis gegen jegliche Art von Ideologie.

> *Aus den Erlebnissen des Krieges und der Nachkriegszeit ist mir bis heute das Gefühl tiefer Abscheu vor hemmungsloser Gewalt, Lügenpropaganda und Vernichtung menschlichen Lebens erhalten geblieben.* Werner Bucher, 74, Hormersdorf

1945, als der Krieg zu Ende ging, waren die Kriegskinder zwischen 0 und 15 Jahre alt. Für die Älteren war damit die Schulzeit bereits beendet. Die Jüngeren wurden zunächst in überfüllten Schulklassen unterrichtet, es herrschte außerdem Lehrermangel. Das gesamte Bildungswesen musste in den Nachkriegsjahren neu aufgebaut und neue Lehrinhalte erarbeitet werden. Vereine und Jugendorganisationen wurden erneut gegründet und fanden regen Zulauf. In Westdeutschland wurden nach der Einführung der allgemeinen Wehrpflicht die Jahrgänge ab Juli 1937 zum Wehrdienst verpflichtet. Die Männer der „weißen Jahrgänge" 1929 bis 1937 wurden weder zur Wehrmacht noch zur Bundeswehr einberufen.

Die Angehörigen der 1930er Jahrgänge begannen ihr Leben als Jugendliche und junge Erwachsene in den 1950er Jahren unter dem Zeichen von Aufbruch und Neubeginn. Die zurückgehaltene Lebenslust brach sich Bahn. Nach den ersten, entbehrungsreichen Nachkriegsjahren begann der Wiederaufbau. Die Lebensmittelrationierungen wurden 1952 beendet. Endlich gab es wieder genügend zu essen; man spricht heute von der „Fresswelle". Bekleidungs-, Wohn- und Reisewellen folgten. Ein neues Lebensgefühl entstand. Party, Rock 'n' Roll, Nylonstrümpfe und Petticoat waren angesagt. Idole in den 1950ern waren unter anderem Horst Buchholz, Peter Kraus, James Dean, Brigitte Bardot, Maria Schell, Romy Schneider, Elvis Presley.

Aber auch ernsthafte Bewegungen wie die Kriegsgräberfürsorge fanden Zulauf. Der Wohlstand war relativ, nicht mit unserem heutigen Standard zu vergleichen, und die Menschen mussten lange und hart dafür arbeiten. Die 1930er Jahrgänge erlebten ihren ersten langen Berufsabschnitt in der Zeit des Wirtschaftswunders und der Vollbeschäftigung. Heute bilden diese Jahrgänge eine Generation von wohlhabenden Senioren.

Die Kriegskinder der Jahrgänge ab etwa 1936 und die Nachkriegsjahrgänge bis etwa 1948 stellen in der DDR die Angehörigen der „Funktionierenden Generation" dar. Auch diese Generation war am Aufbau der DDR beteiligt, blieb aber im Wesentlichen pragmatisch orientiert. Die durch das politische System vorgegebenen Regeln wurden zwar befolgt, eine grundsätzliche innerliche Identifikation mit den sozialistischen Zielen blieb aber meist aus. Die Devise dieser Jahrgänge hieß: nicht negativ auffallen.

In der Schule wurde diese Generation im sozialistischen Sinn ideologisch erzogen. Als Jugendliche und junge Erwachsene wurden sie nachhaltig geprägt durch den Mauerbau und die anschließende Zeit der geschlossenen Grenzen. Anfang der 1960er Jahre kamen diese Jahrgänge in den Genuss einer liberalisierten Jugendpolitik. Tausende Beatgruppen und der Radiojugendsender DT 64 entstanden. Bereits Ende 1965 wurde das Ende dieser kulturellen Liberalisierung verfügt.

Ein Teil der Angehörigen der „Funktionierenden Generation" lebte ab Ende der 1960er Jahre und in dem folgenden Jahrzehnt einen alltagskulturellen Stil, der moderat an die westliche Lebensweise angepasst war.

Die Führungspersonen der Wendezeit stammten zum großen Teil aus diesen Jahrgängen. Nach der Wiedervereinigung mussten sich Menschen der „Funktionierenden Generation" in ihrer Lebensmitte beruflich völlig neu orientieren, ein Teil von ihnen musste sich der Arbeitslosigkeit stellen. Es ging dieser Generation damit deutlich schlechter als der DDR-Aufbaugeneration.

Ein echter Karrieresprung blieb den Jahrgängen von 1936 bis 1948 oftmals auch deshalb verwehrt, weil wichtige Führungspositionen nach der Wende mit Altersgenossen aus dem Westen besetzt wurden. Der Fünfte Familienbericht der Bundesregierung zählt die Altersjahrgänge von 1927–1946 fünf Jahre nach der Wende zu den Verlierern der Zeitgeschichte, die durch die Wiedervereinigung den Zusammenbruch ihrer 40-jährigen Lebensarbeit hinnehmen mussten.

*Einige prominente Angehörige der 1930er Jahrgänge:*
*Helmut Kohl (\*1930), Heiner Geißler (\*1930), Michail Gorbatschow (\*1931), Marianne Koch (\*1931), Otto Schily (\*1932), Udo Jürgens (\*1934), Brigitte Bardot (\*1934), Theo Lehmann (\*1934), Norbert Blüm (\*1935), Peter Sodann (\*1936), Sigmund Jähn (\*1937), Königin Beatrix der Niederlande (\*1938), Götz George (\*1938), Peter Kraus (\*1939)*

## Die 68er Generation – Geburtsjahrgänge 1940 bis 1950

Manchmal kann man von Kaffeewerbung etwas lernen. Ein Fernsehspot aus dem Jahr 2008 zeigt eine grauhaarige Seniorin mit ihrer erwachsenen Enkelin beim Kaffeetrinken. Die junge Frau erzählt begeistert von einem Rockkonzert. Dort hat sie im Matsch getanzt, nun sind ihre Kleider nicht mehr zu gebrauchen. – Die Oma lächelt geheimnisvoll. Sie sei auch einmal auf einem Rockkonzert gewesen. 1967, verrät sie verschmitzt. Auch sie habe im Matsch getanzt. Aber: Ihre Kleider waren anschließend nicht schmutzig – sie hatte überhaupt keine Kleider an!

Der Werbespot bringt es auf den Punkt: Junge Erwachsene der Geburtsjahrgänge 1940 bis 1950 waren sehr viel unangepasster als viele junge Menschen heute.

Die 1940er Jahrgänge gehören zu einer „rebellischen Generation". Obwohl als Kinder konservativ sozialisiert, stellten sie später alles in Frage. Es ist die Generation, die in den folgenden Jahrzehnten immer wieder für starke gesellschaftliche Veränderungen gesorgt hat: Die 1940er Jahrgänge waren Träger der Halbstarkenbewegung (1955–1960), der Studentenbewegung (1965–1970) und der Hippiebewegung. Auch führende Mitglieder der RAF wie Andreas Baader (*1943), Gudrun Ensslin (*1940) und Jan-Carl Raspe (*1944) gehörten der 1940er Generation an. Allgemein bezeichnet man die Jahrgänge von 1940 bis 1950 als die 68er Generation – das sind zusammen über 10 Millionen Menschen! Mitarbeiter in der kirchlichen Seniorenarbeit müssen sich deshalb klar machen: Die Senioren dieser Jahrgänge sind unter Umständen Alt-Hippies und Alt-Revoluzzer. Sie haben vielleicht Haschisch geraucht und neue Formen des Zusammenlebens ausprobiert. Schnell wird da plausibel, dass diese rebellische Generation sich jetzt nicht unbedingt zufrieden gibt mit der bisherigen traditionellen Seniorenarbeit.

Natürlich war die Zahl der politisch aktiven 68er oder der praktizierenden Hippies eher gering. Doch der große Rest dieser Jahrgänge wurde vielfältig von der 68er Bewegung beeinflusst und bestimmt. Der Protest prägte das Bild der ganzen Generation. Auch die Öko-, Antiatomkraft- und Friedensbewegung haben ihre Wurzeln in der 68er Generation.

Die Geburtsjahrgänge ab 1945 erlebten ihre Kindheit in einer Zeit des größten Umbruchs des 20. Jahrhunderts. Das Ende des Zweiten Weltkrieges teilte die Zeit definitiv in ein „Davor" und „Danach". Gleichzeitig war die unmittelbare Nachkriegszeit geprägt vom Kampf ums Überleben. Die Sorge ums tägliche Brot ging den Menschen in Fleisch und Blut über. Kinder der Nachkriegszeit litten oft unter Hunger, hatten Rachitis und schlechte Zähne. Die 1940er Kinder mussten aber auch ihren Teil zur familiären Alltagsbewältigung beitragen. Ganz selbstverständlich halfen sie etwa auf dem Feld, im Garten oder bei handwerklichen Aufgaben mit. Auch kleinere Diebstähle, etwa von Obst oder Kohlen, gehörten zum Alltag. Gleichzeitig hatten die Eltern aufgrund des Überlebenskampfes in der Nachkriegszeit wenig Zeit für ihre Kinder – und diese erzählten zu Hause möglichst wenig von ihren nicht immer gern gesehenen Aktivitäten. Viele 1940er Kinder wuchsen in der Nachkriegszeit in relativ großer Freiheit auf. Sie bildeten „Banden", spielten im Freien, Trümmer wurden zu Abenteuerspielplätzen. Ihre Mütter waren die „Trümmerfrauen", ihre Väter oftmals Kriegsteilnehmer. Kehrte der Vater aus dem Krieg zurück, war er für viele Kinder zunächst ein Fremder, der

*In der Nachkriegszeit war Brot mit Öl eine Delikatesse.*
Heidi Niedner, 68, Jena

die gewohnten familiären Strukturen und Bindungen durcheinanderbrachte.
Viele Familien aber mussten ohne Vater weiterleben: In Deutschland wuchs etwa
ein Viertel aller Kinder nach dem Zweiten Weltkrieg dauerhaft ohne Vater auf.
Oftmals bedeutete das zugleich, dass sich eine starke, andauernde Bindung an
die Mutter entwickelte. 1949 lebte jedes zweite Schulkind in einer Familie mit nur
einem Elternteil. Der Krieg machte über 1,7 Millionen Frauen zu Witwen, knapp
2,5 Millionen Kinder zu Halbwaisen, rund 100 000 Kinder zu Vollwaisen.

Als in den 1950er Jahren die schlimmsten Zeiten überwunden waren, verfolgten
die Eltern die Kindererziehung wieder energischer. Die freiheitsgewohnten 1940er
Kinder wurden nun als Jugendliche wieder zunehmend kontrolliert und beauf-
sichtigt – und das in einem Alter, das ihnen eigentlich eine zunehmende
Selbstständigkeit gestattet hätte.

In den 1950er Jahren nahm die landwirtschaftlich tätige Bevölkerung ab, Städte
wurden zunehmend attraktiv und die „neue Mittelschicht" wuchs. Die 1940er
Jahrgänge erlebten im Westen ihre Jugend in der Zeit des Wirtschaftswunders
und profitierten von der Bildungsreform. Immer mehr gewannen auch
Freizeitangebote an Bedeutung.

Als junge Erwachsene in den 1960er und 1970er Jahren kamen die 1940er
Jahrgänge schon von Beginn ihres Berufslebens an in den Genuss von zunehmenden Arbeitszeitverkürzungen und wachsenden Lohnerhöhungen. Heute verfügen
sie als Rentner über ein enormes Kapital und werden zunehmend als werberele-
vante Gruppe von der Konsumgüterindustrie entdeckt.

In der DDR wurden die Jahrgänge 1937 bis 1946 als Jugendliche nachhaltig durch
den Mauerbau und die anschließende Zeit der geschlossenen Grenzen geprägt.
Die ostdeutschen Frauen dieser Altersgruppe zählen nach dem Fünften
Familienbericht der Bundesregierung zu den großen Verlierern des Jahrhunderts.
Sie absolvierten ihre Schul- und Berufsausbildung in den 1950er Jahren, die in der
DDR noch stark von Mangel gezeichnet waren. Ihre beruflichen Aufstiegschancen
waren deutlich schlechter als die der Männer. Nach der Wende wurden gerade
die Frauen dieser Altersgruppe arbeitslos oder frühzeitig berentet.

*Einige prominente Angehörige der 1940er Jahrgänge:*
*Franz Müntefering (\*1940), Senta Berger (\*1941), Wolfgang Huber (\*1942), Frank Elstner (\*1942), Oskar Lafontaine (\*1943), Königin Silvia von Schweden (\*1943), Friedrich Schorlemmer (\*1944), Uschi Glas (\*1944), Franz Beckenbauer (\*1945), Dagmar Frederic (\*1945), Achim Mentzel (\*1946), Wolfgang Stumph (\*1946), Udo Lindenberg (\*1946), Arnold Schwarzenegger (\*1947), Prinz Charles (\*1948), Joschka Fischer (\*1948), Gregor Gysi (\*1948), Peter Maffay (\*1949)*

## Die Kinder des Wiederaufbaus – Geburtsjahrgänge ab 1950

Eine neue Zeitrechnung beginnt: Mit den zukünftigen Senioren der Geburtsjahrgänge ab Mai 1945 werden zum ersten Mal Menschen im Rentenalter sein, die keinen Krieg erlebt haben. Die Jahrgänge ab 1949 sind im Westen die ersten, die ihr Leben von Geburt an in der neu gegründeten Bundesrepublik verbringen. Im Gegensatz zu vielen älteren Kindern und Jugendlichen lebten die Kinder der 1950er Jahrgänge – normalerweise – wieder in Familien mit Vätern.

Die 1950er Jahre waren geprägt durch das Wirtschaftswunder und die Restauration in der Adenauer-Ära. Erinnern sich die 1950er Jahrgänge an ihre frühe Kindheit, dann berichten sie allerdings unter anderem von beengten Wohnverhältnissen, vom wöchentlichen Baden in der Zinkwanne oder von der Toilette über den Hof. Die Lebensverhältnisse waren – verglichen mit heute – meist noch sehr bescheiden. Aus abgelegten Kleidern der Erwachsenen wurden für die Kinder neue Kleidungsstücke genäht. Ausgebrauchte Strickwaren wurden aufgetrennt und wieder zu neuen Pullovern verarbeitet. Die Milch wurde jeden Tag beim Bauern oder im Milchladen frisch geholt. Ab der zweiten Hälfte der 1950er Jahre wurde der Konsum gesellschaftlich und wirtschaftlich immer wichtiger, das Sparen der Nachkriegszeit geriet in den Hintergrund. Inzwischen gab es genügend Essen für alle. Kinder und Jugendliche der 1950er Jahrgänge fanden zu Hause einen reich gedeckten Tisch vor, Süßigkeiten wurden zur Selbstverständlichkeit. Die Mitarbeit im Haushalt war aufgrund der zunehmenden Automatisierung immer weniger nötig. Die bisher selbstverständliche körperliche Bewegung durch die Mitarbeit im Alltagsleben nahm ab, andere Bewegungsaktivitäten, etwa im Sportverein, mussten gefunden werden.

Das Thema „Kinder und Jugendliche" fand allerdings erst ab Mitte der 1960er Jahre vermehrt gesellschaftliche Bedeutung. Zum einen wurden die 1950er Jahrgänge zunehmend als Konsum-Zielgruppe entdeckt. Zum ersten Mal in der Geschichte wurden Kinder und Jugendliche zur speziellen Käufergruppe. Von neuartigen Spielzeugen über spezielle Mode bis hin zu Möbeln oder elektronischem Equipment entstand ein neuer Markt für diese Altersgruppe. Zum anderen machte die wirtschaftliche Entwicklung eine qualifizierte Ausbildung notwendig. Neue Erziehungskonzepte wurden diskutiert und kamen zum Tragen. Die 1950er Jahrgänge kamen als Kinder und Jugendliche ab Mitte der 1960er Jahre zunehmend unter den Einfluss der gesellschaftlichen Liberalisierung. Bisherige Verhaltensstile wurden durch neue ersetzt, autoritäre Strukturen wurden hinterfragt, Sexualität wurde zum öffentlichen Thema.

Den Aufklärungsfilm „Helga" (1967) von Oswalt Kolle sahen rund 15 Millionen Zuschauer. Die Beatles und Rolling Stones wurden zu der Musik der Jugendlichen der 1950er Jahrgänge. Die frühen 1950er Jahrgänge werden allgemein nicht mehr direkt zu der 68er Generation gezählt. Manche der 1950er Jugendlichen waren aber auch in der Schule und bei Demonstrationen politisch aktiv. Der große Rest kämpfte auf anderer Ebene um einen veränderten Lebensstil: Bei den Jungen stand etwa die Länge der Haare im Brennpunkt der Auseinandersetzungen mit den Eltern, bei den Mädchen war es die Kürze der Röcke. Als Jugendliche oder junge Erwachsene machten etliche Erfahrungen mit Haschisch oder anderen Drogen. Zu jeder Party gehörten Zigaretten und Alkohol.

Gelesen wurden Bücher von Erich Kästner, Enid Blyton oder Karl May. Trotzkopf, Nesthäcken, Gisel und Ursel, Robinson Crusoe oder Lederstrumpf gehörten zu den Lieblingstiteln. Aber auch Comics wie Micky Maus, Tarzan oder Fix und Foxi waren beliebt – allerdings nur bei den Kindern, nicht bei ihren Eltern. In den 1960ern liefen im Fernsehen beliebte Sendungen wie Flipper, Bonanza, Bezaubernde Jeannie oder „Der goldene Schuss" mit Lou van Burg. Bei vielen Jugendlichen gehörte die Jugendzeitschrift Bravo zur regelmäßigen Lektüre.

Beruflich und gesellschaftlich konnten sich diese Jahrgänge etablieren, bevor Ausbildungs- und Arbeitsplätze knapp wurden.

Die in Ostdeutschland zwischen 1949 und 1959 Geborenen verbrachten ihre komplette Kindheit, Jugend, Familiengründungszeit und einen großen Teil ihres Erwerbslebens in der DDR. In der Schule sozialistisch erzogen, erlebten sie als Jugendliche und junge Erwachsene, wie es in der DDR materiell und kulturell bergauf ging. Diese sogenannte „Integrierte Generation" identifizierte sich zunächst weitgehend mit den politischen Normen der sozialistischen DDR. Fast alle Angehörigen dieser Jahrgänge waren Pioniere und FDJler. Etwa Ende der 1970er Jahre gab ein großer Teil der „Integrierten Generation" ihre grundsätzliche Übereinstimmung mit der offiziellen DDR auf. Viele von ihnen sahen nun für sich selbst keine Zukunft mehr in der DDR. Sie stellten einen großen Teil der

Ausreisewilligen in den 1980er Jahren und unterstützten die friedliche Revolution von 1989. Nach der Wiedervereinigung konnten sich diese Jahrgänge ein zweites Mal erfolgreich integrieren. Als einzige Generation erlebten sie jeweils eine längere Zeit ihrer Erwerbstätigkeit in beiden politischen Systemen.

*Einige prominente Angehörige der frühen 1950er Jahrgänge:*
*Iris Berben (\*1950), Wolfgang Petry (\*1951), Uli Hoeneß (\*1952), Peter Hahne (\*1952), Matthias Platzeck (\*1953), Angela Merkel (\*1954)*

## Schlussfolgerungen

Wer Senioren wirklich verstehen will, muss zeitgeschichtlich denken und unterscheiden. Nur mit diesem Hintergrundwissen ist eine adäquate persönliche und seelsorgerliche Begegnung möglich. Es ist ein großer Unterschied, ob jemand 1925, 1936 oder 1947 geboren ist.

Für die praktische Seniorenarbeit ergeben sich folgende wichtige Konsequenzen: Wer mit Menschen der Kriegs- und der Kriegskindergeneration zu tun hat, muss damit rechnen, dass sein Gegenüber schlimme und traumatische Erfahrungen in seinem Innern verborgen hält. Diese Erlebnisse haben den betroffenen Menschen bewusst oder unbewusst in seinem ganzen Leben geprägt. Von außen unerklärliche Reaktionen in Gesprächen oder bestimmten Situationen können in diesen Erlebnissen ihren Grund haben.

Eine wichtige Aufgabe der Altersseelsorge ist es, Menschen zu helfen, sich mit ihrem Leben auszusöhnen und Frieden zu finden. Das kann auch bedeuten, sich belastenden Erlebnissen, vorhandenen Schuldgefühlen oder beschämenden Erinnerungen stellen zu müssen. Dies kann besonders gut in der Einzelseelsorge geschehen.

Manche Kirchengemeinden haben aber auch gute Erfahrungen mit Kleingruppen gemacht, in denen in einer vertrauensvollen Atmosphäre ein Austausch möglich ist. Bei geistlichen Veranstaltungen innerhalb des Kirchenjahres kann diese Problematik ebenfalls angesprochen werden. Begleitete Reisen in die verlassene Heimat oder zu den Soldatenfriedhöfen des Zweiten Weltkrieges, wo Väter oder Brüder begraben liegen, können zur Heilung seelischer Wunden beitragen.

Wer die Erlebnisse aus der Kriegszeit thematisiert, muss mit heftigen Reaktionen und auch mit Widerständen rechnen. Die Bereitschaft, sich den Erinnerungen zu stellen, muss oftmals erst wachsen und braucht Zeit.

Die jüngeren Senioren, die seit 1945 ohne Kriegserfahrung aufwachsen durften, haben im Allgemeinen einen vergleichsweise leichteren „Lebensrucksack" zu tragen. Die Aufgabe, zeitgeschichtliche Belastungen anzusprechen und aufzuarbeiten, erscheint hier eher gering. Trotzdem müssen auch diese Jahrgänge in ihrem zeitgeschichtlichen „Gewordensein" wahrgenommen werden.

Die Jahrgänge ab 1945 sind geprägt durch eine Zunahme an Selbstbewusstsein, Selbstbestimmung und Individualität. Themen und Methoden der Seniorenarbeit verlangen in dieser Altersgruppe deshalb nach Abwechslung. Musikalisch lassen sich junge Senioren nur noch teilweise mit Volksliedern begeistern. Sie mögen auch fetzige Musik mit Rock, Pop und neueren geistlichen Liedern.

### Literaturauswahl zum Thema „Schicksalsgenerationen"

Thomas Ahbe, Rainer Gries, Geschichte der Generationen in der DDR und in Ostdeutschland. Ein Panorama, Landeszentrale für politische Bildung, Erfurt, 2007

Sabine Bode, Die vergessene Generation. Die Kriegskinder brechen ihr Schweigen, Piper Verlag, 2005

Petra und Werner Bruns, Rainer Böhme, Die Altersrevolution. Wie wir in Zukunft alt werden, Aufbau-Verlag, 2005 (zum Thema: 68er als Senioren)

Fünfter Familienbericht der Bundesregierung, Familien und Familienpolitik im geeinten Deutschland, 1994

Peter Hartl, Belogen, betrogen, umerzogen: Kinderschicksale aus dem 20. Jahrhundert, Deutscher Taschenbuch Verlag, 2007

Peter Heinl, ‚Maikäfer flieg, dein Vater ist im Krieg' ...: Seelische Wunden aus der Kriegskindheit, Kösel-Verlag, 1994

Marina Hennig, Wandel von Einstellungen und Werten unter dem Aspekt des Autoritarismus deutscher Eltern im Zeitvergleich, Dissertation 1999, online abrufbar

Walter Jaide, Generationen eines Jahrhunderts. Wechsel der Jugendgenerationen im Jahrhunderttrend. Zur Geschichte in Deutschland 1871–1985, Leske & Budrich, 1988

Guido Knopp, Hitlers Kinder, C. Bertelsmann Verlag, 2000

Hilke Lorenz, Kriegskinder: Das Schicksal einer Generation, List Verlag, 2005

Annette Neulist, Wolfgang Moll, Die Jugend alter Menschen. Gesprächsanregungen für die Altenpflege, Urban & Fischer Verlag, 2005

Merith Niehuss, Zwischen Seifenkiste und Playmobil: Illustrierte Kindheitsgeschichte des 20. Jahrhunderts, Primus Verlag, 2007

Ulf Preuss-Lausitz u. a., Kriegskinder, Konsumkinder, Krisenkinder. Zur Sozialisations-geschichte seit dem Zweiten Weltkrieg, Beltz Verlag, 1983

Hartmut Radebold (Hg.), Kindheiten im II. Weltkrieg und ihre Folgen, Psychosozial-Verlag, 2004

Hartmut Radebold, Die dunklen Schatten unserer Vergangenheit. Hilfen für Kriegskinder im Alter, Verlag Klett-Cotta, 2009

Hermann Schulz, Hartmut Radebold, Jürgen Reulecke, Söhne ohne Väter. Erfahrungen der Kriegsgeneration, Ch. Links Verlag, 2007

Annegret Schüle, Thomas Ahbe und Rainer Gries, Die DDR aus generationenge-schichtlicher Perspektive. Eine Inventur, Leipziger Universitätsverlag, 2006

Claudia Seifert, Wenn du lächelst, bist du schöner!: Kindheit in den 50er und 60er Jahren, Deutscher Taschenbuch Verlag, 2004

Claudia Seifert, Das Leben war bescheiden schön: Ein Rückblick von Frauen, die zwischen den Kriegen geboren wurden, Deutscher Taschenbuch Verlag, 2008

Frank Weber, Kriegserfahrungen und Seelsorge – Damit die Seele Ruhe finde vor dem Ende, Artikel in: Deutsches Pfarrerblatt 4/2004. Online abrufbar unter www.pfarrverband.de

Internet: Berichte von Zeitzeugen zu Ereignissen aus verschiedenen Jahrzehnten: www.einestages.de, www.Kriegskinder.de

# 5. *Fünf* Lebensstile –
# Wie Senioren ihren Alltag gestalten

Noch vor hundert Jahren wurden Menschen relativ eindeutig verschiedenen Schichten zugeordnet. Diese Schichten wichen nach Besitz, Wertevorstellungen oder sozialem Status stark voneinander ab. Heute ist unsere Gesellschaft sehr viel differenzierter. Trotzdem lässt sich die Bevölkerung auch heute in verschiedene Gruppen unterteilen, die unter soziokulturellen Gesichtspunkten zusammengehören. Die Milieuforschung analysiert dazu die Lebenswelt der Menschen hinsichtlich Werteorientierung, Arbeitseinstellung, Lebensziele, sozialer Lage, Freizeitverhalten, alltäglicher Lebensart, Überzeugungen, Vorlieben etc. Die Ergebnisse werden anschließend statistisch ausgewertet. Menschen, die sich im Hinblick auf die untersuchten Parameter möglichst ähnlich sind, werden zu bestimmten Gruppen zusammengefasst – den sogenannten „Milieus". Der Begriff „Milieu" stammt aus der Soziologie. Die Gesichtpunkte, nach denen untersucht wird, können je nach Studie voneinander abweichen. Dadurch ergeben sich auch unterschiedliche Milieubeschreibungen. Außerdem können die erfragten Daten sehr detailliert aufgegliedert werden – dann erhält man eine Vielzahl von stark ausdifferenzierten Milieus.

Die EKD hat im Jahr 2002 zum ersten Mal die Lebensstile von Kirchenmitgliedern und Konfessionslosen untersucht. In Anlehnung an diese Befragung formulieren die Autoren Claudia Schulz, Eberhard Hauschildt und Eike Kohler in ihrem Buch „Milieus praktisch" sechs verschiedene Milieus von Kirchenmitgliedern: die Hochkulturellen, die Bodenständigen, die Mobilen, die Kritischen, die Geselligen, die Zurückgezogenen. Von diesen sechs Milieus sind für die Seniorenarbeit fünf relevant. Überraschenderweise sind die Milieus von Konfessionslosen sehr ähnlich.

Für die Seniorenarbeit ist es wichtig, die unterschiedlichen Lebensstile der Menschen wahrzunehmen. (Natürlich gibt es auch hier die unterschiedlichsten Mischformen.)

Die folgenden Ausführungen basieren im Wesentlichen auf den Darlegungen in dem Buch „Milieus praktisch".

Die verschiedenen Milieus im Einzelnen:

## Die Hochkulturellen

Die Menschen des hochkulturellen Milieus sind traditionell orientiert, haben eine eher hohe Bildung und sind finanziell gut abgesichert. Die Interessen sind vielfältig, Kunstreisen und Theater- oder Konzertbesuche stehen auf dem

Programm. Hochkulturelle lesen überregionale oder internationale Tageszeitungen und informieren sich über Politik und Kirche. Bildung hat einen hohen Stellenwert. Soziales Engagement ist diesen Menschen eine wichtige Verpflichtung. Gottesdienste sollen hinsichtlich Predigt, Liturgie und Musik niveauvoll sein. Hochkulturelle bevorzugen klassische Musik.

Hochkulturelle sind in der Regel Mitte 50 und älter, der Altersdurchschnitt liegt bei 63 Jahren. Zwei Drittel der Hochkulturellen sind Frauen.

## Die Bodenständigen

Auch die Menschen aus dem bodenständigen Milieu sind stark traditionell orientiert. Viele von ihnen wohnen schon lange an einem Ort. Veränderungen, auch im persönlichen Leben, werden nicht geschätzt. Ihr Bewegungsradius ist eher klein, Urlaub wird im eigenen Land gemacht. Die Bodenständigen sind eher behäbig, nur rund 10% treiben Sport. Mit einer gemütlichen Kaffeerunde kann man sie glücklich machen – mit einer Kunstreise weniger. Die eigene Wohnung und ihre Gestaltung haben einen hohen Wert. Knapp 90% der Bodenständigen haben einen Haupt- oder Volksschulabschluss, sie sind eher einkommensschwach. Man lebt bescheiden und hält Sparsamkeit für einen wichtigen Wert. Für Bodenständige spielen Geselligkeit und Kontakte zu Familie, Nachbarschaft oder in Vereinen eine wichtige Rolle. In diesen Bereichen sind sie sehr gern für andere da. Die Bodenständigen sind oft mit der Kirche verbunden. Der Gottesdienst soll feierlich sein, Experimente sind unerwünscht. Gesellige Angebote der Kirchengemeinde werden gerne angenommen. Bodenständige bevorzugen Volksmusik und stehen der klassischen Musik sowie der Musik der jungen Generation ablehnend gegenüber.

Menschen aus dem bodenständigen Milieu sind in der Regel Ende 40 und älter. Hier liegen der Altersdurchschnitt bei 63 und der Frauenanteil bei 63 %.

> *„Ich mag Volksmusik. In unserer Gemeinde gibt es zu viel klassische Musik."* Erwin Kraußer, 66, Regensburg

## Die Kritischen

Die Kritischen wünschen sich eine aufgeschlossene Kirche, die gegenüber aktuellen gesellschaftlichen Fragestellungen offen ist, sich engagiert und christliche Wahrheiten immer wieder aufs Neue reflektiert. Menschen aus dem kritischen Milieu haben in der Regel ein hohes Bildungsniveau. In keiner anderen Gruppe gibt es so viele Menschen mit Abitur. Sehr viele Kritische leben in einer Familie. Kritische sind kulturell sehr interessiert – Theater, Ausstellungen, Musik und Bücher spielen eine wichtige Rolle. Aber auch Sport, Kino, Internet oder Computer sind in der Freizeit angesagt. Kritische bringen sich in Diskussionen ein und entwickeln Projekte. Und sie engagieren sich: In diesem Milieu gibt es die meisten aktiven Ehrenamtlichen. Musikalisch interessieren sich die Kritischen für ein breites Spektrum von Klassik bis zu Rock und Pop, nicht jedoch für Volksmusik.

Der Altersdurchschnitt in dieser Gruppe liegt bei Mitte 40. Vor allem 25- bis 65-jährige Menschen gehören zu diesem Milieu, der einen Frauenanteil für ein breites Spektrum von zwei Dritteln hat.

## Die Geselligen

Unter den Geselligen finden sich 56 % Männer. Der Bildungsstand ist durchschnittlich bis höher. Gesellige sind moderne Menschen mit leicht überdurchschnittlichem Einkommen. Sie schätzen und pflegen die Kontakte an ihrem Wohnort und engagieren sich für ihr unmittelbares Lebensumfeld bei Aktionen oder im Ehrenamt. Gesellige beschäftigen sich in ihrer Freizeit gerne mit Haus und Garten und treiben Sport. Lebensgenuss ist ein wichtiger Wert. Für klassische Musik, Ausstellungen oder einen Literaturkreis lassen sie sich in der Regel nicht begeistern. Gesellige sind aber bereit, sich weiter fortzubilden und dazuzulernen. In der Kirche sehen die Geselligen eine freundliche Begleiterin ihres Lebens. Für kirchliche Aktivitäten, bei denen das Miteinander und die Gemeinschaft im Zentrum stehen, lassen sich die Geselligen oftmals gewinnen. Ihr Musikgeschmack liegt eher bei Rock und Pop.

Die Geselligen sind etwa zwischen 30 und 50 Jahre alt, der Durchschnitt liegt bei Anfang 40.

## Die Zurückgezogenen

Mit dem Begriff „zurückgezogen" sind die Menschen dieses Milieus sehr zutreffend bezeichnet. Sie leben unauffällig, sind in der Öffentlichkeit nicht präsent und haben nur wenig Sozialkontakte. Zurückgezogene wollen vor allem in Ruhe ihr oftmals bescheidenes Leben genießen. Bildung und Einkommen dieses Milieus sind eher unterdurchschnittlich, der geografische Bewegungsradius ist oft klein. Zurückgezogene sind stark traditionell orientiert. Die Kirche wird zwar als alte Heimat empfunden, doch beteiligen sich die Zurückgezogenen nicht direkt. Menschen aus diesem Milieu interessieren sich für Volksmusik.

Zurückgezogene findet man in den unterschiedlichsten Altersgruppen, bevorzugt ab 40. Der Altersdurchschnitt liegt bei circa 55 Jahren.

## Die Mobilen

Die Mobilen sind zwischen 14 und 40 Jahre alt, selten älter. Dieses Milieu ist deshalb für den Bereich der Seniorenarbeit nicht von Bedeutung.

**Verteilung der Altersjahrgänge auf die unterschiedlichen Milieus**

|  | Hochkulturelle | Bodenständige | Mobile | Kritische | Gesellige | Zurückgezogene |
|---|---|---|---|---|---|---|
| 70plus | 27,69% | 45,38% | 0,38% | 5,38% | 0,38% | 20,77% |
| 60–69 | 29,45% | 34,59% | 0,34% | 7,53% | 9,93% | 18,15% |
| 50–59 | 16,79% | 14,6% | 6,2% | 20,8% | 17,52% | 24,09% |

*Quelle*: *Claudia Schulz, Eberhard Hauschildt, Eike Kohler, Milieus praktisch, Analyse- und Planungshilfen für Kirche und Gemeinde © Vandenhoeck & Ruprecht GmbH & Co. KG, Göttingen 2008.*

## Fazit

Auch unsere kirchliche und gemeindliche Seniorenarbeit ist in der Regel milieu-orientiert – nur ist uns das selten bewusst. Der traditionelle Seniorenkreis etwa spricht durch seine inhaltliche Gestaltung, durch den praktizierten Musikstil und durch die Dekoration bevorzugt Menschen eines bestimmten Milieus an. Um es vereinfacht zu sagen: Intellektuelle und kulturelle Themen und anspruchsvolle Musik sprechen eher die Hochkulturellen an. Zu einem Nachmittag mit einem unterhaltsamen Thema und anschließendem Volksliedersingen kommen eher die Bodenständigen. Da beide Milieus in der Altersgruppe der Senioren noch stark vertreten sind, lassen sich sowohl für hochkulturelle als auch bodenständig ori-entierte Seniorennachmittage in der Regel viele Menschen gewinnen.

Die Milieuforschung macht uns darauf aufmerksam, dass wir – sicher ungewollt – durch die Art unserer Seniorenangebote immer nur einen Teil der Menschen erreichen. Schnell wird auch hier klar, dass ein einziges Angebot nie für alle Senioren passend sein kann. Dies gilt es wahrzunehmen. Auf diese Weise kann Frust verhindert werden („Warum kommt der oder jene denn nicht auch in un-seren Kreis?") und Angebote für verschiedene Bedürfnisse können entstehen.

> *„Bei der Musik darf es ruhig mal laut und auf Englisch sein. Aber ich liebe auch Paul-Gerhardt-Lieder."*
> *Dorothea Kraußer, 61, Regensburg*

Bei der Auswertung der Zahlentabelle fällt Folgendes auf:
- Relativ konstant ist das Milieu der „Zurückgezogen": Jeder vierte bis fünfte der drei vorgestellten Altersgruppen gehört dazu. Unter den 50-Jährigen ist es die größte Gruppe.
- Sowohl bei der Altersgruppe 70plus wie auch bei den 60- bis 69-Jährigen gibt es zwei große Gruppen: die Hochkulturellen und die Bodenständigen.
- Ganz anders ist die Verteilung bei den 50- bis 59-Jährigen: Der Anteil der Hochkulturellen und der Bodenständigen ist hier eklatant niedriger. Die Milieus der Geselligen und der Kritischen überwiegen.
- Hier zeigt sich ein folgenreicher Bruch: die Gruppe der 50- bis 59-Jährigen ist sehr viel uneinheitlicher als die Gruppen der über 60-Jährigen. Waren bis dahin die Gruppen der Hochkulturellen und Bodenständigen die mit den meisten Vertretern, sind sie in diesem Alterssegment nur auf den „Plätzen 4. und 5.". Der Anteil der Kritischen und der Geselligen hat sich in wenigen Jahren mehr als verdoppelt. War diese Zielgruppe für die Seniorenarbeit von gestern statistisch zu vernachlässigen, ist sie für die neue Seniorenarbeit eine entscheidende Dimension.

Die Zahlen beruhen auf den Ergebnissen der EKD-Studie aus dem Jahr 2002. Neuere Zahlen liegen zurzeit nicht vor (Stand 2009). Einige Jahre sind inzwischen vergangen und es stellt sich natürlich die große Frage: Wie verteilen sich heute die Altersgruppen auf die verschiedenen Milieus?

Eine Interpretation sei hier gewagt: Auch wenn es – streng wissenschaftlich – nicht korrekt ist, kann man vermuten, dass die Milieuverteilung bei den befragten Menschen in etwa gleich geblieben ist. Dies ist vor allem im Blick auf die Altersgruppe der 50- bis 59-Jährigen interessant, die im Jahr 2010 nun zwischen 58 und 67 Jahre alt wären – und damit zu der Gruppe der jungen Senioren gehören würden. Die Milieus verteilen sich in dieser Gruppe deutlich anders als bei den beiden älteren Jahrgangsgruppen. Hier deuten sich die Herausforderungen an: Eine Seniorenarbeit, die auch jüngere Senioren ansprechen will, muss sehr viel differenzierter und abwechslungsreicher gestaltet werden. Sie muss sich sehr viel mehr als bisher mit den verschiedenen Lebensstilen der Menschen befassen und der Vielfalt der Senioren besser gerecht werden. Die Konkurrenz zu kirchlichen Angeboten ist groß. Die Zeiten sind vorbei, in denen eine große Zahl von Gemeindegliedern aus reiner Verbundenheit zu kirchlichen Veranstaltungen kamen – egal, ob das Thema interessant war oder nicht. Wer mit seiner Seniorenarbeit auch die jüngeren und die zukünftigen Senioren ansprechen will, muss sich auf diese veränderte Situation einstellen.

Ganz besonders gilt es wahrzunehmen, dass unter den jüngeren Senioren die Gruppe der „Kritischen" stark vertreten ist. Diese Gruppe möchte nicht passiv bleiben und sich bedienen lassen. Sie möchte sich einbringen und mitgestalten. Mit über 20% Anteil innerhalb der 50 bis 59-Jährigen (zur Erinnerung: die Zahlen stammen aus dem Jahr 2002, diese Menschen gehören heute zu den jungen Senioren) stellen die „Kritischen" ein riesiges Potenzial dar: Nehmen wir dieses Potenzial wahr? Und lassen wir diese Menschen mitgestalten – in der Kirchengemeinde und in der Seniorenarbeit?

Wie sich die Kirchenverbundenheit der Menschen in den nächsten Jahrzehnten entwickelt, ist unklar. Rückblickend lässt sich auf der Grundlage der EKD-Umfragen seit 1972 feststellen, dass in dieser Zeit die kirchliche Verbundenheit der Menschen im Laufe ihres Älterwerdens deutlich gestiegen ist. Ob dieser – für die Seniorenarbeit sehr positive – Trend in Zukunft anhält, bleibt im Moment offen.

Deshalb: wir sollten uns nicht darauf verlassen, dass ältere Menschen von alleine irgendwann wieder zur Kirche zurückfinden. Wenn wir das Evangelium weitergeben wollen, müssen wir auf die Menschen in ihrer jeweiligen Lebenswirklichkeit zugehen. Wir sollten sie in dem Milieu „abholen", zu dem sie gehören, und die biblische Wahrheit in der „Sprache" und in der Atmosphäre weitergeben, die sie verstehen.

## Buchtipps

Kirche in der Vielfalt der Lebensbezüge, Die vierte EKD-Erhebung über Kirchenmitgliedschaft, herausgegeben von Wolfgang Huber, Johannes Friedrich und Peter Steinacker, Gütersloher Verlagshaus, 2006

Claudia Schulz, Eberhard Hauschildt, Eike Kohler, Milieus praktisch, Analyse- und Planungshilfen für Kirche und Gemeinde, Vandenhoeck & Ruprecht, 3. Auflage 2010

Claudia Schulz, Eberhard Hauschildt, Eike Kohler, Milieus praktisch II, Konkretionen für helfendes Handeln in Kirche und Diakonie, Vandenhoeck & Ruprecht, 2010

# 6. *Sechs* seelsorgerliche Schwerpunkte – Wie Senioren zwischen Loslassen und Neubeginn ihren Weg suchen

von Heidrun Kopp

Alt werden wollen viele Menschen, alt sein dagegen nur wenige. Warum ist das so? Vermutlich weil das Altersbild in unserer Gesellschaft eher negativ ist. Alter wird in der Regel verbunden mit der Vorstellung von Verlust und Abschied. Und in der Tat ist es so, dass je älter ein Mensch wird, desto mehr Abschiede stehen an. Abschied von anderen Menschen, Abschied vom Beruf, Abschied von eigenen Möglichkeiten und Fähigkeiten und vieles mehr. Neben Schmerz und Trauer ist dies auch eine Chance der Veränderung: Aufbrechen, einen neuen Weg suchen, ein Ziel sehen. Wer unterwegs ist, kann Erfahrungen machen, erfährt sich selbst neu. Seelsorge bei älteren Menschen ist herausgefordert, diese Prozesse des Abschiednehmens und Aufbrechens zu begleiten.

Jede Phase im Alter stellt andere Anforderungen und jeder Mensch erlebt das eigene Älterwerden verschieden. Dennoch lassen sich für die Zeit des Alters gemeinsame Themen entdecken, die für die kirchliche und seelsorgerliche Begleitung von alten Menschen wichtig sind.

Älter werden ist verbunden mit unterschiedlichen Abschieden und Veränderungen. Haben sie in jüngeren Jahren Veränderungen hingenommen und gestaltet oder sogar gesucht, so sind sie mit zunehmendem Alter eher belastend. Viele erfahren das Älterwerden als eine große Kränkung. Was ihnen im Leben Sinn, Würde, Halt gegeben hat, verändert sich.

Abschied hat mit Trauer zu tun. Jemand lässt etwas hinter sich, was er über viele Jahre geliebt hat oder ihm zumindest sehr vertraut war.

Mit dem Abschiednehmen, der Last des Alterns, geht oft die andere Seite, das Aufbrechen, die Lust des Alterns verloren. Dabei heißt aber Altwerden nicht nur Verlust, sondern auch Veränderung. Manches bleibt hinter einem zurück und es eröffnet sich Neues.

> *„Vor wenigen Jahren habe ich Waldhorn gelernt und spiele jetzt im Posaunenchor. Man ist nie zu alt, um noch was zu lernen."*
> *Rosmarie Schick, 68, Albstadt-Truchtelfingen*

Seelsorge bei alten Menschen bedeutet, sowohl Abschied als auch Aufbruch sorgsam zu begleiten. Dabei gilt es, nicht vorschnell beides miteinander zu vermischen. Neues kann nur dann entstehen, wenn Verluste betrauert werden konnten.

## Sechs Abschiede, Aufbrüche und ihre seelsorgerliche Begleitung

### 1. Der Körper verändert sich

Für viele steht im Alter der Abschied von körperlichen Fähigkeiten und Möglichkeiten im Vordergrund. Ich kann nicht mehr das, was ich einmal konnte, ich bin nicht mehr so kräftig, so gesund, so leistungsfähig, so ausdauernd. Körperliche Grenzen werden spürbarer als in anderen Lebensphasen. Gebrechlich, schwach werden ist besonders schmerzhaft in einer Gesellschaft, die großen Wert auf Gesundheit, körperliche Fitness und jugendliches Aussehen legt.

Jammern und Klagen gehören zu dieser Verlusterfahrung dazu. Im Psalm 71, wahrscheinlich ein Klagepsalm eines alten Menschen, beklagt der Beter bzw. die Beterin die nachlassenden Kräfte und ruft zu Gott: „Verlass mich nicht, wenn ich schwach werde." Erst durch die Klage hindurch kann eine neue Erfahrung gemacht werden. Seelsorge bedeutet, mit einem alten Menschen durch das finstere Tal zu wandern, um die Kraft Gottes, seinen Trost zu spüren. „Lass dir an meiner Gnade genügen; denn meine Kraft ist in den Schwachen mächtig." (2. Korinther 12,9)

So kann beispielsweise ein kranker Mensch die Erfahrung machen, dass seine Person nicht völlig im Leiden aufgeht. Krankheit kann einem das Leben schwer machen und manchmal ist es so, als bliebe nichts mehr übrig als nur noch Krankheit, Krankheit, Krankheit. Das zermürbt und trocknet aus.

Und dann ist es befreiend, wenn zu spüren ist, dass doch nicht die ganze Person in der Krankheit aufgeht. Da gibt es ein Ich, die Person, die Seele, den Geist, wie wir es auch immer nennen mögen, das sagt: „Trotzdem!" oder „Erst recht!". Auch wenn es schwierig ist, mit immer mehr Einschränkungen leben zu müssen, kann man dem Leben noch etwas abgewinnen.

Menschenwürde ist nicht an bestimmte Bedingungen gebunden, sondern sie ist jedem Menschen als Geschöpf, als Gottes Ebenbild zugesprochen. In der Begegnung mit Gott kann ein Mensch erfahren:

Ich bin Gottes Ebenbild auch dann, wenn ich gebrechlich bin, mich meiner selbst nicht mehr vergewissern kann, wenn ich inkontinent bin, dement im Bett liege, nicht sprechen kann. Nichts und niemand kann mir diese Ebenbildlichkeit absprechen.

Wenn der Körper sich verändert, die Kräfte nachlassen, dann ist manches nicht mehr möglich, z. B. bestimmte Sportarten. Dafür tun sich neue Möglichkeiten auf, die in früheren Jahren nie im Blick waren. Es gibt Bewegungsangebote speziell für ältere Menschen. Beispielsweise gibt es das Tanzen im Sitzen. Für viele eine lustvolle Art der Bewegung.

### 2. Sinnvolle Arbeit

Der Eintritt in den Ruhestand ist eine einschneidende Veränderung. Der Rhythmus des Tages verändert sich, die selbstverständlichen kollegialen Beziehungen fehlen und die Tätigkeit, die einem Leben mehr oder weniger Sinn verliehen hat, ist nicht mehr da.

„Ich bin nichts mehr wert", ein Gefühl, das viele alte Menschen beschleicht. Je weniger sie mit ihrer eigenen Arbeit zur Gesellschaft beitragen können, desto nutzloser kommen sie sich vor. Manche stürzt dieses Gefühl der Nutzlosigkeit in eine schwere Krise, die nicht selten zu Depressionen und auch Suizid führen kann.

Für sich und andere etwas Sinnvolles tun, so macht das Leben Sinn. Das ist aber bei Weitem nicht nur auf die Berufstätigkeit beschränkt. Es gilt, den Reichtum von Arbeit, sinnvoller Tätigkeit jenseits der Berufstätigkeit, zu entdecken und sie wertzuschätzen. Das kann eine ehrenamtliche Tätigkeit in der Kirchengemeinde sein, aber auch das Bewirtschaften eines Gartens mit Blumen, Obst, Gemüse.

Eine 95-jährige Frau im Pflegeheim, bettlägerig, formuliert für sich: „Ich kann meine Familie nicht mehr tatkräftig unterstützen. Aber was ich für sie tun kann, ist beten. Das tu ich jeden Tag."

Im seelsorgerlichen Gespräch die sinnstiftenden Tätigkeiten im Alltag eines Menschen zu finden und wertzuschätzen, ist wichtig und wertvoll. Manche entdecken im Alter Fähigkeiten neu oder knüpfen an etwas an, was sie vor Jahrzehnten einmal gern getan haben. Dazu braucht es Ermutigung und Anstöße.

Das ist auch im hohen Alter noch möglich. Ich denke an Bewohner und Bewohnerinnen eines Pflegeheims, die dort mit einer Künstlerin ihre Fähigkeiten zum Malen entdecken. In regelmäßigen Kunstausstellungen werden ihre Arbeiten der Öffentlichkeit präsentiert.

*„Ich arbeite mit Kindern und engagiere mich für sie beim Schulfrühstück. Das ist meine Art, die Trauer über den Tod meines Mannes zu verarbeiten."*
*Hildegard Braun, 66, Calw*

> *„Mich beschäftigen die Fragen: Was habe ich bisher vollbracht? Was habe ich richtig, was falsch gemacht?"*
> Antje Landgraf, 68, Weißenfels

### 3. Die eigene Lebensgeschichte

Wie war mein Leben? Welche Stationen erinnere ich? Was war gut und was war traurig und schmerzhaft? Gehen in vielen Lebensalterstufen die Gedanken eines Menschen in die Zukunft, so geht der Blick von vielen älteren Menschen zurück in die eigene Lebensgeschichte.

Wenn alte Menschen Geschichten aus ihrem Leben erzählen, dann arbeiten sie an ihrer Lebensgeschichte. Sie ist nicht, wie sie ist, und bleibt nicht, wie sie ist. Mit jedem Erzählen ist sie wieder anders gegenwärtig. Wer aus seinem Leben erzählt, spürt sich selbst. Das macht das Leben reich. Er/sie erkennt sich, kann sagen, was ihn/sie ausmacht, wer er/sie ist. In einem seelsorgerlichen Gespräch ist jeder Impuls wertvoll, der das Erzählen auslöst. Für viele Menschen ist es schon erstaunlich, dass sich überhaupt jemand für ihre Lebensgeschichte interessiert. Sie halten ihre Biografie für langweilig und uninteressant. Durch die Aufmerksamkeit und Wertschätzung anderer gewinnen sie einen neuen Blick auf ihre Geschichte.

Die Erinnerung an die eigene Lebensgeschichte ist auch eine wichtige Quelle für die Kompetenzen, die jemand im Laufe des Lebens entwickelt hat, um mit dem Leben und seinen schwierigen Seiten zurechtzukommen. Diese individuellen Kompetenzen braucht ein Mensch auch im Alter. Denn wie in jedem Lebensalter gilt es, sich neuen Bedingungen anzupassen. Dabei ist es sinnvoll, die Anpassungsstrategien, die sich jemand über die Zeit zu eigen gemacht hat, auch jetzt zu nutzen.

In seelsorgerliche Gesprächen ist es wichtig, diese Strategien gemeinsam zu entdecken und sie für die neue Lebensphase fruchtbar zu machen. „Was hat Ihnen in vergleichbaren Situationen in Ihrem Leben geholfen?"

Dazu gehören auch Impulse, die einem Menschen ermöglichen, Gottes Hilfe in seinem Leben zu entdecken. Daraus lässt sich begründete Hoffnung schöpfen, dass Gott ihm auch jetzt in der Zeit der vielen Abschiede und Neuanfänge treu zur Seite stehen wird. „Denkt der frühern Jahre, wie auf eurem Pfad euch das Wunderbare immer noch genaht." (Evangelisches Gesangbuch 380,6)

### 4. Demenz

Die Angst vor einer Demenzerkrankung beschäftigt viele ältere Menschen. „Wenn ich nur nicht so werde." Demenz ist in der Tat eine Diagnose und Krankheit, mit der immer mehr Menschen leben müssen. Mit der durchschnittlichen Lebenserwartung steigt auch das Risiko an einer Demenz zu erkranken. So leidet im Alter zwischen 65 und 69 jeder Zwanzigste daran, aber zwischen 80 und 90 ist schon fast jeder Dritte betroffen.

Wenn junge Menschen etwas vergessen, dann sind sie eben vergesslich, wenn alten Menschen Namen, Zahlen, Begebenheiten etc. nicht einfallen, dann wird schnell eine beginnende Demenz befürchtet. Da Angst, Unwissenheit und Panik keine guten Ratgeber sind, gilt es, sich der Angst zu stellen.

Es braucht Informationen über die Demenzerkrankung und wie man mit einer solchen Erkrankung leben kann. Wer beispielsweise einmal spezielle Wohngruppen für demenzerkrankte Menschen besucht und erlebt hat, wird nicht mehr so schnell sagen: „Das ist doch kein Leben mehr." Viele Demenzkranke leben ausgesprochen gerne. Lebenslust und Lebensfreude sind eben nicht an den Intellekt gebunden.

Sehr häufig ist eine Demenzerkrankung mit Scham besetzt. Die Betroffenen selbst und auch ihre Angehörigen reden nicht gerne darüber, versuchen die Krankheit zu verstecken. Sie ziehen sich zurück. Da der Alltag zunehmend schwieriger wird, brauchen sie aber viel Unterstützung. Je früher und offener über die Erkrankung geredet werden kann, desto mehr können sie entlastet werden. Es gibt viele Menschen, die in ähnlicher Situation sind, von deren Erfahrungen andere lernen können.

Demenzkranke Menschen leiden auch darunter, dass sie sich an immer weniger Geschichten und Erlebnisse aus ihrer Lebensgeschichte erinnern können. Wenn ich mich nicht mehr erinnern kann, dann entschwindet mir meine eigene Person. Um so wichtiger ist es, die Erinnerungen zu pflegen. Dabei helfen Fotoalben, Bildbände zur Ortsgeschichte, Gegenstände, die zu einem Leben gehören, vertraute Orte und Gerüche. Alles, was dazu beiträgt, Erinnerungen zu wecken, ist wichtig und wertvoll. Durch vertraute Gebete, Choräle und Bibeltexte geschieht religiöse Vergewisserung.

### 5. Wir haben hier keine bleibende Stadt

Mit zunehmendem Alter rückt die Endlichkeit des eigenen Lebens näher. Wenn die Generation der eigenen Eltern gestorben ist, entsteht bei vielen das Gefühl, „als Nächstes bin ich dran".

Je älter ein Mensch wird, desto öfter kommt er in die Situation, dass andere gleichaltrige oder sogar jüngere, vertraute Menschen sterben. Das Netzwerk, in dem man seither gelebt hat, wird kleiner. Es gibt immer weniger Menschen, die einen schon lange kennen, mit denen man vieles im Leben teilte. Es wird einsamer. Die Gedanken kreisen häufiger um die Themen Sterben, Tod, Bestattung. Oft stoßen sie damit aber im Familien- und Freundeskreis auf Abwehr. Sie wollen sich diesen Themen nicht stellen. Deshalb tut es sehr gut, wenn sie Gesprächspartner finden, die nicht ausweichen. Manches im Leben sortiert sich unter der Perspektive der Endlichkeit des Lebens noch einmal neu. Vieles von dem, was einmal im Leben wichtig war, verliert seine Bedeutung, anderes tritt in den Vordergrund.

„Lehre uns bedenken, dass wir sterben müssen, auf dass wir klug werden." (Psalm 90) Die Beschäftigung mit dem eigenen Tod ruft bei manchen Menschen eine intensivere Zuwendung zum Leben hervor, andere setzen sich damit auseinander, was nach dem Tod kommt.

Im seelsorgerlichen Gespräch ist es wichtig zu hören, womit sich das Gegenüber gerade beschäftigt, denn manchmal gibt es überraschende Veränderungen. So redete eine 85-jährige Frau seit Monaten darüber, wie sehr sie sich ihren Tod herbeisehnt. „Ich will in die ewige Heimat, ich freue mich so, ich habe genug vom Leben." Und dann scheint ihr Wunsch endlich in Erfüllung zu gehen, denn sie bricht zusammen und wird ins Krankenhaus, auf die Intensivstation, gebracht. Alle rechnen mit ihrem baldigen Tod. Es kommt anders. Ihr Zustand bessert sich erstaunlich. Sie ist darüber aber keineswegs enttäuscht. Durch die Nähe zum Tod ist bei ihr neuer Lebenswille entstanden. „Gott muss noch eine Weile auf mich warten."

## 6. Hilfe geben, Hilfe annehmen

Die sogenannten „jungen Alten" werden von vielen Seiten gebraucht und gefordert. Auf der einen Seite sind ihre alten Eltern, die ihre Fürsorge brauchen, auf der anderen Seite ihre Kinder und Enkelkinder, die Entlastung durch die Eltern bzw. Großeltern brauchen. Sie sind hin und her gerissen zwischen den verschiedenen Bedürfnissen und nicht selten dadurch überlastet. Zusätzlich sind sie von allen Seiten als ehrenamtliche Mitarbeiter und Mitarbeiterinnen gefragt. Für viele Menschen ist dies eine äußerst aktive Phase in ihrem Leben. Sie haben weniger Zeit denn je. Seelsorgerlich begleiten heißt, dem älteren Menschen helfen, bei Überlastung Prioritäten zu setzen, eigene Grenzen zu spüren, auch einmal „Nein" sagen zu dürfen, sich selbst zu schützen.

Manchmal kommt der Übergang in die eigene Hilfsbedürftigkeit sehr überraschend. Eben noch überall geholfen und nun selbst auf Hilfe angewiesen. „Ich kann nicht mehr alles selbst machen." Für viele eine schmerzhafte Einsicht. Wenn sich dieser Satz verändert und dann lautet: „Ich muss nicht mehr alles selbst machen", ist es leichter möglich, Hilfe anzunehmen. Die Hände Gott und anderen Menschen offen entgegenzustrecken und Hilfe zu empfangen, ist für viele schwer. Seelsorgerliche Begleitung auf diesem Weg kann eine wichtige Unterstützung sein.

Niemand bleibt ewig jung. Das Alter kommt auf alle Menschen zu. Wenn jemand mit älteren Menschen in der Seelsorge zu tun hat, dann ist er auch mit der eigenen Zukunft konfrontiert. Deshalb ist es wichtig, sich als Seelsorger(in) mit dem eigenen Älterwerden auseinanderzusetzen. Was macht mir Angst? Was hilft mir? Wie möchte ich mein Alter gestalten? – Humor schafft eine gesunde Distanz zum Thema. Es ist gut, wenn es gelingt, auch über das Alter zu schmunzeln:

*Herr Gott, du und ich, wir haben ein Geheimnis.*
*Das Altwerden bringt einiges mit sich, was Spaß macht.*
*Wir müssen uns nicht mehr von der Welt plagen lassen.*
*Die Leute übersehen uns.*
*Wir brauchen nicht mehr den Schein zu wahren,*
*sondern können auf kindliche Freuden zurückgreifen:*
*Zusehen, wie eine Spinne ihr Netz webt.*
*Vor einem Licht Schattenbilder an die Wand werfen.*
*Statt einer Hauptmahlzeit Kompott mit Sahne essen.*
*Die ganze Nacht wach bleiben. Sterne zählen.*
*Trödeln.*
*Zu Hause bleiben und mit einem alten Freund Schach spielen.*
*Einen verrückten Hut tragen.*
*Warum hast du mir nicht verraten, dass das Altwerden neben allem,*
*was ich daran so hasse, auch manches Vergnügliches mit sich bringt?*
*Ach, ich weiß:*
*Weil ich es nie geglaubt hätte.*[1]

## Autorin

Heidrun Kopp, Pfarrerin und Diplom-Psychologin, arbeitet seit fünf Jahren auf einer gemeindebezogenen Sonderpfarrstelle für Alten- und Pflegeheimseelsorge in Tübingen.

## Arbeitsmaterialien

„Die Würde des Menschen am Ende seines Lebens."
„Mach in mir deinem Geiste Raum. Von der Spiritualität des Alterns."
Arbeitsmappen, erhältlich bei: Landesarbeitsgemeinschaft evangelischer Seniorinnen und Senioren in Württemberg (LageS), Büchsenstr. 37/1, 70174 Stuttgart

---

[1] *Elise Maclay, aus: Hoffnungstexte, herausgegeben von Wolfgang Erk, Radius-Verlag, Stuttgart 1985.*

# Zusammenfassung

## Das kleine Einmaleins der großen Vielfalt

*Die über 20 Millionen Senioren in Deutschland sind keine homogene Gruppe. Wer die Unterschiede wahrnimmt, kann in der Seniorenarbeit adäquat reagieren.*

### *Ein* wiedervereinigtes Land

40 Jahre lang bestand unser Land aus zwei Teilen mit einer jeweils eigenen Geschichte. Seniorenarbeit steht vor unterschiedlichen Herausforderungen in West und Ost und überall da, wo Senioren aus dem Westen im Osten wohnen oder Senioren aus dem Osten im Westen.

### *Zwei* Geschlechter

Männer und Frauen brauchen auch geschlechtsspezifische Angebote. Frauenkreise haben bereits eine lange Tradition. Männerprogramme für Senioren müssen in Zukunft verstärkt entwickelt werden.

### *Drei* Phasen der Vitalität

Unabhängig vom Lebensalter kann die Seniorenzeit in drei verschiedene Abschnitte eingeteilt werden: eine vitale Phase, eine eingeschränkt vitale Phase und eine abhängige und pflegebedürftige Phase.

### *Vier* Schicksalsgenerationen

Um Senioren unterschiedlicher Jahrgangsgruppen zu verstehen, muss man zeitgeschichtlich denken.

### *Fünf* Lebensstile

Senioren leben in unterschiedlichen Milieus. Es gibt Hochkulturelle, Bodenständige, Kritische, Gesellige und Zurückgezogene.

### *Sechs* seelsorgerliche Schwerpunkte

Besondere Herausforderungen für die seelsorgerliche Begleitung von Senioren sind folgende Bereiche: die Veränderung des Körpers, die Suche nach sinnvoller Tätigkeit, die Auseinandersetzung mit der eigenen Lebensgeschichte, der Umgang mit Demenzerkrankungen, die Beschäftigung mit dem eigenen Tod, das Thema „Hilfe geben und Hilfe annehmen".

# C. IDEENPOOL

Wer neue Wege in der Seniorenarbeit gehen will, braucht neue Ideen. Etliche Gemeinden haben sich in den letzten Jahren bereits auf diesen Weg gemacht und es sind dabei unterschiedliche Konzepte und Projekte entstanden. Diese neuen Ideen werden im „Ideenpool" vorgestellt. Wichtig war mir bei der Auswahl, keine bloßen Wunschträume zu präsentieren, sondern konkrete, praktizierbare und praktizierte Projekte. Die einzelnen Ideen werden in der Regel im Kontext einer konkreten Gemeinde beschrieben. Die Auswahl dieser Gemeinden geschah mehr oder weniger zufällig. Einige der Ideen werden in vielen Orten verwirklicht, einige sind eher selten oder Unikate. Dabei sind die Projekte keine elitären Vorzeigemodelle in Idealgemeinden. Was hier vorgestellt wird, kann in jeder ganz normalen Gemeinde funktionieren. Vieles ist auch in Kirchengemeinden durchführbar, die keinen hauptamtlichen Mitarbeiter für die Seniorenarbeit haben.

Die Projekte des Ideenpools sollen ein erster Anstoß werden. Ein Bewusstmachen: Das alles kann möglich sein. Die Beispiele sollen zum weiteren Nachdenken anregen. Sie wollen Mut machen, eine Seniorenarbeit zu kreieren, die ganz individuell auf die eigene Gemeinde abgestimmt ist.

Es ist ein bisschen wie beim Kleiderkaufen: Man geht in den Laden, probiert Jacken, Hosen oder Röcke an. Manches ist zu klein oder zu groß, hat die falsche Farbe oder einen ungeliebten Stoff. Und schließlich findet man ein Teil, das einem gefällt und das passt. Wenn man dann den Laden verlässt, freut man sich über das neue, schöne, gut sitzende Kleidungsstück – die vielen anderen anprobierten Teile hat man bereits vergessen.

Ich wünsche Ihnen, dass Sie mit Hilfe des Ideenpools die neuen Wege finden, die für Ihre Seniorenarbeit in Ihrer Gemeinde passen. Freuen Sie sich darüber, wenn dies gelingt. Alle anderen vorgestellten Ideen können Sie dann getrost und schnell wieder vergessen! (... oder haben Sie schon mal erlebt, dass jemand den ganzen Kleiderladen aufkauft?!)

# Startinitiative

## 1. Neue Wege in die Seniorenarbeit – so kann man es anpacken!
von Christoph Alber

Das Angebot der Kirchengemeinden für Menschen, die Lebensjahre und -erfahrung gesammelt haben, ist meist ähnlich: Es besteht ein Seniorenkreis, der irgendwann einmal angefangen hat und nun in die Jahre gekommen ist. Die Teilnehmer (meist sind es Teilnehmerinnen!) sind in der Regel im Alter von Ende 70 bis über 90. Zum Programm gehören (Lichtbild-)Vorträge, Themennachmittage und das Kaffeetrinken. Nicht wegzudenken ist das Mitarbeiterteam, das für Kontinuität und Kontakt sorgt.

Der große Wert dieser Kreise für die alt gewordenen Menschen liegt in dem Kontakt untereinander, der ein wichtiger Beitrag gegen die drohende Vereinzelung und Vereinsamung ist. Was aber ist mit den jüngeren Senioren? Wie kann es gelingen, dass Menschen, die jetzt aus einem Erwerbsleben in ein Ruhestandsleben wechseln, sich zu Kreisen der Kirchengemeinde einladen lassen, sich hier wohlfühlen?

Bei genauerer Betrachtung der jeweiligen Altersgruppen wird deutlich, dass sich mit zunehmendem Alter auch die Interessen verändern. Was im jungen Seniorenalter (noch) möglich ist, kann später beschwerlich werden. Was Ältere auszeichnet, ist ihre Lebenserfahrung, das Miterleben einer langen deutschen Geschichte und die Ernte ihres Lebens. Was Menschen kurz vor dem Übergang zum Ruhestand prägt, ist ihre Kompetenz und Neugier, was das Leben noch bieten kann. So werden die Themen des „Alt-Werdens" von unterschiedlichen Senioren-Altersgruppen auf dem Horizont der noch bevorstehenden Lebensjahre auch unterschiedlich erlebt und diskutiert. Um älteren Menschen in ihren unterschiedlichen Bedürfnissen gerecht zu werden, braucht es deshalb unterschiedliche Gruppen und Kreise. Die Vielfalt der Senioren wird zur Herausforderung an die Angebotsvielfalt der Kirchengemeinde. Es ist nicht genug, dass es nur einen (älteren) Seniorenkreis gibt. Die Personengruppe, die jetzt in ein Ruhestandsalter eintritt, braucht ein angemessenes Angebot, damit sie sich weiterhin in der Kirche beheimatet fühlt. Gerade an dieser Stelle können wir uns, als Christen, ins Gespräch bringen und gemeinsam nach Leben, Sinn und Antworten suchen. Dies gelingt umso mehr an den Stellen, wo Freundschaft und echte Begegnung möglich ist. Die 50plus/6oplus-Generation ist meist körperlich und geistig rege. Sie wollen nicht betreut werden, sondern sich selbst aktiv mit ihrer Lebenserfahrung einbringen.

Die entscheidende Frage ist nun: Wie bekomme ich heraus, welche Veranstaltungen sich junge Senioren in unserer konkreten Gemeinde wünschen? Wie kann das Angebot an eine nachkommende Seniorengeneration so gestaltet werden, dass sich Menschen angesprochen fühlen? Verstehe ich die anstehenden Herausforderungen als Teil einer gesellschaftlichen Aufgabe, die mit anderen Trägern offener Senioren-(Bildungs-)Arbeit verknüpft werden muss? Nehme ich wahr, dass kirchliche Angebote in Konkurrenz zu anderem steht? Nehme ich die an Lebensjahren gereiften Menschen ernst und gestalte ein Angebot nicht für, sondern mit ihnen? Pauschale Antworten sind dabei nicht angebracht. Je nach örtlicher Situation und personellen Ressourcen muss an diesen Fragen weitergedacht werden. Manches muss auch erst wachsen und sich im Gestalten ergeben.

Eine Startinitiative für den Beginn einer neuen Seniorenarbeit sollte deshalb von vornherein so angelegt werden, dass Vertreter der Altersgruppe sich einbringen können. Dadurch wird ein wichtiges Signal weitergegeben: Nicht die Kirchengemeinde oder eine Organisation macht etwas für die jungen Senioren, sondern jede(r) bringt sich seinen Gaben entsprechend ein. Eine Initiative kann in dem zur Verfügung gestellten Rahmen und Raum Leben gewinnen, weil etwas von der Altersgruppe für die Altersgruppe entsteht.

Wie bekomme ich heraus, was sich Senioren in meiner Kirchengemeinde wünschen? – Das ist nun die erste und drängende Frage.

## Startinitiative „Empfang"

Um herauszufinden, was sich Senioren wünschen, muss man fragen – aber wo und wie? Eine ausgedehnte Frage- oder Besuchsaktion übersteigt meist die Möglichkeiten einer Gemeinde. Es muss also „kleiner" gedacht werden. Die Form eines „Begegnungsabends" bietet sich an. Diese Form der Startinitiative hat sich an verschiedenen Orten bewährt. Ziel dieser Veranstaltung ist: Begegnung, Gespräch, Kennenlernen, Brücken bauen. Je nach örtlichen Gegebenheiten muss überlegt werden, wie ein ungezwungenes Beieinandersein von Menschen, die sich (noch) nicht kennen, inszeniert werden kann. Und wo gelingt dies besser als bei einem (Steh-)Empfang, einem Fest, einem „Sommernachtstraum" ....

Doch eines nach dem anderen. Man darf natürlich von den Früchten träumen. Man darf schon an Ernte denken, doch wer ernten will, muss vorher den Boden bereiten, Samen ausstreuen, gießen und umsorgen, geduldig wachsen lassen und schließlich sehen, was geworden ist.

## Schritte auf dem Weg zu der Startinitiative „Empfang"

**6 Monate**
- (Mitarbeiter-)Gespräche über die Idee eines Empfangs
- Gewinnung von Menschen, die mitdenken und den „Empfang" unterstützen

**5 Monate**
- Planungssitzung
  Idee wird vorgestellt, auf örtliche Gegebenheiten übertragen, Raum und Zeitfragen werden bedacht, Gremienbeschlüsse herbeigeführt
- Einladungsbrief formulieren, Adressen zusammentragen, Mitarbeiterabsprachen treffen, Planung konkretisieren

**2–3 Monate**
- Planungssitzung
  Einladungsbrief an die Eingeladenen versenden, Programm der Veranstaltung festlegen und entsprechende Aufgaben verteilen
- Anmeldungen zur Veranstaltung kommen

**14 Tage**
- Planungssitzung
  Wie viele Rückmeldungen sind gekommen, welche Mengen müssen bestellt werden, welche Fragen sind noch zu klären?
- Gespräche führen, Rückmeldung geben, Mitarbeiter motivieren

**Veranstaltung**
- Aufbau, dekorieren, begrüßen, begegnen, neue Menschen kennenlernen, Verabredungen
- Nachbesprechung
  Auswertungsgespräch im Mitarbeiterteam

**1–2 Monate**
- Einladung an Interessierte zur weiteren Absprache

*Zeitlich schematische Darstellung der Vorbereitungsarbeiten*

Wenn sich die Idee eines „Empfangs" einmal im Kopf festgesetzt hat, dann kann sie auch leicht in die Tat umgesetzt werden. Der Weg dazu kann unterschiedlich aussehen. Mal kommt der Anstoß von Mitarbeiterinnen und Mitarbeitern, die selber einen betagten Seniorenkreis betreuen. Sie melden sich bei den Verantwortlichen und bringen ihr Bedürfnis nach einem angemessenen eigenen Programm zur Sprache. Ein anderes Mal kommt die Idee von den Entscheidungsgremien, die eine Notwendigkeit analysieren und nun auf dem Weg zur Praxis nach einem gangbaren Weg suchen. Ein weiteres Mal kann das Gespräch und die Idee von außen angeregt werden. Je nach örtlicher Struktur lädt dann ein Kirchengemeinderatsmitglied, eine verantwortliche Mitarbeiterin oder der Pfarrer zu einem Vorbereitungstreffen ein. Zu diesem Gespräch gehören Vertreter der Altersgruppe und der Leitungsgremien.

Mit den ersten Gesprächen wird die Idee eines „Empfangs" erläutert. Es geht ja nicht nur um eine Aktion, sondern um einen versuchten Neustart für Menschen, die sich in einem betagten Seniorenkreis nicht wohlfühlen. Nicht jede Organisation ist gleich begeistert, wenn neue Ideen auftauchen. Manche Verantwortliche von bestehenden Gruppen wittern in neuen Ideen bereits eine Konkurrenz. Deshalb ist zu Beginn sorgfältig zu überlegen: Was wird bereits von wem angeboten? Soll bei dem „Empfang" mit anderen Partnern zusammengearbeitet werden? Die Gedanken dürfen bei dem Vorbereitungstreffen weit kreisen. Innerkirchliche und ökumenische Partner, kommunale Mitstreiter und ortsbestimmende Vereine sollten mit in die Überlegungen einbezogen werden. Je breiter die Gedanken gehen, umso mehr Menschen werden erreicht, aber umso mehr Meinungen müssen unter einem Hut zusammenkommen. Das angestrebte Ergebnis am Ende des ersten Treffens sind Absprachen über: Wer macht bei dieser Initiative mit? Wen können wir aus der Altersgruppe zur Mitarbeit gewinnen? Welche Entscheidungsgremien müssen berücksichtigt werden? Wann und wo soll die Idee des „Empfangs" umgesetzt werden? Wer hat bis zum nächsten Treffen welche Aufgabe erledigt?

Nach dem ersten Treffen werden Kontakte geknüpft. Kontakte, die helfen sollen, die Idee zu verwirklichen und mögliche Hindernisse aus dem Weg zu räumen. Mitstreiterinnen und Mitstreiter müssen gefunden werden. Dazu hat jede Organisation eine Mitgliederliste, die dabei helfen kann. Persönliche Ansprache verspricht auch einen persönlichen Kontakt. Wer fragt, bekommt eine Antwort. Manche Antwort kommt zögerlich, weil schon zu oft erlebt wurde, dass aus einem vorläufigen Ja zur Mitarbeit eine Daueranfrage und -beschäftigung wurde. Eine klare Absprache könnte sein: „Bitte helfen Sie uns, diesen „Empfang" als Startinitiative in die Tat umzusetzen. Danach können Sie frei entscheiden, in welcher Weise Sie sich weiter einsetzen oder ob Sie aufhören wollen."

Beim zweiten Vorbereitungstreffen wird über die Struktur des „Empfangs" nachgedacht. Nach den Vorüberlegungen sind jetzt konkrete Absprachen zu treffen und Entscheidungen zu fällen.

Um eine Antwort zu finden auf die Frage: Welche Altersgruppen werden angesprochen? muss man sich vor Augen führen: Wenn alle eingeladen sind, so werden wir mit einer Veranstaltung nicht allen Generationen gerecht. Das Vorbereitungsgremium wird sich auf eine Altersspanne konzentrieren müssen. Die Vorentscheidung war eine Startinitiative für die Generation 50plus/60plus. Im Gespräch wird dann noch einmal zusammengetragen: Was wird bereits für welches Alter angeboten? Es macht natürlich keinen Sinn, große Personengruppen einzuladen, die bereits von anderen Angeboten angesprochen sind. Dann wird weiter überlegt: Wie viele Personen gehören zu welchem Jahrgang und wie viele Personen wollen wir anschreiben und einladen? Bis jetzt hat sich gezeigt, dass eine Konzentration auf ca. 10 Jahre Altersspanne sinnvoll ist. Schließlich kristallisiert sich eine Personengruppe heraus, die nicht von bestehenden Angeboten angesprochen und jetzt umworben wird.

Wenn dann klar ist, wer eingeladen wird, muss klar werden, zu was lade ich ein?

Bis jetzt ist die Idee des „Empfangs" noch nicht sehr konkret. Bis jetzt würden Menschen kommen, möglicherweise eine oder zwei Reden hören, sich irgendwie mit Getränken oder Häppchen versorgen und „ungestreift" wieder nach Hause gehen. Bei dem hier Vorgestellten geht es aber darum, miteinander ins Gespräch zu kommen. Dazu muss eine Struktur geschaffen werden, die das Gespräch zulässt und fördert. Die Programmpunkte des Abends sind so aufeinander abgestimmt, dass die Eingeladenen untereinander ins Gespräch kommen und sich selber in den Verlauf der Veranstaltung einbringen. Deshalb wechseln sich unterhaltsame und auffordernde Programmpunkte ab. Kleine Pausen mit Hintergrundmusik laden zum ungezwungenen Gesprächsaustausch an den Tischen ein. Wenn die Musik dann von Mitgliedern aus der angesprochenen Altersgruppe live eingebracht wird, kommt der Charakter „Wir für uns" gleich bestens zum Tragen. Eine andere Möglichkeit der Unterhaltung wäre z. B. eine kleine Weinprobe zwischen den Themeneinheiten.

Bei dem Vorbereitungstreffen für den „Empfang" ist von den Mitarbeitern weiterhin zu klären: In welchem Rahmen findet der Empfang statt? Zu welcher Uhrzeit laden wir ein? Was gibt es zu trinken? Welche alkoholischen Getränke sind angebracht oder feiern wir ohne Alkohol? Wer z. B. im Sommer einlädt, kann über eine Bowle nachdenken. Gibt es etwas zu essen? Wie groß darf der Aufwand sein? Über diese Fragen kann stundenlang diskutiert werden. Es ist daher ratsam, die Grobrichtung zu vereinbaren, aber die Details zu delegieren.

Mit dem Ende des zweiten Vorbereitungstreffen hat der geplante Empfang ein Gesicht bekommen, sodass nun die Einladung ausgesprochen werden kann und die getroffenen Entscheidungen in die Tat umgesetzt werden müssen.

Wie kommt die Idee nun zu den Menschen? Werbefachleute werden bestätigen: Je persönlicher die Einladung gestaltet ist, umso größer ist die Wahrscheinlichkeit, dass sich jemand angesprochen fühlt. Wenn es also gelingt, dass sich die Menschen persönlich angesprochen fühlen, dann wird der Empfang bald zum Ortsgespräch. Ein Einladungsbrief wird formuliert, er soll der Schlüssel zu den Menschen sein. Doch auf dem Weg lauern ein paar Fettnäpfchen. Der Vorbereitungskreis hat darüber nachgedacht, welche Jahrgänge eingeladen werden. Die Adressen dazu sind in dem Mitgliederverzeichnis zu finden. Doch mit der Entscheidung für die Konzentration auf eine bestimmte Altersspanne werden andere Jahrgänge nicht angesprochen. Interessierte Menschen oder Lebenspartner, die sich zu den aktiven Senioren zählen und keinen Brief bekommen, könnten sich ausgeschlossen fühlen. Das verursacht unnötigen Ärger. Wie ist damit umzugehen? Damit sich möglichst viele angesprochen fühlen, könnte im Anschriftenfeld eine Umschreibung der Eingeladenen hilfreich sein (vgl. Muster eines Einladungsbriefes). Auch wenn dann der Brief nicht jedem zugesandt wird, kann er ausgelegt und an Interessierte weitergegeben werden.

Um den öffentlichen Charakter der geplanten Veranstaltung zu unterstreichen, wird zusätzlich über die örtliche Presse und die üblichen Ankündigungen von der Veranstaltung gesprochen.

**Briefkopf: Vorbereitungskreis / Institution(en)** siehe rechts

Mit dem Versenden der Einladungen bleibt es spannend: Wer wird sich zurückmelden? Werden wir überrollt von Interessierten? Findet der Empfang keinen Widerhall? Hinterher wird natürlich gerechnet. Hatte der Aufwand auch den gewünschten Effekt? Ich will Sie nicht im Unklaren lassen. Aus den Auswertungen, die mir vorliegen, wird ersichtlich, dass vielleicht 10 % der Angeschriebenen erreicht werden. Das mag eine ernüchternde Zahl sein. Dennoch wird deutlich, diese 10% haben wirklich Interesse. Diese Menschen lassen sich von dem Angebot eines Empfangs seitens der Kirche ansprechen. Wenn sich die Veranstaltung zusammen mit der Kommune durchführen lässt, dann werden sich wahrscheinlich mehr Menschen angesprochen fühlen. Aber auch in diesem Fall werden wohl kaum mehr als 20% Rückmeldungen erwartet werden dürfen.

An

Frauen und Männer, die mehr als fünf Jahrzehnte

Lebenserfahrung gesammelt haben

und in den Straßen unseres

Gemeindegebiets wohnen

**Betr.: Einladung zu einem „Empfang" am (Datum)**

Sehr geehrte Damen und Herren,

Sie werden sich vielleicht verwundert fragen, warum bekomme ich Post von (Institution). Diese Frage können wir Ihnen gerne beantworten:

Sie haben einige Jahre Lebenserfahrung gesammelt. Das Ende Ihrer Erwerbszeit liegt nicht weit vor Ihnen oder bereits kurz hinter Ihnen. Die intensive Familienphase ist längst vorbei, weil Ihre Kinder herangewachsen sind und eigene Wege gehen. Neue Erfahrungen, Interessen und auch Herausforderungen kennzeichnen Ihren jetzigen Lebensabschnitt.

Die (Organisation) bietet für Ihre Lebensphase Angebote an. Wir könnten uns aber auch vorstellen, dass Ihr Interesse und Ihre Ideen uns bereichern könnten. Wir möchten Sie kennenlernen, Ihnen begegnen und mit Ihnen ins Gespräch kommen. Deshalb laden wir Sie ein!

Möchten Sie an einem gemütlichen Winterabend mit anderen Menschen plaudern? Möchten Sie Wein probieren, oder trinken Sie lieber ein anderes Getränk? Lernen Sie gerne neue Menschen kennen? Informieren Sie sich gerne über Trends und Angebote unserer Kirchengemeinden? Wenn Sie mindestens zwei dieser Fragen mit Ja beantworten können, dann haben wir Sie hoffentlich neugierig gemacht.

Lassen Sie sich am (Datum) einladen zu einem „Empfang". Ab (Uhrzeit) soll es bei uns für 2-3 Stunden im (Versammlungsort) fröhlich zugehen. Informationen, Unterhaltung, Gespräch und andere Überraschungen warten auf Sie.

Über Ihr Kommen freuen wir uns. Mit freundlichen Grüßen

Ehrenamtliches Team, Pfarrer

**Anmeldung:**

(an Adresse / Telefon / Mail)

Zu dem „Empfang" komme ich gerne und bringe ............. Personen
(Lebenspartner, Weggenossen, ökumenische Freunde usw.) mit.

Name, Vorname, Adresse, Tel.Nr.:

_____

_____

Je näher der Empfang rückt, umso deutlicher werden die Konturen. Die Zahl der Rückmeldungen lässt eine genauere Planung zu. Die Mitarbeiterinnen und Mitarbeiter werden über die Raumdekoration und die Bestuhlung nachdenken. Gestellte Tischgruppen helfen, dass sich beim Empfang Kleingrüppchen bilden können. Mann/Frau sitzt ja gerne zusammen mit Menschen, die einem sympathisch sind. Wenn dann alles geplant, bestellt, aufgebaut und vorbereitet ist, fehlen nur noch die Gäste und der Empfang kann beginnen.

## Durchführung

Je nach Entscheidung des Vorbereitungsteams wird der Empfang durch Musik, Weinprobe, Bilder ... begleitet. Auf diese Programmpunkte gehe ich in der Darstellung nicht ein, da sie je nach örtlichen Gegebenheiten sehr unterschiedlich aussehen können. Dafür soll die Beschreibung der Themenblöcke etwas verdeutlicht werden.

| Zeit | Programm |
|---|---|
| 18:00 | Offener Anfang, Begegnung, ins Gespräch kommen <br> Hintergrundmusik von der CD, etwas „Habhaftes" essen |
| 18:30 | Begrüßung umrahmt von Livemusik, Information zum Programmablauf, erstes Begegnungsspiel z.B. „Stellprobe": Hinstellen, wo ich dazu gehöre |
| 19:00 | Musikalisches oder Weinprobe oder ... <br> Nach der Verkostung kleine Aktion zum „Wahrnehmen-der-Anderen" |
| 19:30 | Musikalisches oder Weinprobe oder ... <br> Nach der Verkostung kleine Aktion zum „Miteinander-unterwegs-Sein" |
| 20:00 | Musikalisches oder Weinprobe oder ... <br> Nach der Verkostung kleine Aktion zum „nächsten Schritt" |
| 20:30 | Schlussrunden / Verabredungen |

## Beispiel eines Ablaufes der Veranstaltung:

### 1. Herzlich willkommen

Am Tag der Veranstaltung sollten die Mitarbeiter(innen) rechtzeitig aufbauen, sodass die Gäste, die eingeladen sind, nichts mehr von der Vorbereitungshektik mitbekommen. Schließlich soll der Gast im Mittelpunkt stehen, sich wohlfühlen und merken: „Hier ist es schön, hier könnte ich öfters herkommen." Und dann kommen die ersten Gäste, bekannte und unbekannte Menschen. Sie werden begrüßt, vielleicht wird ihnen etwas angeboten, vielleicht kann die anfängliche Unsicherheit durch den Hinweis: „Schauen Sie sich um, wir haben ein paar Informationen (Angebote, die es bereits gibt, und Ideen, was gemacht werden könnte) aufgehängt, fühlen Sie sich wohl ..." gelockert werden.

Nach einer Zeit des Ankommens setzt dann Musik ein, die zur Begrüßung überleitet. Nachdem der Hausherr „Grüß Gott" gesagt hat, übernehmen ein oder mehrere Moderatoren den roten Faden. Auch er/sie begrüßt die Anwesenden und macht deutlich, dass gemeinsames Tun ein erster Schritt zu einem gemeinsamen Erleben ist. Dieses gemeinsame Tun birgt Überraschungen und hilft einander kennenzulernen. Der Moderator kann auf die Spannung eingehen, da diese auf beiden Seiten, bei den Gastgebern und den Gästen, gleichermaßen vorhanden ist.

### 2. Aufeinander zugehen

Da der Empfang nicht von Vorträgen geprägt sein soll, sondern von dem Miteinander und dem gegenseitigen Erleben, müssen alle Beteiligten motiviert werden an den Aktionen teilzunehmen. Wenn Menschen mit Behinderungen zu dem Besucherkreis gehören, dann sollte spontan überlegt werden, an welchen Spielen sie sich beteiligen können. Als erstes Moderationsspiel soll eine kleine „Stellprobe" zur Auflockerung beitragen. Der Gesamtgruppe werden hintereinander Fragen gestellt. Die möglichen Antworten sind vorgegeben, sodass sich die Teilnehmer des Spieles zuordnen können. Damit sich die Großgruppe im Raum verteilt, bietet es sich an, den Antworten eine Raumecke zuzuweisen. (Beispiele: – Mehr als das erste halbe Jahr ist vorbei. Es ist Ferienzeit und manche von uns sind dieses Jahr schon ein oder mehrere Male im Urlaub gewesen. Wer ist dieses Jahr schon 1*, 2*, 3* oder mehr, keinmal verreist? / Wer feiert im ersten, zweite, dritten, vierten Quartal Geburtstag? / Nach Frauen und Männern brauche ich nicht zu fragen, aber wie sieht es mit den Berufen aus? Wer hat einen handwerklichen Beruf? Wer hat einen kaufmännischen Beruf? Wer hat einen

Verwaltungsberuf (öffentlicher Dienst)? Wer würde sich zu den sonstigen Berufen zählen (Künstler, Pädagogen, Wissenschaftler …)? / Nun eine heikle Frage: Wer ist gerne und aus eigener Entscheidung hier? Wer ist gerne hier und wurde mitgebracht und vielleicht auch überredet? / …) Die Menschen, die sich so zuordnen, geben etwas von sich preis. Deshalb sollte darauf geachtet werden, dass keiner bloßgestellt wird, vielmehr sind die Zuordnungen, die „Antworten" zu würdigen. Nach 15–20 Minuten (auf jeden Fall, bevor die gute Laune zu Ende ist) muss dieser Impuls einen Abschluss finden.

### 3. Miteinander machen

Bei diesem Beitrag geht es darum, dass die Tischgruppen untereinander ins Gespräch kommen und den anderen Gästen etwas vorstellen. Dazu darf jede Tischgruppe einen Briefumschlag ziehen, der einen Spruch oder eine Lebensweisheit enthält. Dieser Satz soll für die anderen humorvoll vorgestellt werden. Das kann in der Form eines Rätsels, eines Spontantheaters, eines Reimes, einer Pantomime, eines Liedes, oder in einer anderen Form geschehen (froh zu sein bedarf es wenig und wer froh ist, ist ein König / ohne Fleiß kein Preis / frisch gewagt ist halb gewonnen / jeder ist seines Glückes Schmied / wo ein Wille ist, da ist auch ein Weg / wer zuletzt lacht, lacht am besten / gleich und gleich gesellt sich gern / wer rastet, der rostet / wo man singt, da lass dich ruhig nieder / man gönnt sich ja sonst nichts / gemeinsam sind wir stark / gut Ding braucht Weile / der Weg ist das Ziel). Da jede Gruppe aufgefordert wird, etwas zum Besten zu geben, muss sich keine(r) zu sehr produzieren. Auch wenn eine anfängliche Scheu besteht, so sind die geforderten kleinen kreativen Elemente fast so etwas wie der Höhepunkt des Treffens.

### 4. Miteinander unterwegs – das Eigene sehen

Nachdem Aktionen zuerst in der Großgruppe und dann in der Kleingruppe durchgeführt wurden, wird jetzt der Blick auf den Einzelnen gerichtet. Bei diesem Abschnitt der Veranstaltung geht es nicht um einen Austausch. Vielmehr sind hier einige Momente des Nachdenkens angebracht. „I did it my way", so singt Frank Sinatra und er hat damit recht. Unsere Lebenswege sind unterschiedlich. Wir sind geprägt von dem, was uns in unserem Leben an Gutem und weniger Gutem widerfahren ist. Wir leben nicht in einem luftleeren Raum. Wir bringen unsere Vergangenheit mit und bauen darauf auf. Fragen können zum Nachdenken anregen und in die nachfolgende „Eigenzeit" überleiten: Welche Wegstrecken sind Sie im Laufe Ihres Lebens gegangen? Welche gingen Sie gerne? Welche fielen

Ihnen schwer? Was hat sich als roter Faden durchgezogen durch Ihr Leben? Glück? Liebe? Gott?

Die Zeit, die dann jeder für sich hat, sollte allerdings nicht zur peinlichen Stille werden. Mit Musik untermalt, kann jeder seinen Gedanken nachhängen.

## 5. Gemeinsamer Ausblick

Je näher das Ende der Veranstaltung ins Blickfeld kommt, umso spannender wird die Frage: Was machen wir jetzt aus diesem Empfang? War das schon alles? Wollen wir gemeinsam weitere Schritte unternehmen?

Bis jetzt habe ich keine bessere Methode gefunden, als dass man die Frage, wie es weitergehen soll, direkt stellt.

Vorbereitet an Plakatwänden und auf Handzetteln werden eine Menge Stichworte „Was alles möglich wäre" präsentiert. Zeilen zur Ergänzung geben den Besuchern die Möglichkeit, ihre eigenen Ideen einzubringen. Handzettel und Stifte werden an den Tischen verteilt. Aus der Liste der Möglichkeiten sollte jeder Besucher seine drei bis fünf Favoriten heraussuchen. Nach einer Zeit des Gesprächs mit Tischnachbarn oder Freunden sollen die Präferenzen auf die Plakatwände übertragen werden. Schnell lässt sich durch diese Methode ersehen, in welche Richtung die Interessen der Besucher gehen.

## 6. Verabredung & Danke

Ohne zeitliche Hektik werden die Ergebnisse betrachtet und zum „Finale" übergeleitet. Der letzte Programmpunkt sollte der Ausblick sein. Eine Einladung zu einer Folgeveranstaltung, zu einem ungezwungenen Planungsnachtreffen oder zu einer nächsten Begegnung sollte unbedingt ausgesprochen werden. Die Stimmung der Besucher wird aufgenommen, ganz nach dem Motto: Wenn Ihnen das heute gefallen hat, dürfen wir Sie dann auch zu einem Nachtreffen und weiteren Aktionen einladen? Manchmal mag es sinnvoll sein, dass sich die Besucher in eine Einladungsliste eintragen. Das hat einen verbindlichen Charakter. Ein anderes Mal mag die ungezwungene Form der Absprache die bessere sein.

Zum Schluss soll natürlich der Dank an die Durchführenden und die Besucher im Mittelpunkt stehen. Mancherorts reicht ein ausgesprochenes „Danke". An anderen Orten gehört zur Anerkennungskultur von Engagement ein kleines Präsent oder Blumen.

## Auswirkung

Diese Form von „Empfang" wurde in der Zwischenzeit an mehreren Orte in städtischen und ländlichen Strukturen durchgeführt. Bei den Nachtreffen der Mitarbeiter war jeweils das Erstaunen groß. Es tauchten Menschen auf, die sonst keinen direkten Zugang zur Kirchengemeinde gefunden hatten. Der Aufwand an Menschen und Finanzen ist überschaubar. Das Ergebnis war meist so, dass sich aus dieser „ersten" Begegnung weitere Veranstaltungen planen ließen.

Für die weiteren Schritte ist es hilfreich, wenn sich wieder ein paar Frauen und Männer als „Vordenker" und Mitarbeiter zusammenfinden. Das muss nicht das Team sein, das den Empfang vorbereitet hat, sondern Personen, die jetzt ein Interesse haben, dass es weitergeht.

## Was alles möglich wäre: Informations- und Ideenpool für Initiativen – Zusammenstellung für Handzettel und Plakatwand

### Freizeitangebote und Reisen

Wandergruppe, Glaubenswege, Reisen für Aktive, Freizeittreff, Bastelkreis, Kreativwerkstatt, Literaturkreis, Spieletreff, Schreibwerkstatt, Gymnastikgruppe, Pilgerwege, Tanzgruppe, Meditation, Kultur, Ausflüge, Chöre, Theater, Geschichtsexkursion, Städtereise, Projekte im europäischen Ausland, Erlebnispädagogik

### Religion, Bildung und Gesundheit

Vorträge, ein Blick hinter die Kulissen, Sommerakademie, Bibelkurs, Goldene Konfirmation – ein Anlass zum Nachdenken, PC-Kurs/Internetkurs, Handy-Kurs, Senioren-Uni, Kommunikation will gelernt sein, Führerschein – Was weiß ich noch?, Erste Hilfe – immer aktuell, Gedächtnistraining

### Soziale und Generationen verbindende Aktivitäten

Hausaufgabenbetreuung, Leasinggroßeltern, Vorlesenachmittage, Besuche bei Hochbetagten, Geburtstagsbesuche, Coach für jüngere Mitarbeiter(innen), Grünflächenpflege, Ausstellungen organisieren, Freiwilligenzentrum, Handwerkerdienst, Entlastung pflegender Angehöriger, Konfirmandenarbeit unterstützen, Gemeinsamkeiten entdecken und Trennendes überwinden, Schülerwissen und Lebensweisheit, Jugend kocht für/mit Senioren, Seniorengenossenschaft, Stadtseniorenrat, Reisen für Senioren, die Unterstützung benötigen, z. B. Urlaub ohne Koffer

**Diskussion und Erfahrungsaustausch**

Wohnen im Alter, alt werden in der Fremde, Wohnkultur für Morgen, Mittagstisch, Nachbarschaftszentrum, Senioren-Netzwerk, Ruhestands-TÜV, Kontaktbörse, „Ach damals" – Erinnerungen werden wach, Frühstückstreff, philosophisches Café

## Autor

Christoph Alber (45) ist Diakon und Seniorenreferent im Kirchenbezirk Göppingen. Er ist beauftragt, die kirchliche Seniorenarbeit voranzudenken. Dabei soll er Startinitiativen und aktive Seniorenarbeit begleiten. Außerdem ist er Mitglied im Landesausschuss der LageS und im Kompetenznetz der Generationen- und Altenarbeit der Evangelischen Landeskirche Württemberg. Kontakt: christoph.alber@gmx.de

## Internet

Kompetenznetz für Generationen- und Altenarbeit, Kloster Denkendorf, Beispiele für innovative Praxisprojekte, www.bildungsportal-kirche.de

LageS (Landesarbeitsgemeinschaft evangelischer Seniorinnen und Senioren in Württemberg). Geschäftsstelle, Büchsenstr. 37/1, 70174 Stuttgart, Tel.: 0711 48072-62 oder 63, www.lages-wue.de

## Tipp

Auf der Internetseite der Offenen Altenarbeit der Evangelischen Kirche in Schleswig-Holstein findet sich ein umfangreicher Fragebogen, mit dessen Hilfe man in seiner eigenen Gemeinde eine Bestandsaufnahme aller für die Seniorenarbeit relevanten Bereiche machen kann: www.altenarbeit-sh.de.

# Bildung und Kultur

Bildung hat bei Senioren einen hohen Stellenwert. Nach dem Ende der Berufstätigkeit besteht bei vielen Menschen der Wunsch, Neues zu lernen oder alte Kenntnisse aufzufrischen. Heutige Senioren wurden im Rahmen ihrer schulischen und beruflichen Entwicklung nicht unbedingt nach ihren persönlichen Neigungen oder Wünschen gefragt. Die Zeit des „Ruhestands" bietet deshalb auch die Möglichkeit, verborgene Talente weiterzuentwickeln und alte Träume zu verwirklichen.

Zuallererst ist Bildungsarbeit aber Lebenshilfe: Sie fördert die geistige Fitness, sie erhält neugierig und interessiert, sie hilft bei der Bewältigung des Alltags und sie schafft die Voraussetzungen, um möglichst umfassend und lange am gesellschaftlichen und sozialen Leben teilnehmen zu können.

*„Mit 62 habe ich erst so richtig begonnen, zu malen.*
*Bis heute betreibe ich es immer noch mit viel Erfolg und Freude."*
*Elisabeth Löber, 76, Bad Emstal*

## 2. Senioren-Internet-Café

Ohne Computer und Internet geht heute nichts mehr – diesen Eindruck vermitteln Werbung und Medien in hohem Maß. Unsere Gesellschaft ist in einer noch vor wenigen Jahren kaum vorstellbaren Weise zur Informationsgesellschaft geworden. Wer Anschluss halten will an diese Entwicklung, wer weiter mitreden will und dazugehören – der steht unter dem Druck, den Umgang mit Computer und Internet zu lernen. Und genau diesen Wunsch haben auch viele Senioren.

Umfragen zeigen: Die Anzahl der Älteren, die PC und Internet nutzen, ist in den letzten Jahren deutlich gestiegen. Senioren entdecken dabei auch enorme Vorteile für ihr eigenes Leben. Das Internet wird geschätzt als Kommunikationsmittel. Eben mal ein paar Grüße per E-Mail zu verschicken, stärkt die zwischenmenschlichen Kontakte. Das soziale Netz kann leichter erhalten werden, auch wenn die eigene Mobilität zurückgeht. Senioren schätzen das Internet außerdem als Informationsquelle und nutzen es für Ihre Einkäufe. Trotzdem haben nach wie vor viele ältere Menschen Berührungsängste, wenn es um den Computer geht. Dies gilt insbesondere auch für Frauen. Senioren haben oftmals Respekt vor komplizierten technischen Geräten und die englischen Begriffe erweisen sich als Hindernis. Deshalb ist es nötig, das Selbstbewusstsein von Senioren im Blick auf ihren Umgang mit technischen Geräten zu stärken und eventuelle Ängste vor dem Internet abzubauen.

Jugendliche haben dagegen in der Regel eine hohe Kompetenz im Bereich der neuen Medien. Computer- und Internetkurse eignen sich deshalb ganz besonders für eine generationenübergreifende Begegnung.

Dies haben auch Menschen in der knapp 15 000 Einwohner großen Stadt Murrhardt im Schwäbischen Wald erkannt. Im Herbst 2008 startete die Kirchengemeinde in Kooperation mit der Koordinationsstelle „Bürgerschaftliches Engagement" bei der Volkshochschule das vielversprechende Projekt „Senioren-Internet-Café". Die vier PCs wurden gespendet, die Kirchengemeinde stattete einen Raum im Gemeindehaus mit der nötigen technischen Anlage zur Nutzung des Internets aus. Zweimal in der Woche ist das Senioren-Internet-Café geöffnet. Vier Jugendliche aus verschiedenen Schulen stehen an diesen Nachmittagen von 15.00 bis 17.00 Uhr bereit, um gemeinsam mit einem erwachsenen, ehrenamtlichen Projektbetreuer ältere Mitbürger mit Computer und Internet vertraut zu machen. Neben der Ersteinführung in das Internet werden u. a. angeboten: Einrichtung und Nutzung eines persönlichen E-Mail-Postfaches, Anwendung der Google-Suchmaschine, ebay-Auskünfte und Bestellungen, Online-Buchungen von Ferienaufenthalten oder Online-Ticket- und Fahrkarten-Bestellungen, Einholen von Fahrplanauskünften. Auftretende Probleme bei der häuslichen PC-Nutzung oder einer PC-Neuanschaffung werden in persönlichen Gesprächen – öfter auch bei einer Tasse Kaffee – erörtert und geklärt. Zur Deckung der Kosten zur Unterhaltung des Internet-Cafés werden von den Besuchern zwei Euro als Spende erbeten.

Die Jugendlichen und der Projektbetreuer engagieren sich ehrenamtlich. Die Verbindung zur Kirchengemeinde besteht durch den Pfarrer, der Jugendliche oder Konfirmanden zur Mitarbeit motiviert und im Seniorenkreis zu dem Angebot einlädt.

Wenn Kirchengemeinden PC-Kurse, Senioren-Internet-Treffs und Schulungen zur Handybenutzung oder zum digitalen Fotografieren anbieten, geht es nicht

*„Den Umgang mit dem Internet habe ich von Anfang an begriffen. Seit drei Jahren arbeite ich in unserer Internetgruppe als Betreuerin."*
*Käthe Herrmann, 75, Nehren*

darum, als Kirche einfach nur modern zu sein oder auf der neuesten technischen Welle zu schwimmen. Es geht vielmehr darum, Senioren die Teilhabe an unserer aktuellen Kommunikations- und Informationsgesellschaft zu ermöglichen. Wer hier den Anschluss verpasst, bleibt aus wichtigen Bereichen des heutigen und zukünftigen Lebens ausgeschlossen.

Bildungsprogramme auf dem Gebiet der neuen modernen Medien sind deshalb im tiefsten Sinn ein diakonisch-seelsorgerliches Angebot!

## Kontakt

Internetcafe für Senioren:
Alte Abtei, Klosterhof 10, 71540 Murrhardt, E-Mail: incasen-mu@web.de,
www.murrhardt-sic.de.tl

# 3. MouseMobil

Hausbesuche machen Ärzte oder Pfarrer. Das ist bekannt. Aber ein PC-Besuchsdienst? Das ist ungewöhnlich. Eine überaus interessante Ergänzung zu dem beschriebenen Senioren-Internet-Café (siehe 2.) oder zu Computerkursen bietet das Pilotprojekt „MouseMobil": Ehrenamtliche Mitarbeiter kommen ins Haus zu Menschen, die aufgrund von Krankheit oder Behinderung keine Computerkurse besuchen können. Auf dem mitgebrachten Computer können Senioren nun die ersten Schritte im Umgang mit dem PC erlernen und ihre Fragen loswerden. Das Projekt „MouseMobil" wurde vom Diakonischen Werk der Evangelischen Kirche im Rheinland ins Leben gerufen, in Kooperation mit der Evangelischen Erwachsenenbildung Nordrhein und weiteren regionalen Partnern. So gibt es etwa in der Kirchengemeinde Lohmar (Kirchenkreis an Sieg und Rhein) seit zwei Jahren mittlerweile fünf Mitarbeiter, die diesen Dienst anbieten.

## Kontakt

Horst Piehl, Parkstraße 1, 53797 Lohmar, Tel.: 02246 4308,
E-Mail: horst.piehl@hotmail.de, Skype-Name: MouseMobilLohmar,
www.mousemobil.de

## Tipp

Eine überaus informative Seite zum Thema „Internet" findet sich unter www.digitale-chancen.de. Hier gibt es neben einer großen Zahl von Artikeln zur

Internetnutzung auch interessante Statistiken. Außerdem vorbildlich: Die Schriftgröße der Homepage lässt sich problemlos verstellen.

# 4. Nachmittagsakademie

Bildung, Information und Orientierung haben bei Senioren eine hohe Priorität. Inhaltliche wie methodisch anspruchsvolle Referate von kompetenten Fachleuten stoßen auf großes Interesse. Deshalb sind in den letzten beiden Jahrzehnten an den unterschiedlichsten Orten „Nachmittagsakademien" entstanden: Die Angebote richten sich nicht nur an ältere Menschen, um sich zu den unterschiedlichsten Themen zu informieren und ins Gespräch zu kommen, sondern werden auch im Sinne der sich selbstorganisierenden Erwachsenenbildung von Senioren konzipiert. Die Akademien verstehen sich als Orte zum gemeinsamen Hören, Reden und kreativen Tun. Sie bieten Informationen und Gespräche für interessierte Personen, die sich Zeit nehmen, über Lebensfragen, Geschichts-, Zeit- und Sinnfragen nachzudenken, mit qualifizierten Referentinnen und Referenten ins Gespräch zu kommen und ihre Lebenserfahrungen mit anderen auszutauschen. Die Veranstaltungszeiten kommen zwar eher älteren Menschen entgegen, aber es wird versucht, ein breites Spektrum von Interessierten anzusprechen. Ein wichtiges Anliegen ist es, dass Menschen des dritten Lebensalters im Gespräch untereinander und mit anderen Generationen bleiben.

Der Begriff „Akademie" steht dabei nicht für ein Bildungsangebot ähnlich einer Hochschule, aber er macht doch den Anspruch deutlich, über die „eigene Kaffeetasse" hinauszudenken und den Dialog zu suchen. Die Akademienachmittage für Senioren finden in der Regel im monatlichen Abstand statt; neben einzelnen Exkursionen sind es im Wesentlichen öffentliche Vorträge oder methodisch auf das Publikum ausgerichtete Veranstaltungsformen, die sich mit einer Kaffeepause und der Möglichkeit des Gesprächs untereinander und mit den Referierenden verbinden. Bildung und Gemeinschaft gehören so wesentlich zusammen.

Bei der Einrichtung einer Nachmittagsakademie liegt eine Zusammenarbeit mit den Einrichtungen der Erwachsenenbildung, den örtlichen Kirchengemeinden und den Stadtseniorenräten nahe.

## Kontakte

Als Beispiel seien hier die unterschiedlichen Nachmittagsakademien in den Städten Altensteig, Calw und Neuenbürg (Bereich nördlicher Schwarzwald) genannt.

Kontaktadressen für weitere Informationen zu diesen ökumenischen Angeboten:

Evangelische Erwachsenenbildung nördlicher Schwarzwald,
Badstraße 27, 75365 Calw, Tel.: 07051 12656 , www.eb-schwarzwald.de

Katholische Erwachsenenbildung Nördlicher Schwarzwald e. V.,
Bozener Str. 40/1, 75365 Calw, Tel.: 07051 70388,
www.keb-noerdlicherschwarzwald.de

## Lesetipps

Vorstellung der Nachmittagsakademie Calw im „Leitfaden für die Arbeit mit
Menschen in der dritten und vierten Lebensphase", herausgegeben von der
Landesarbeitsgemeinschaft evangelischer Seniorinnen und Senioren in
Württemberg (LageS), als Download auf der Homepage www.lages-wue.de

Carola Sommer, Harald Künemund, Martin Kohli, Zwischen Selbstorganisation
und Seniorenakademie. Die Vielfalt der Altersbildung in Deutschland. Beiträge
zur Alterns- und Lebenslaufforschung, Bd. 4, Weißensee Verlag, 2004

# 5. Bildungsangebote

Es gibt unzählige Möglichkeiten, Bildungsprogramme für Senioren anzubieten
– allein schon die Vielfalt der Sprachen eröffnet einen großen Bereich: Da kann es
Spanisch geben oder Italienisch, aber auch Latein, Althebräisch oder Bibelgriechisch.
Manche Senioren interessieren sich vielleicht für Bibelkunde und Theologie,
Psychologie oder Geschichte, Rhetorik oder rechtliche Fragen um Erben und Sterben,
Schenken und Stiften. Informationsveranstaltungen zu Fragen der Gesundheit
finden oftmals großen Zulauf. Auch für Angebote im kreativen Bereich sind viele
Menschen dankbar. Heutige Senioren haben oftmals keine umfangreiche
Schulbildung erhalten, persönliche Begabungen im musischen oder kreativen
Bereich wurden oft nicht besonders gefördert. Nun können diese Talente neu
entdeckt, entwickelt und gepflegt werden. Wichtig dabei ist immer, die
Möglichkeiten und Bedürfnisse innerhalb der eigenen konkreten Gemeinde zum
Ausgangspunkt aller Aktivitäten zu machen.

# 6. Sprachkurse

## Französisch

Parlez-vous français? – Nein? – Das ist schlecht, vor allem dann, wenn man, wie die Einwohner von Bad Bergzabern, im Grenzgebiet zu Frankreich wohnt und attraktive Einkaufsmöglichkeiten und interessante Ausflugsziele im Nachbarland locken.

Bad Bergzabern ist ein beliebter Wohnort für Menschen im Ruhestand. Und nicht alle Senioren können Französisch. Die evangelische Kirchengemeinde kam deshalb auf die Idee, einen Französischkurs für Senioren anzubieten. Eine Deutschlehrerin aus dem benachbarten Frankreich konnte für diese Aufgabe gewonnen werden. Zwei Kurse bietet „Madame" seither an – ehrenamtlich übrigens: einen Kurs für Anfänger und einen für Fortgeschrittene. Jede Gruppe trifft sich einmal in der Woche zum Üben. Bei gemeinsamen Exkursionen oder Museumsbesichtigungen kann das Erlernte ausprobiert werden.

Die Kirchengemeinde versteht dieses Angebot als wichtigen Teil ihrer Bildungsarbeit. Senioren lernen in der Regel nicht gerne zusammen mit Jüngeren. Das spezielle Angebot für ihre Altersgruppe wird deshalb dankbar angenommen und der wertschätzende Umgang in der Seniorengruppe tut den Lernenden gut.

## Englisch

In der Lukasgemeinde in Kassel lernen Senioren Englisch. Drei kleine Gruppen mit jeweils rund acht Personen treffen sich wöchentlich, um diese wichtige Weltsprache ganz neu zu erlernen oder um alte Kenntnisse aufzufrischen. Eine Honorarkraft leitet die Kurse, die Teilnehmer zahlen einen Semesterbeitrag. Als Unterrichtsmaterial wird der speziell auf die Bedürfnisse von Älteren zugeschnit-

*„Ich möchte noch viel tun, meine körperlichen und geistigen Möglichkeiten ausloten, aber nichts übertreiben."*
*Antje Landgraf, 68, Weißenfels*

tene Sprachkurs „Blooming Late" aus dem Grünbaum-Verlag verwendet.

Ein zentrales Ziel der Kirchengemeinde ist dabei, Senioren die Teilhabe an wichtigen Bereichen unserer Gesellschaft zu ermöglichen und zu erhalten. Die Erfahrung zeigt, dass sich viele Menschen bei entsprechenden Bildungsangeboten innerhalb der Kirchengemeinde wohlfühlen und gerne kommen.

## Kontakte

Französischkurs Bergzabern:
Seniorenbüro Bad Bergzabern, Luitpoldstraße 22, 76887 Bad Bergzabern,
Tel.: 06343 6100680, E-Mail: seniorenbuero-badbergzabern@web.de

Englischkurs Kassel:
Elke Monika Weckermann, Christine-Brückner-Straße 6, 34246 Vellmar,
Tel.: 0561 3160948, E-Mail: eweckermann@t-online.de oder
Evangelischer Stadtkirchenkreis Kassel, Seniorenreferat, Mario Wiegel,
E-Mail: seniorenreferat.ekik@ekkw.de

# 7. Erzählcafé

Geschichte wird in Geschichten lebendig. Die großen und kleinen Ereignisse der Weltgeschichte werden greifbar und anschaulich, wenn einzelne Menschen von ihrem ganz persönlichen Erleben in einer bestimmten Zeit erzählen: davon, wie ihr Alltag aussah, was sie erlebten, was ihnen Freude machte und worunter sie litten.

Nichts ist so spannend wie das Leben! Und wer könnte besser davon erzählen, als unsere Senioren, die auf viele Jahre gelebten Lebens zurückblicken können.

„Erzählcafés" sind deshalb eine gute Einrichtung, um Menschen miteinander ins Gespräch zu bringen. In der Oberesslinger Kirchengemeinde wird dreimal im Jahr zu einem gemütlichen Erzählcafé eingeladen. Rund 30 bis 40 Menschen, meist Senioren, folgen der Einladung und kommen an einem Wochentag von 14.30 bis 16.30 ins Gemeindehaus. Jeder Nachmittag steht unter einem Thema, etwa „Kriegsende in Ost und West" oder „Mein erster Sommerurlaub in den 50er Jahren". Gemeindepfarrer Dr. Jörg Bauer, der Leiter des Erzählcafés, führt ins Thema ein und moderiert das Gespräch. Eine knappe Stunde lang erzählen mehrere Männer und Frauen von ihren Erlebnissen. Die ausgewählten Senioren werden im Vorfeld der Veranstaltung angefragt und bereiten sich auf den Nachmittag vor. Manche bringen Fotos mit oder ihre Tagebücher. Die Länge ihrer Beiträge wird

*„1947 wurde ich als 15-Jährige zu einem weit entfernten Bauer zum Arbeiten geschickt – verkauft wie Josef in der Bibel. Meine Eltern bekamen meinen Lohn in Naturalien: Getreide, Obst, Fett usw."*
*Maria Ast, 78, Meßstetten*

vorher abgesprochen. Manchmal beteiligen sich weitere Besucher spontan an der Erzählrunde – das ist so auch erwünscht.

Kaffee und Kuchen werden von ehrenamtlichen Helfern aufgetischt, das Erzählcafé schließt mit einer kurzen Andacht. Die Oberesslinger Erfahrungen mit dem niederschwelligen Angebot sind sehr positiv.

## Kontakt
Evangelische Kirchengemeinde Oberesslingen, Keplerstr. 41, 73730 Esslingen

## Medien und Internet
„Erzählcafé – Der Geschichte Gesichter geben", CD herausgegeben von ZAWiW, Universität Ulm. Mit umfangreichen Informationen zur Durchführung von Erzählcafés.

Das Mönchengladbacher Erzählcafé e. V.: www.erzaehlcafe.de
www.zeitzeugenboerse.de, www.zeitzeugenarbeit.de

# 8. Literaturkreis

Lesen bereichert das Leben. Es ist faszinierend, in die Welt eines (guten!) Buches einzutauchen. Eine spannende Geschichte lässt einen nicht mehr los. Neue, ungewöhnliche, fremde Facetten des Lebens tun sich auf. Bekannte und vertraute Erfahrungen erscheinen in neuem Licht. Bücher berühren und Bücher fordern heraus. Bücher machen vergnügt, traurig, nachdenklich, wütend. Und mitteilsam: Wer ein gutes Buch gelesen hat, empfiehlt es weiter und redet darüber.

Für alle Leseratten, die sich über Bücher austauschen möchten, bietet sich ein Literaturkreis an. In der Stuttgarter Paul-Gerhardt-Gemeinde gibt es gleich zwei davon. Einmal im Monat trifft sich die Gruppe „Literatur in deutscher Sprache" für eineinhalb bis zwei Stunden in der Begegnungsstätte der Kirchengemeinde. Dann wird über ein vorher festgelegtes Buch geredet. Jeder Teilnehmer hat das Buch in den zurückliegenden Wochen gelesen. Ein ehemaliger Buchhändler leitet den Kreis und stellt eine Titelvorschlagsliste zusammen. Bei jedem Treffen führt er in einem kleinen Vortrag in die Besonderheiten des Buches ein und gibt Informationen zum Schriftsteller und dessen Zeit. In dieser Gruppe stehen dabei überwiegend Romane auf dem Programm. Aktuelle Bestseller werden ebenso gelesen wie wertvolle Literatur aus früherer Zeit: zum Beispiel Khaled Hosseinis „Drachenläufer", „Der Spion, der aus der Kälte kam" von John Le Carré oder „Gösta Berling" von Selma Lagerlöf.

Eine lebhafte Diskussion über das gelesene Buch bildet das Herzstück des Literaturkreises. Damit jeder zu Wort kommen kann, ist die Teilnehmerzahl begrenzt und liegt hier bei 14 Personen.

In der gleichen Kirchengemeinde gibt es einen weiteren Literaturkreis „Deutsche Literatur". Beide Gruppen treffen sich nachmittags und werden vor allem von Senioren besucht.

*„Ich wäre gerne ins Gymnasium gegangen, aber das wurde damals noch nicht so gefördert."*
Dorothea Kraußer, 61, Regensburg

## Kontakte

„Literatur in deutscher Sprache":
Birgid Würthner, Am Kräherwald 303, 70193 Stuttgart, Tel.: 0711 653591

„Deutsche Literatur":
Margot Lutzeier, Botnangerstr. 29, 70193 Stuttgart, Tel.: 0711 651102

# 9. Schreibwerkstatt

Mancher Senior, manche Seniorin träumt schon lange vom Schreiben: Kleine Erlebnisse, nachdenkliche Gedichte, fantasiereiche Erzählungen, die eigene Lebensgeschichte – Themen gibt es genug. Doch wie mit dem Schreiben beginnen, wenn man es noch nie gemacht hat? Und wenn man keine höhere Schulbildung vorweisen kann?

Schreibwerkstätten bieten hier eine gute Möglichkeit. In kleinen Gruppen kann man unter Anleitung verschiedenen Methoden und Genres kennenlernen und ausprobieren. Auch der Austausch über die geschriebenen Texte gehört dazu.

## Kontakt

Gruppe „Kreatives Schreiben":
Evangelische Initiative ENGAGIERT ÄLTER WERDEN, Annastr. 35, 52062 Aachen, Tel.: 0241 21155, E-Mail: info@engagiert-aelter-in-aachen.de, www.engagiert-aelter-in-aachen.de

# 10. Ehrenamtliche Kirchenführer

Zahlreiche Gemeinden haben in den letzten Jahren gute Erfahrungen mit der Öffnung ihrer Kirchengebäude gemacht. In verschiedenen Landeskirchen gibt es inzwischen ein Ausbildungsangebot für ehrenamtliche Kirchenführer. Dies ist eine interessante Aufgabe auch für Senioren, die in der Regel über mehr freie Zeit verfügen als Berufstätige. Außerdem können Sie flexibler über ihren Tagesablauf verfügen und sind auch vormittags oder nachmittags für einen Einsatz bereit.

## Lesetipp
Artikel von Birgit Neumann-Becker „Von der verschlossenen Tür zur offenen Kirche" in: Brennpunkt Gemeinde, Januar/Februar 2008

## Internet
Bundesverband Kirchenpädagogik e. V.: www.bvkirchenpaedagogik.de
Arbeitskreis Kirchenraum und Pädagogik: www.kirche-raum-pedagogik.de
www.offene-kirchen.de, www.glaubensraum-lebenszeichen.de

# 11. Bibellesen in Englisch
von Ernst Schmidt

Mit kirchlichen Gruppen habe ich Reisen in englischsprachige Länder gemacht. Für die täglichen Andachten verteilte ich die Herrnhuter Losungen auch auf Englisch. Dabei merkten wir oft, wie vertraute Bibeltexte in der ungewohnten Sprache ganz neu zu uns sprachen.

Als deshalb unsere Kirchengemeinde im „Jahr mit der Bibel 2003" dazu aufforderte, Ideen für neue Zugänge zur Bibel zu überlegen, schlug ich vor, in Zusammenarbeit mit der VHS einen mehrteiligen Kurs anzubieten: „Bibellesen auf Englisch".

Der Kurs sollte in kirchlichen Räumen stattfinden, vormittags angeboten und abends wiederholt werden. Der Abendkurs stieß aber auf zu wenig Interesse und der Vormittagskurs wurde vor allem von Seniorinnen besucht.

Seither hielten wir im Winterhalbjahr einen oder zwei fünfteilige Kurse, jeweils von 9.30 bis 11.00 Uhr. Die Zahl der Teilnehmer schwankte zwischen sechs und zwölf. In der Ausschreibung habe ich eine Mindestteilnehmerzahl von fünf ange-

> *„Einst gelernte Bibelkenntnisse in englischer Sprache zu erfahren, regt auch die „kleinen grauen Zellen" zu neuer Tätigkeit an."*
> Irmgard Offenhäuser, 65, Öhringen

geben und die Höchstgrenze bei fünfzehn angesetzt. Einige Damen sind von Anfang an dabei.

Meine ursprüngliche Absicht war es, Texte aus der 1989 veröffentlichten, wissenschaftlich und sprachlich sehr guten „Revised English Bible" mit dem vertrauten Luthertext zu vergleichen. Da aber die Teilnehmerinnen (Männer waren bisher nur selten dabei!) nicht nur grundlegende Englischkenntnisse mitbrachten, sondern auch verschiedene englische Bibeln, gingen wir rasch dazu über, nur noch die englischen Übersetzungen nebeneinander oder hintereinander zu lesen. Auf diese Weise erklärten sich unbekannte Worte manchmal gegenseitig. Aus den verschiedenen Begriffen hörten wir feine Bedeutungsunterschiede und gelegentlich auch Sinnverschiebungen heraus. Das war ganz besonders bei den Psalmen der Fall. Darüber sprachen wir auf Deutsch. Auch die historischen und theologischen Hintergründe der Texte erzählte ich auf Deutsch. Inzwischen kann ich aber die Einleitungen zu biblischen Büchern aus der „Good News Bible" auf Englisch lesen lassen und immer mehr Arbeitsanweisungen und Erklärungen auch in der Fremdsprache geben. Dabei arbeiten wir zwar an der Verbesserung der englischen Aussprache, ohne diesen Aspekt aber besonders zu betonen.

Da das neue (2005) schottische, reformierte Gesangbuch („Church Hymnary") für viele Psalmen eine Liedfassung erhält, haben wir daraus auch einige Lieder miteinander gesungen, was dank einer Orgel spielenden Kursteilnehmerin recht großen Anklang fand.

Dank der Kooperation mit der Volkshochschule erfahren auch Leute außerhalb Öhringens – und nicht nur Kirchen-Insider! – von diesem Kurs. Ein großes Einzugsgebiet ist aber erforderlich, da Bibelinteresse kombiniert mit Englischkenntnissen bei der älteren Generation noch nicht so häufig vorkommt.

Am Schluss eines Kurses schrieben die Kursteilnehmerinnen: „Es war für uns alle ein doppelter Gewinn, sowohl in theologischer als auch in sprachlicher Hinsicht".

## Autor & Kontakt

Ernst Schmidt, geboren 1938, Lehrerausbildung. Von Ende 1963 bis Anfang 1969 Mitarbeit im Schulwesen der Presbyterianischen Kirche in Kamerun. 1973 bis

Anfang 2002 Schuldekan in Öhringen. Im Herbst 1990 dreimonatiges theologisches Kontaktsemester in Cambridge. Ehrenamtliche Mitarbeit als Übersetzer beim ÖRK. Seit Februar 2002 im Ruhestand.
Ernst Schmidt , Frankenstraße 34, 74631 Öhringen, Tel.: 07941 959605

# 12. Seniorenchor

Im Jahr 2007 schaffte es eine bunt zusammengewürfelte Gruppe englischer Rentner mit ihrer ersten Single „My Generation" auf Anhieb auf Platz 26 der britischen Charts. Das Durchschnittsalter der Bandmitglieder lag zu diesem Zeitpunkt bei 78, der Leadsänger war 90 Jahre alt! Seither ist die Band „The Zimmers" dabei, der Welt zu zeigen, dass auch ältere Menschen Lieder frech, fetzig und selbstbewusst präsentieren können. Auch im deutschen Fernsehen traten sie auf.

Das Beispiel macht deutlich: Auch Senioren singen gerne! Allerdings ist das Singen eine Fähigkeit, die durch mangelndes „Training" verloren geht. Oftmals hört man von Senioren, die jahrelang nicht mehr gesungen haben, den Satz: „Ich kann nicht mehr singen!" Meist hat diese Aussage einen traurigen Unterton – nicht mehr singen zu können wird als Verlust von Lebensfreude und Emotionalität wahrgenommen.

In den letzten Jahren sind in Kirchengemeinden immer mehr Seniorenchöre entstanden. Manche der Mitglieder haben schon früher in Chören gesungen, andere wagten im Ruhestand erstmals den Schritt in einen Chor. Die Fähigkeiten, die die Sänger mitbringen, sind oftmals ganz unterschiedlich: Einzelne können Noten lesen, andere nicht. Einige haben eine geübte Stimme, andere müssen erst geschult werden. Ein wichtiger Punkt bei der Arbeit mit einem Seniorenchor ist deshalb, die Anforderungen individuell an den Chor anzupassen. Manche Chöre singen zweistimmig, andere mit drei oder sogar vier Stimmen. Da die Stimmlage eines Menschen im Alter tiefer liegt, ist besonders auf die Auswahl der Literatur zu achten. Manchmal ist es nötig, die Musikstücke tiefer zu setzen. Sind viele ungeübte Sänger im Chor, ist eine Klavierbegleitung hilfreich.

Sänger eines Seniorenchores wollen gefördert, aber nicht überfordert werden.

*„Ältere Stimmen klingen nicht so frisch wie jüngere Stimmen. Aber Senioren singen von ganzem Herzen. Dadurch liegt auf ihren Darbietungen oftmals ein ganz erstaunlicher Glanz."*
*Christiane Werbs, Kirchenmusikdirektorin, 61, Warnemünde*

Auch weniger gute Sänger sollten willkommen sein. Wie bei allen Angeboten der Seniorenarbeit ist der soziale Kontakt untereinander ein zentraler Aspekt. Eine nette Stunde in fröhlicher Gemeinschaft zu verbringen ist ein wichtiges Ziel. Aber nicht das einzige: Auch die Sänger eines Seniorenchores wollen etwas lernen und ihre Lieder qualitätsvoll präsentieren. Allerdings ist es wichtig, dass kein Erfolgsdruck aufgebaut wird. Geplante Aufführungen sollten keinen Stress verursachen. Immer sind der Spaß und die Freude am Singen an erster Stelle zu sehen. Manche Senioren im Chor sind nie zuvor öffentlich aufgetreten – da gibt es auch Lampenfieber. Gelungene Auftritte stärken das Selbstwertgefühl und machen die Sängerinnen und Sänger stolz.

Manche Seniorenchöre treffen sich wöchentlich, andere 14-tägig oder monatlich. Die Proben finden in der Regel am späten Vormittag oder nachmittags statt – Senioren gehen abends oft nicht mehr so gerne aus dem Haus. Der große Pluspunkt für Chorleiter: Senioren kommen pünktlich zur Übungsstunde und sind sehr dankbar für diese Arbeit. Das Repertoire der Seniorenchöre ist unterschiedlich und reicht meist von Volksliedern bis zu geistlichen Liedern. Seniorenchöre treten bei verschiedenen Anlässen auf, zum Beispiel im Gottesdienst, bei Senioren- oder Gemeindenachmittagen oder bei Konzerten mit anderen Chören. Sowohl bei den Auftritten als auch bei den Proben ist es wichtig, eine Sitzmöglichkeit zu schaffen. Bei Aufführungen helfen kleine Pausen mit ein paar passenden Moderationen den Sängern, sich zwischen den Liedern zu erholen und sich auf die nächste Darbietung einzustellen. Seniorenchöre bieten auch für Neuzugezogene eine gute Möglichkeit, Anschluss zu finden.

Es ist immer möglich mit dem Singen anzufangen – auch nach jahrelanger Singpause oder überhaupt zum allerersten Mal. Es gibt keine Altersgrenze für das Singen im Seniorenchor! Weitere Pluspunkte: Singen ist gesund – das intensive Atmen regt die Lungenfunktion an und das Immunsystem wird aktiviert. Außerdem lenkt das Singen im Chor ab von den eigenen Befindlichkeiten – denn Singen erfordert volle Konzentration.

In manchen Gemeinden gibt es Singkreise oder das Angebot des offenen Singens. Hier wird ganz zur eigenen Freude musiziert, ohne die Absicht, irgendwo aufzutreten.

## Kontakte

Seniorenchor der evangelischen Kirchengemeinde Warnemünde:
Kantorin KMD Christiane Werbs, Alexandrinenstraße 119, 18199 Warnemünde,
Tel.: 0381 5192552

Volksliedersingkreis 55plus der evangelischen Kirchengemeinde Bissingen:
Ursula Hannich, Tel.: 07142 30171

## Buchtipps

Elisabeth Bengtson-Opitz, Sophie Opitz, Anti-Aging für die Stimme: Ein Handbuch
für gesunde und glockenreine Stimmen, Timon Verlag, 2008

Friedrich Haarhaus, Liederbuch für die Seniorenarbeit, Urban & Fischer bei Elsevier
GmbH, 2006

## Weiterbildungstipp

Der Schwäbische Chorverband bietet Seminare für Singleiter in Senioren- und
Pflegeheimen an.

# 13. Veeh-Harfen
von Heinrich Kaufmann

Seit 2002 trifft sich ein immer größer werdender Kreis zum Musizieren auf der
Tischharfe. Die Tischharfe hat Ähnlichkeiten mit der Zitter. Sie ist ein Instrument,
das man ohne große Vorkenntnisse spielen kann. Das Einzige, was man kennen
oder lernen muss, sind die Notenwerte. Das Instrument ist so gebaut, dass das
jeweilige Notenblatt mit der Melodieführung unter die Saiten gelegt wird und
der Spieler nur noch an einer vorgegebenen Linie entlang zupfen muss.

Die Tischharfe wurde ursprünglich von einem Vater für seinen behinderten
Sohn entwickelt. Mittlerweile hat dieses Instrument Freunde in der ganzen Welt
gefunden, die es begeistert spielen. Wie viele ältere Menschen gibt es, die es sich

*„Wenn ich mit der Veeh-Harfe bei Bettlägerigen spiele, werden
meine Zuhörer ganz ruhig und aufmerksam."*
*Marta Bertele, 85, Schwäbisch Gmünd*

nie leisten konnten, Musikunterricht zu nehmen? Für sie erfüllt sich mit diesem Instrument ein langgehegter und vielleicht längst aufgegebener Wunsch. Sie können auf ihre alten Tage noch musizieren. Allein und gemeinsam mit anderen. Die Veeh-Harfe macht es möglich.

Die älteste Spielerin im Ensemble auf dem Schönblick war 2005 93 Jahre alt – und hat mit 92 Jahren angefangen zu spielen. Mit zwei weiteren Hausbewohnern besucht sie regelmäßig die Bettlägerigen im Pflegeheim. Sie spielen dann miteinander Choräle und bereiten damit große Freude. Die Vorteile dieses Instrumentes für Ältere sind vielfältig. Zum einen hat jeder, der sich darauf einlässt, ein schnelles Erfolgserlebnis. Da das Instrument in Halbtonschritten aufgebaut ist, kann jedes Lied auch tiefer angestimmt werden. Das kommt vor allem älteren Menschen entgegen. Oft hört man von ihnen das Argument: „Ich kann nicht mehr singen." Doch das stimmt so nicht. In Wahrheit können sie nur nicht mehr so hoch singen. Mit diesem Instrument kann man dem gut entgegenkommen.

Gute Erfahrungen machen die Spieler auch mit Menschen in der abhängigen und pflegebedürftigen Phase des Alters. Gerade solche, die kaum noch auf Ansprache reagieren, öffnen plötzlich den Mund und singen die ihnen bekannten Lieder mit.

Die Veeh-Harfe hat auch therapeutischen Charakter. Es werden beide Gehirnhälften beim Spielen aktiviert. In der Gruppe lernt man, sich an anderen zu orientieren und aufeinander zu achten. Das Zupfen der Saiten beugt früher Fingerversteifung vor. Der weiche und zarte Ton wirkt sich beruhigend auf die Psyche aus. Im Zusammenspiel mit anderen werden soziale Kompetenzen erhalten und gefördert. Man lernt, aufeinander zu hören und beim Musizieren miteinander unterwegs zu sein. Das geringe Gewicht des Instrumentes macht es möglich, es gut zu transportieren und als Begleitinstrument sowohl in der Kleingruppe als auch bei Krankenbesuchen zum Klingen zu bringen.

## Kontakt
Waltraud und Heinrich Kaufmann, Emil-Rudolph-Weg 25, 73527 Schwäbisch Gmünd, E-Mail: Whkaufmann@gmx.de, www.veeh-harfe.de

# 14. Kochtreff

Kochen mit Begeisterung kennt keine Altersgrenze! Das Problem ist ein anderes: Wer alleine lebt und alleine isst – dessen Speisekarte reduziert sich schnell. Denn das umfangreiche Kochen verschiedenster Gerichte für eine einzige Person ist vielen Senioren zu aufwändig.

In der evangelischen Kirchengemeinde Bad Bergzabern gibt es seit einigen Jahren ein Angebot für genau dieses Dilemma. Sieben bis acht Männer und Frauen im Seniorenalter treffen sich in der Küche des Gemeindehauses, um altbewährte Gerichte zu kochen oder neue Rezepte auszuprobieren. Ein- bis zweimal im Monat verabredet sich die feste Gruppe zur gemeinsamen „Küchenschlacht" und zum anschließenden Essen. Eine ausgebildete Hauswirtschaftsleiterin steht mit Rat und Tat zur Seite, macht Rezeptvorschläge und kauft die Lebensmittel ein. Sie arbeitet dabei ehrenamtlich. Bis zu zwei Stunden dauert das gemeinsame Zubereiten des Menüs, fast ebenso lang sitzt die Gruppe nachher zusammen, um das leckere Essen zu verzehren und sich gemütlich zu unterhalten. Der gegenseitige Austausch ist auch in dieser Gruppe ein wichtiger Bestandteil.

Viele Kirchengemeinden haben mit der Gemeindehausküche ideale Voraussetzungen für einen Seniorenkochtreff.

Ach ja – die älteste „Köchin" in Bergzabern ist übrigens 87 Jahre alt!

## Kontakt

Seniorenbüro Bad Bergzabern:
Luitpoldstraße 22, 76887 Bad Bergzabern, Tel.: 06343 6100680,
E-Mail: seniorenbuero-badbergzabern@web.de

# Angebote für geistige und körperliche Fitness

## 15. Wandern, radeln, walken

Aktive Senioren haben oftmals Spaß daran, sich zusammen mit anderen Senioren zu bewegen und sich sportlich zu betätigen. Auch im Bereich der Kirchengemeinden können entsprechende Gruppen von Nordic Walking bis hin zu Seniorentanz entstehen.

„Nur für Männer" heißt es jeden Mittwochvormittag um 9.00 Uhr in Hessental, einem Stadtteil von Schwäbisch Hall. Etwa 15 Senioren im Alter von 60plus treffen sich, um zwei Stunden miteinander zu wandern. Die Gruppe entstand im Jahr 2008 und ist ein offenes, überkonfessionelles und niederschwelliges Angebot. Ziel ist es, zusammen unterwegs zu sein und dabei miteinander ins Gespräch zu kommen. Darüber hinaus organisiert die Gruppe auch kulturelle Angebote und engagiert sich bei verschiedenen Aktionen der Kirchengemeinde. Einmal im Jahr wird ein Ausflug gemacht, zu dem auch die Partnerinnen eingeladen sind. Ansonsten gilt „... nur für Männer".

Inzwischen ist als Pendant zum Männertreff der Frauen-Aktivtreff entstanden: Diese Gruppe hat das gleiche Anliegen, den gleichen Startpunkt und die gleiche Uhrzeit wie die Männer, aber sie trifft sich an einem anderen Wochentag.

Eine Gruppe der Offenburger Kirchengemeinden unternimmt gemeinsam Radtouren oder Wanderungen. Einmal im Monat geht es meist mit dem Zug auf Erkundungsfahrt in die Region – mal mit den Rädern, mal mit Wanderschuhen. Oft lockt unterwegs eine Besichtigung oder ein kulturelles Ziel. Etwa 20 Senioren machen mit, die Tourenvorschläge der Teilnehmer reichen noch für viele Jahre! Einen halben oder einen ganzen Tag ist die Gruppe unterwegs. Rund 50 bis 60 Tageskilometer bringen die Radfahrer hinter sich.

Jeden Samstagmorgen, früh um 8.00 Uhr, treffen sich rund acht Senioren in Offenburg für eine Stunde zum Nordic Walking. Einige von ihnen sind noch berufstätig – deshalb der für Senioren eher untypische Tag und die ungewöhnliche Zeit.

Die Nordic-Walking-Gruppe und die Gruppe „Radfahren – wandern – besichtigen" sind Angebote innerhalb des Projekts „Silberstreifen" der evangelischen Kirchengemeinden in Offenburg. Ziel der Initiative ist es, Senioren eine Plattform zu geben, um Interessengruppen zu bilden und sich zu treffen.

## Kontakte

Offenburg:
Wilhelm von Ascheraden, Im Weizenfeld 1, 77799 Ortenberg,
E-Mail: wilhelm.v.ascheraden@googlemail.com

Hessental:
Männertreff
Artur Lenz, Tel.: 0791 48675
Frauenaktivtreff
Gertraud Walter, Tel.: 0791 59641

# 16. Exkurs: Seniorengymnastik

von Bettina Groger

Es ist wissenschaftlich nachgewiesen, dass sportliche Betätigung in jedem Alter einen positiven Einfluss hat – sowohl auf die körperliche als auch auf die geistige und seelische Gesundheit!

Bereits einfache Bewegungsübungen bringen Körper, Geist und Seele in Schwung:
- Das **Herz-Kreislaufsystem** wird angeregt, Organe, Muskeln und Knochen werden stärker durchblutet; es erfolgt eine stärkere Versorgung mit lebenswichtigem Sauerstoff und Nährstoffen.
- Die **geistige Leistungsfähigkeit** (Konzentration, Aufnahmefähigkeit) wird gesteigert – kleine Bewegungseinheiten tun deshalb auch so mancher Gemeindeveranstaltung gut!
- Zusätzlich wird das **seelische Befinden** positiv beeinflusst, weil der hormonelle Stoffwechsel im Gehirn durch Bewegung in Gang gesetzt wird – so wird u. a. Serotonin freigesetzt, ein Botenstoff, der für das Wohlbefinden zuständig ist.

Darüber hinaus will und kann Sport einen wesentlichen Beitrag zur **persönlichen Reifung** leisten: gegenseitige Rücksichtnahme, Geduld und Gelassenheit üben, auf ein gutes Miteinander achten und die gemeinsame Freude wichtiger zu nehmen als mit großen „Erfolgen" zu glänzen. Dies sind Eigenschaften und Werte, die gerade auch im christlichen Raum geübt werden sollten. All diese positiven Aspekte können in vielfältiger Weise in Kirchengemeinden genutzt werden:

**Kurze Beiträge im Rahmen einer Gemeindeveranstaltung**

Ob zu Beginn eines Treffens als lockerer Einstieg, etwa im Seniorenkreis oder der Bibelstunde, oder als belebendes und geist-erfrischendes Element zwischendurch: Kurze, spielerische Bewegungsübungen von drei bis fünf Minuten können der Auflockerung dienen. Dazu gehören: Kräftigungs- oder Lockerungsübungen, Koordinationsübungen mit und ohne Musik, Fingerspiele, Partnerspiele mit und ohne Geräte (z. B. Softbälle, Luftballon, Watte, Tücher, Nüsse ...), Entspannungsübungen usw.

**Spezielle Übungsangebote für Interessierte**

In einer Phase starker körperlicher und sozialer Veränderung erwacht bei vielen Senioren großes Interesse an Gesundheitsangeboten. Hier eröffnet sich Gemeinden die großartige Möglichkeit, Senioren einzuladen, die sonst kaum den Kontakt zur Gemeinde und zum Glauben suchen, und sie ganzheitlich, d. h. mit Körper und Seele, anzusprechen.

Im Rahmen einer Sport- oder Gymnastikstunde bieten sich Möglichkeiten zu Begegnungen und Gesprächen; auch ein passender geistlicher Gedankenanstoß, wie eine Andacht zu Sportthemen oder eine Kurzgeschichte, kann neu das Interesse am Glauben wecken. Eine Atmosphäre, in der auf „spirituelle Werte" wie Liebe und Geduld geachtet wird, wird ein Zeugnis für den barmherzigen Vater sein.

Neben dem Gesundheitsaspekt fördern sportliche Angebote das soziale Miteinander. Daraus kann Verantwortungsbewusstsein und soziales Engagement erwachsen. Oftmals entstehen durch Eigeninitiative neue Kleingruppen, z. B. Walking, Schwimmen, Aqua-Jogging, Wandern, Kegeln ...

Möglichkeiten für Sport- oder Gymnastikangebote gibt es viele:
• allgemeine Gymnastik – auch mit anschließendem Frühstück/Essen
• Ballsportarten
• Tanzgruppen (Volkstänze, meditative Tänze ...)
• Tischtennis/Federball
• Osteoporose-Gruppe

- Beckenbodengymnastik
- Sitzgymnastik
- Rückenschule
- Entspannungsübungen
- Balancetraining
- Herz-Kreislauf-Training

## Was ist zu beachten?

### Was bringt es mir?

Der Spaßfaktor und ein leistungsangepasstes Programm sind bei Interessierten ausschlaggebend für die Wahl eines geeigneten Angebotes. Senioren wollen weder über- noch unterfordert werden. Erfolgserlebnisse motivieren zum Weitermachen. Männer bevorzugen oft den spielerischen Wettkampf, während Frauen eher zu Gesundheitsangeboten neigen.

### Mitgliedschaft und Dauergruppen:

Viele Senioren scheuen eine Mitgliedschaft; sie sollte deshalb keine Bedingung sein. „Schnupperkurse" erleichtern neuen Interessenten den Einstieg.

### Vorüberlegungen für die Leiterin und den Leiter:

- Der Veranstaltungsraum sollte einen guten Boden haben (kein Unfallrisiko, harter Steinboden ist ungünstig für die Gelenke), möglichst großräumig und gut belüftet sein (zwecks Sauerstoffaufnahme). Bei der Wahl des Angebotes ist die Größe des Raumes zu beachten.
- Ist eine Übungsleiter-Lizenz Voraussetzung für die Leitung einer Gruppe? (Um ein qualitatives Angebot zu haben, ist dies dringend ratsam! Ausbildungsangebote gibt es beim jeweiligen Landessportbund oder dem DOSB). Oder darf ein Laie unterrichten? Wo gibt es Fortbildungen, um den Leiter oder die Leiterin in der Aufgabe zu fördern?
- Der Leiter sollte sich vor der ersten Stunde informieren, wo sich im Haus das Telefon und der Erste-Hilfe-Kasten befindet.
- Wie sind die Teilnehmer versichert im Falle eines Unfalls?
- Soll eine Kursgebühr erhoben werden? Bei entsprechend ausgebildeten Übungsleitern übernehmen oftmals Krankenkassen die Kosten der Kursgebühren.
- Welche Geräte stehen zur Verfügung (Matten, Bälle, Seile, Thera-Bänder, Softbälle)?

- Um ernsthafte Risiken zu vermeiden, müssen die Teilnehmer mit dem Arzt ihre Sporttauglichkeit abgeklärt haben! Auch die persönliche Schmerzgrenze ist immer zu beachten und übertriebener Ehrgeiz sollte gebremst werden.

*Stundenaufbau:*

Jede Stunde sollte einen klaren Aufbau haben: Erwärmen – Dehnen – Kräftigen – nochmals Dehnen – lockerer Ausklang. Die Devise ist: vom Einfachen zum Schweren, vom Bekannten zum Unbekannten.

**Ehrt Gott – auch mit eurem Leibe:** gut für unseren **Körper** zu sorgen, um ihn möglichst lange gesund zu erhalten; in der sportlichen Betätigung **charakterlich** zu reifen, und **Gott** in neuer Weise zu begegnen – ich finde, das ist eine großartige Herausforderung!

## Autorin

Bettina Groger, staatlich anerkannte Gymnastiklehrerin, Gemeindepädagogin, Rodenbach/Pfalz

# 17. Praxismaterial: Seniorengymnastik
von Bettina Groger

## Kräftigungsübungen im Sitzen
Ausgangsposition: Aufrecht und möglichst weit vorne auf dem Stuhl sitzen:
- Fersen in den Boden drücken und Zehen anziehen, Handflächen neben dem Körper nach unten drücken – Fersen in den Boden drücken, Hände greifen unter Stuhlsitz und ziehen ihn zum Körper hoch
- Hände drücken von außen (später von innen) gegen die Knie; Knie drücken dagegen
- Rechte Hand drückt linken Oberschenkel runter, versuchen Bein zu heben (Seitenwechsel)
- Beide Handflächen in Brusthöhe gegeneinander drücken – Hände ineinander verhaken und auseinanderziehen
- Arme seitlich heben auf Schulterhöhe und im rechten Winkel anwinkeln, sodass die Hände horizontal nach vorne ausgestreckt sind; Schulterblätter langsam zusammenziehen, Spannung 5–10 Sekunden halten

- Partnerweise gegenübersitzen, die Arme in Schulterhöhe: A drückt die gestreckten Arme runter, B leistet von unten Gegendruck
- A und B drücken ihre Handflächen gegeneinander (den anderen wegschieben), Hände senkrecht halten: A drückt Arme nach außen, B leistet von außen nach innen Gegendruck

## Koordinationsübungen mit und ohne Musik
- Nacheinander im Rhythmus auf den Tisch klopfen: Faust – flache Hand – senkrechte Hand (der Daumen zeigt nach oben); erst beide Hände zusammen, dann führen rechte und linke Hand die Dreierreihe zeitlich versetzt aus (d. h. wenn die eine Hand mit Faust auf Tisch klopft, klopft die andere Hand gleichzeitig mit flacher Hand)
- Auf den Tisch klopfen in verschiedenen Taktarten: links = 1/4 Takt, rechts = 1/8 Takt; (evtl. Füße in 1/2 Takt dazu wippen)
- beide Arme seitlich heben – dann an die Brust tippen – Arme nach vorne strecken – zur Brust zurück – alles im gleichbleibenden Rhythmus wiederholen; dann rechte und linke Hand zeitlich versetzt
- Überkreuz-Übungen (zur Verbesserung der Koordination beider Hirnhälften): Rechte Hand aufs linke Knie – in beide Hände klatschen – linke Hand auf rechtes Knie – klatsch – usw. (Erweiterung: statt Knie auf die Schulter/Ohr/Hüfte tippen)

## Achterschwünge
- Mit Finger in Augenhöhe liegende Achter malen (mit Bewegung nach links oben beginnen); nur die Augen folgen der Bewegung, Kopf bleibt fest
- Mit Tuch große Achterschwünge vor dem Körper, Kopf geht mit
- Mit Tuch Achterschwünge unter dem rechten, dann linken Bein durchgeben
- Erweiterungen: Tuch um Körper herumgeben, hochwerfen und fangen, Schlangenlinien von rechts nach links, kreisen über dem Kopf oder vor und neben dem Körper ...

## Weitere Übungsbeispiele
- Ein Wort in die Luft schreiben, die linke Hand schreibt spiegelbildlich mit.
- Dem Partner mit dem Finger etwas auf den Rücken schreiben; raten lassen!
- Sich (Papier-)Bälle zuwerfen; dazu können auch Aufgaben gestellt werden („Nenne ein Wunder mit dem Buchstaben A").

## Autorin
Bettina Groger, staatlich anerkannte Gymnastiklehrerin, Gemeindepädagogin, Rodenbach/Pfalz

## Buchtipps
Reinhard Deichgräber: Aschenbahn und Himmelreich – Spiritualität in Sport und Spiel, Brunnen Verlag, 2001

Dr. Wolfgang Kramer, Die besten Beschäftigungstherapien für Senioren. Über 100 Anleitungen und kreative Anregungen für die tägliche Praxis, FORUM Gesundheitsmedien, 2. Auflage 2005

Gert und Marlén von Kunhardt, recken, strecken, dehnen, 7x7 Fitness-Tipps, aus der Reihe „sechzig-siebzig-lustig", Neukirchener Verlagsgesellschaft, 2008

## Internet
www.richtigfit-ab50.de
www.srsonline.de („Sportler ruft Sportler": SRS PRO SPORTLER ist eine Organisation, die nach biblischen Prinzipien Sportler fördert und begleitet.)

# 18. Seniorentanz
von Vera Kern

„Im Herzen jung und voller Schwung" – dieses Motto umschreibt das „Tanzen für und mit Senioren" sehr zutreffend. Wer im Herzen jung und eventuell auch ein bisschen „Kind" bleibt, wird diese Freude und Beschwingtheit gerne ausdrücken und mitmachen. Der Mensch wird sich gerne bewegen lassen und seine Freude äußern – etwa auch durch eine Tanzanleitung.

In einem bestehenden Kreis neu damit zu beginnen, kostet etwas Überwindung – vielleicht für die Anleiterin mehr als für die Teilnehmenden selbst. Der Trend jedoch heißt „Bewegung". Die Empfehlung der Ärzte, Krankenkassen, der Vereine und auch der Kirchen ist, die körperliche und geistige Beweglichkeit zu erhalten und alles dafür zu tun, sich zu bewegen. Das alte Sprichwort „Wer rastet, der rostet" bekam wieder Aktualität in den letzten Jahren.

Einfache Tanzschritte, etwa zu Liedern oder Kanonsingen, sind gut durchführbar. Um Freude und Spaß zu haben, muss es nicht kompliziert sein. Menschen, die noch gut zu Fuß sind, haben es leichter mit dem Tanzen als zum Beispiel ältere oder gar fußkranke Menschen. Für sie gibt es seit vielen Jahren die schöne Idee, in anderer Form zu tanzen, nämlich bequem und sicher sitzend auf dem Stuhl: Das sind die „Tänze im Sitzen". Auch dafür gibt es Arbeitshilfen. (Einige Praxisbeispiele kann man auf den folgenden Seiten finden.)

Der Tanz selbst ist keine neue Erfindung, es gibt ihn eigentlich seit es Menschen gibt, denn der Tanz ist Ausdruck der Freude und der elementaren Gefühle, auch der Trauer. Der Kirchenvater Augustinus sagte: „Der Tanz fordert und fördert den befreiten, den schwingenden Menschen – ich lobe den Tanz: Oh Mensch, lerne tanzen, sonst wissen die Engel im Himmel mit dir nichts anzufangen."

Es gab den Kirchentanz der „Shaker" (USA und England), höfische Tänze, Trauertänze, religiöse Tanze, Folkloretänze der Nationen usw.

Tanzen *fördert* den ganzen Menschen und die Gemeinschaft, die Gesundheit, Lebensfreude, Glücksgefühl (durch persönlichen Erfolg), Selbstwertgefühl und Selbstbewusstsein, Lebensenergie und die Freude an der Musik. Tanzen *lehrt uns* Toleranz, Verständnis füreinander, Höflichkeit, Hilfsbereitschaft, Sicherheit, Bestätigung, Gedächtnistraining und ganz viel Vergnügen!

In der Fachzeitschrift des Bundesverbandes Seniorentanz Heft I/2004 bestätigte der Bewegungswissenschaftler Professor Dr. Jörn Munzert, dass „Tanzen unter den Bewegungsprogrammen, mit denen einem Gehirnabbau begegnet werden kann, eindeutig eine Spitzenstellung einnimmt. Schon eine Stunde Tanzen kann den Blutzuckerspiegel in den Normalbereich senken." *Psychologen* sagen: „Tanzen ist Honig für die Seele." Die *Kirche* würdigt den Tanz (liturgischer Tanz) als „Gotteslob und Gebet". Als *Tanzleiterin* sage ich: „Tanzen ist Geben und Nehmen, alle haben Freude daran." Die vielen positiven und persönlichen Reaktionen von Teilnehmerinnen aus verschiedenen Tanzgruppen (Folkloretanz, Seniorentanz, Tanz im Sitzen) sind Ermutigung, Bestätigung und Ansporn immer weiter zu tanzen, denn „getanzte Freude ist eine Liebeserklärung an das Leben" (Ch. Lichtenberg).

Nach dem letzten Tanztermin vor der Sommerpause sagte eine Frau beim Gehen lächelnd: „Ich freue mich ab jetzt schon so, bis es weitergeht im Herbst." Weitere Kommentare von den „Tanzfrauen": „Unser Tanz darf nie aufhören!" – „Mir war gar nicht gut, als ich gekommen bin, und jetzt sind meine Kreuzschmerzen weg ..." – „So gelacht wie heute habe ich schon lange nicht mehr – mir tut jetzt noch der Bauch weh ..." – „Wenn Du nicht kommst und mit uns tanzt, dann werden wir krank!"

Mit dem Tanzmotto der Arbeitsgemeinschaft Tanz kann ich deshalb nur sagen:
  *„Tanzen erfreut, vertreibt den Verdruss,*
  *tanzen versöhnt den Kopf mit dem Fuß,*
  *wer tanzt, gesundet, bleibt länger fit,*
  *komm und tanz im Kreis mit uns mit."*

## Autorin
Aus der Praxis berichtet und herzlich empfohlen von Vera Kern, Oberjettingen.

## Buchtipps
Vera Kern, sitzen, tanzen, kein Problem. 2x7 Bewegungslieder und Sitztänze, aus der Reihe „sechzig, siebzig, lustig", Neukirchener Verlagsgesellschaft, 2009

Marlis Ott, Bewegte Botschaft. Mit CD.
Liedtänze zum Tages-, Jahres- und Lebenskreis, Verlag Eschbach

Heinz Maruhn, Freude mit Musik und Tanz. Singen – Bewegen – Tanzen.
Ein Handbuch für die Arbeit mit Senioren, Fidula Verlag, 2006

## Internet
Bundesverband Seniorentanz e. V., Insterburger Str. 25, 28207 Bremen, www.seniorentanz.de
Christliche AG Tanz e. V., Postfach 1347, 53003 Bonn, www.christliche-ag-tanz.de

# 19. Praxismaterial: Seniorentänze
von Vera Kern

### Er ist die rechte Freudensonn' – Kanontanz
*Dieses Adventslied aus dem Evangelischen Gesangbuch, Lied Nr. 2, Vers 1, wird gesungen und gleichzeitig wird dazu getanzt. Der folgende Tanzvorschlag kann in einer leichteren und in einer anspruchsvolleren Variante durchgeführt werden.*

**Aufstellung:** Kreis, eng stehend in der Kreismitte (Tanz beginnt mit Schritt rückwärts, Blick bleibt zur Kreismitte gewandt), Hände angefasst

**Schritte:** Einfache „Gehschritte" und „Vor-rück-Wiegeschritte" (d. h. mit rechtem Fuß in Richtung Kreismitte und mit dem linken Fuß gleich wieder zurück zur Ausgangsposition)

**Leichtere Variante:** Der Liedvers wird als einfaches Lied gesungen (nicht als Kanon) und entsprechend des Vorschlags wird getanzt. Die Hände bleiben angefasst.

**Anspruchsvollere Variante:**
- Das Lied wird als Kanon gesungen, die Tanzschritte der einzelnen Kanongruppen sind zeitversetzt.
- Auch bei dieser Variante stehen alle Tänzer zunächst in einem engen Kreis, allerdings dieses Mal ohne die Fassung der Hände. Nun werden die Tänzer und Tänzerinnen zunächst in drei Gruppen eingeteilt. Wie in der Sportstunde wird durchgezählt:1, 2, 3, 1, 2, 3, usw.
- Gruppe 1 beginnt mit singen und gehen, während die Gruppen 2 und 3 noch weiter in der Kreismitte stehen und warten. Der Einsatz der Gruppen 2 und 3 erfolgt jeweils im Kanonrhythmus.

# Singen

# Tanzen

| Singen | Tanzen |
|---|---|
| *(Er) ist die rechte Freudensonn'* | („Er" = Auftakt), re Fuß beginnt bei „ist", 4 Gehschritte rückwärts, aus der Kreismitte heraus; die Hände bleiben angefasst, li Fuß ist belastet |
| *(Bringt) mit sich lauter Freud' und Wonn'* | („Bringt" = Auftakt), weiter mit rechts: 2 mal Wiegeschritt vor und zurück, wie oben beschrieben |
| *(Ge)lobet sei mein Gott* | („Ge" = Auftakt), 4 Gehschritte in die Kreismitte, mit re Fuß beginnen, dabei Hände und Arme zum „Lobpreis" nach oben führen |

- Der Tanz wirkt wie ein „wandelnder, singender Stern", eine der Gruppen ist immer „lobpreisend" in der Kreismitte, während die eine Gruppe nach außen geht und die andere Gruppe die Wiegeschritte tanzt. Der Kanontanz kann sechs oder mehr Durchgänge haben.
- Der Tanz wird von der Anleiterin durch Handzeichen beendet, d. h. jede Gruppe bleibt dann auf ihrer jeweiligen Position und es erklingt der Schlussdreiklang der Melodie.
- ODER: Die Anfangsgruppe bleibt nach z. B. dem letzten Durchgang in der Kreismitte stehen und begleitet den Gesang der anderen solange mit, bis diese ebenfalls „angekommen" sind. Alle stehen dann „lobend" mit erhobenen Armen in der Kreismitte und singen: „Gelobet sei mein Gott".

### Rosestock, Holderblüt[2]
*Tanz im Sitzen, der erste Vers des Liedes wird mehrmals gesungen. Es können auch alle Verse des Liedes zu den jeweils gleichen Bewegungen auswendig gesungen werden.*

**Ausgangsposition:** Stuhlkreis; zwischen den Stühlen muss ein kleiner Abstand bleiben, damit die Arme zwischen den Stühlen schwingen können.

**Rhythmus:** 3/4 Takt

| | Singen | Tanzen/Bewegen |
|---|---|---|
| **A** | *Rosestock, Holderblüt'. wenn i mei Dirnderl sieh'* | (Hände im Kreis durchfassen) nach rechts und links „schunkeln" (nur das sind die Tanzbewegungen) |
| **B** | *lacht mir vor lauter Freud' S'Herzel im Leib* | (Die Hände bleiben angefasst), mit den Armen vor- und zurückschwingen |
| **C** | *Lalala – lalala* | (Arme nach oben gestreckt), abwechselnd mit dem rechten und dem linken Arm winken, einander grüßen |
| **D** | *Lalala – lalala* | 6-mal in die (eigenen) Hände klatschen |

Wiederholung: wie C und D

## In dir ist Freude

**Tanzlied:** Weltlich 1591 Giovanni Giacomo Gastoldi, geistlich 1598 Erfurt

**Musikbegleitung:** Es gibt verschiedene Möglichkeiten, dieses Lied musikalisch zu begleiten: durch eigenes Singen, durch Klavierbegleitung (Klaviersatz zu EG 398) oder durch das Abspielen einer CD.

**Schritte:** Pilgerschritt (siehe Beschreibung im Text), einfache Gehschritte, Wiegeschritt

**Aufstellung:** Im Kreis durchgefasst, Tanz beginnt mit re Fuß nach re in Tanzrichtung

---

[2] *Text und Noten von „Rosenstock, Holderblüt" finden sich in vielen verschiedenen Liederbüchern mit Volksliedersammlungen, u. a. in „Deutsche Weisen", und im Internet, z. B. unter www.notendownload.com oder www.chorsaetze.hobby-site.com.*

| **Text** | **Schritte** |
|---|---|
| 1. SCHRITT *In dir ist Freude,* <br> *in allem Leide,* <br> 2. SCHRITT *o du süßer Jesu Christ!* <br> 3. SCHRITT *Durch dich wir haben* <br> *himmlische Gaben,* <br> 4. SCHRITT *du der wahre Heiland bist;* | 4 Pilgerschritte <br> (1 Pilgerschritt: re Fuß vor in Tanzrichtung, li Fuß vor in Tanzrichtung, re Fuß vor in Tanzrichtung, auf li Fuß zurück „wiegen"; danach geht's gleich weiter von vorn mit re Fuß ...) |
| *hilfest von Schanden,* <br> *rettest von Banden.* | 4 Schritte zur Kreismitte, dabei beide Arme und Hände schwungvoll von unten zur Kreismitte hin führen, bis ca. Brusthöhe; <br> Erklärung: Wir wollen Kraft und Freude schöpfen, die von Jesus kommt. |
| *Wer dir vertrauet,* <br> *hat wohlgebauet,* | 1 Wiegeschritt langsam nach rechts und links, dabei Hände zu einer Schale formen und mit „wiegen"; <br> Erklärung: Wir halten die Freude wie einen kostbaren Schatz in unserer „Handschale". |
| *wird ewig bleiben,* <br> *Halleluja* | 4 Schritte rückwärts aus der Kreismitte, dabei Arme senken |
| *Zu deiner Güte* <br> *steht unser G'müte,* | Wiederholung: 4 Schritte zur Kreismitte mit erneuter „Schöpf"bewegung der Arme und Hände |
| *an dir wir kleben* <br> *im Tod und Leben;* | 1 Wiegeschritt langsam nach re und li, die Kostbarkeit in der „Handschale" dankbar „mitwiegen" |
| *nichts kann uns scheiden.* <br> *Halleluja.* | 4 Schritte rückwärts aus Kreismitte, dabei Arme senken |

Von vorne beginnen mit Vers 2, Tanz endet gemeinsam stehend am Ausgangsplatz

**Das Lied „In dir ist Freude" findet sich unter anderem auf folgender CD:**
Klingendes Gesangbuch, Ausgabe 4: Glaube und Zuversicht. Begleitsätze zum Mitsingen. Arrangement: Orgel Solo, von Bernd Dietrich, Medienservice B & A. Dietrich, Juni 2006

## Autorin

Vera Kern, geboren 1951, ist Pfarrfrau, Organistin und Chorleiterin. Sie ist ehrenamtlich tätig in der Senioren- und Frauenarbeit der Evangelischen Kirchengemeinde Oberjettingen und im Kirchenbezirk Herrenberg. Als Mitglied des Bundesverbandes Seniorentanz leitet sie drei Seniorentanzgruppen und einen Ökumenischen Tanznachmittag.

# 20. Exkurs: Gedächtnistraining

Körperliche Gesundheit und geistige Fitness sind wichtige Grundlagen für ein möglichst langes selbstständiges und selbstbestimmtes Leben im Alter. Es ist allgemein bekannt: Muskeln bauen relativ rasch ab, wenn sie nicht mehr bewegt werden. Aber auch das Gehirn will ständig gefordert werden, um seine Leistungsfähigkeit zu erhalten. Das Gute: Neue medizinische Erkenntnisse bestätigen, dass sowohl die Muskel- und Ausdauerleistung wie auch die Gehirnfunktionen bis ins hohe Alter trainiert und verbessert werden können. Es ist also nie zu spät, etwas für seinen Körper und seinen Geist zu tun.

Je komplexer die Anforderungen im Alltag sind, desto mehr ist unser Gehirn in vielfältiger Beziehung gefordert. Das heißt im Umkehrschluss: Wenn Bereiche des alltäglichen Lebens reduziert oder aufgegeben werden, hat auch der Geist weniger Anregung und baut ab. Dies geschieht im Laufe des Älterwerdens auf vielfältige Weise. Praktische Beispiele für diese Entwicklung: Eine einstmals passionierte Hobby-Bäckerin macht nur noch ganz selten Kuchen; eine viele Jahre gepflegte Brieffreundschaft kommt zum Ende – und nun gibt es kaum noch etwas zum Schreiben (auch die Fertigkeit des Schreibens kann sukzessive verloren gehen!); die Abgabe des Führerscheins bedeutet, dass die äußerst anspruchsvolle Fähigkeit, sich im Verkehr zurechtzufinden und aufmerksam zu sein, nicht mehr benötigt wird usw. Dabei läuft dieser Reduktions-Prozess bei verschiedenen Menschen in ganz unterschiedlicher Geschwindigkeit und in ganz verschiedenen Lebensjahren ab.

Viele Menschen haben heute genauso Angst vor einer demenziellen Erkrankung wie vor dem Verfall ihrer körperlichen Kräfte. Gruppen und Kurse zum Trainieren des Gedächtnisses sind deshalb seit vielen Jahren beliebt. Unterschiedliche Organisationen treten dabei als Veranstalter auf. Auch in Kirchengemeinden werden oft Gruppen oder Kurse zum Gedächtnistraining angeboten. Ein Ziel ist es, geistig beweglich zu bleiben und die Gedächtnisfunktionen zu erhalten und zu fördern. Fast genauso wichtig ist aber auch, anderen zu begegnen und eine unterhaltsame Stunde in Gemeinschaft zu verbringen. Denn neben geistigen und körperlichen Funktionen verkümmern in den Jahren des Ruhestandes oftmals auch die sozialen Kompetenzen. Gedächtnistraining sollte dabei fröhlich sein – denn mit Spaß trainiert es sich besser und erfolgreicher.

Die Gerontologin Dr. med. Franziska Stengel veröffentlichte bereits in den 1970er Jahren Materialien fürs Gedächtnistraining. Die von ihr entwickelte Methode fördert auf spielerische Weise Merkfähigkeit, Konzentration, logisches Denken und das Erkennen von Zusammenhängen. Positiver Nebeneffekt: auch das Selbstvertrauen, die Stimmung und das Interesse an der Umwelt wird gefördert. Wer neugierig bleibt und an den Geschehnissen der Welt Anteil nimmt, lebt glücklicher und aktiver. Neben der Stengel-Methode gibt es auch andere Ansätze und Konzepte zur Förderung der Hirnleistung. Verschiedene Institute und Organisationen bieten Kurse zur Aus- und Weiterbildung von Gedächtnistrainern an.

## Buchtipps
Elisabeth Tanklage, Gedächtnistraining für Seniorengruppen. 24 unterhaltsame Stundenfolgen für Gruppenleitungen, Beltz Verlag, 2001

Gisela Schmidt, Gedächtnistraining für Senioren: Methoden und Spiel, Don Bosco Verlag, 2008

Susanne Fetzer, fragen, raten, entdecken, 11x7 biblische Rätsel, aus der Reihe „sechzig-siebzig-lustig", Neukirchener Verlagsgesellschaft, 2008

Verschiedene Bücher von Franziska Stengel

## Internet
www.gedaechtnistraining-nach-stengel.de
www.bv-gedaechtnistraining.de (Bundesverband Gedächtnistraining e. V.)
www.gfg-online-de (Gesellschaft für Gehirntraining)

# 21. GRIPS-Gruppen

Bei Gedächtnistrainings-Konzepten, die auf wissenschaftlichen Grundlagen basieren, ist das Wort „Training" wörtlich zu nehmen. Hierzu gehört auch das von Professor Dr. Wolf D. Oswald an der Universität Erlangen-Nürnberg entwickelte SimA-Programm. Ziel ist es, die eigene Selbstständigkeit im Alter möglichst lange zu erhalten und eventuelle demenzielle Veränderungen zu verzögern. Die SimA-Kurse kombinieren Gedächtnistraining mit Übungen zur Psychomotorik (z. B. Koordinationsschulung, feinmotorische Übungen etc.) und Kompetenz (z. B. Entwicklung von Strategien für den Umgang mit Veränderungen im Alter). Die Gruppenleiter müssen eine entsprechende Ausbildung vorweisen und werden zertifiziert. Die maximale Gruppengröße liegt bei zwölf Personen.

In einem von der Stadt Kassel initiierten und mit Mitteln der EU geförderten Projekt wurden 2008 engagierte Bürgerinnen und Bürger in dieser Methode ausgebildet, um an verschiedenen Standorten im Stadtgebiet nach der SimA-Methode sogenannte „GRIPS-Gruppen" aufzubauen. Sehr positive Erfahrungen hat die evangelische Lukasgemeinde in Kassel mit ihrer GRIPS-Gruppe gemacht, wo die kostenlosen Kurse alle zwei Wochen stattfinden. Die Teilnehmer erhalten einen Übungsordner, der bei jedem Treffen mit weiteren Kopien ergänzt wird. Eine kleine Kaffeepause während der Gruppenstunde bietet eine gute Möglichkeit, mit den anderen Teilnehmern weiter in Kontakt zu kommen.

## Kontakte

GRIPS-Gruppen in Kassel:
Für die Umsetzung mit ehrenamtlich Tätigen auf Stadtteilebene:
Stadt Kassel, Referat für Altenarbeit , E-Mail: angelika.trilling@stadt-kassel.de

Evangelischer Stadtkirchenkreis, Seniorenreferat, Mario Wiegel,
E-Mail: seniorenreferat.ekik@ekkw.de

Für die Lukasgemeinde in Kassel: Evangelische Lukaskirche, Leuschnerstr. 40, 34134 Kassel, Tel.: 0561 401456 oder 0561 44356, www.lukaskirche-kassel.de

## Internet

www.sima-akademie.de (über das SimA-Training sind dort auch verschiedene Veröffentlichungen erhältlich)

# 22. Praxismaterial: Gedächtnistraining

In vielen Bereichen der Seniorenarbeit lassen sich kurze Einheiten zur geistigen Aktivierung einbauen. Kleine humorvolle Aufgaben zum Nachdenken und Rätseln machen fast allen Menschen Spaß und können bei den unterschiedlichsten Gelegenheiten eingesetzt werden: in der Gedächtnistrainingsgruppe, als kleine Einheit zum geistigen Fitbleiben im Seniorenkreis oder bei einer Freizeit, als Unterhaltung bei einem privaten oder gemeindlichen Fest.

Teilen Sie zu den folgenden Zeichnungen auch jeweils Stifte und Zettel für die Antworten aus.

## Wimmelbild „Gartenidylle"

In diesem Garten gibt es 26 Obst- und Gemüsesorten. Welche sind es? (Auflösung auf Seite 130)

## Collage

„Ein überaus aktives Paar" – Welche Tätigkeiten können diese beiden Personen alle ausüben? (Auflösung auf Seite 130)

Zeichnungen: Annette Härdter

## Auflösungen der Suchbilder

### Wimmelbild
Auf dem Baum: Kirschen, Äpfel, Birnen, Nuss (in der Pfote des Eichhörnchens)
Auf dem Tisch: Kartoffeln, Bohnen, Radieschen, Zwiebeln, Orange (an Glas und auf Flasche), Trauben und Ananas (als Tischdeckenbeschwerer), Johannisbeeren (im Schnabel des Vogels), Erdbeeren (auf dem Boden)
Linke untere Ecke: Kürbisse, Zucchini, Fenchel, Lauch
Linke obere Ecke: Kohlrabi, Karotte (in Pfote von Hase), Tomaten, Bohnen, Auberginen, Rosenkohl, Blumenkohl, Kopfsalat
Auf dem Rand des Sandkastens: Bananenschale

### Collage
Die Frau ist in 13 Bereichen aktiv: sie trocknet ihre Haare mit Lockenwickler – sie hört über Kopfhörer – sie singt – sie hat ein Buch zum Lesen dabei – sie spielt Blockflöte – sie bügelt – sie strickt einen Pulli (den sie im halbfertigen Zustand anhat) – sie schneidert (Schneiderschere) – sie spielt Golf – sie lässt einen Drachen steigen – sie wandert (Wanderhose) – sie fährt Inliner – sie tanzt (Ballettschuhe). Der aktive Mann macht 13 verschiedene Dinge: er geht auf ein Fest (Zylinder) – er raucht Pfeife – er fotografiert – er malt – er schreibt – er arbeitet am PC (hat eine Computermaus in der Hand) – er spielt Tennis – er sägt – er geht schwimmen (Bermudahose) – er ist Bogenschütze – er spielt Fußball – er geht wandern (Wanderschuhe) – er kocht (hat eine Kochjacke an).

# Gemeinschaft und Geselligkeit

## 23. Kreis aktiver Senioren
von Christoph Alber

An und für sich ist die Erkenntnis, dass das Leben ein Balanceakt zwischen mir und dir ist, nicht neu und nicht nur auf das Alter gemünzt. Zum persönlichen Reifen gehört das Zurechtkommen mit sich und die Zuordnung zu meinen Mitmenschen. Keiner fängt bei Null an, erst recht nicht in gehobenem Alter. An

> *„Nach dem Tod meines Partners habe ich nach jedem Strohhalm gegriffen: Ich bin überall hingegangen, nur um nicht alleine zu sein."*
> *Maria Ockert, 70, Unterjettingen*

Jahren gereifte Erwachsene bringen Erfahrungen mit, die sich auf das künftige Tun und Lassen auswirken. Der Weg, der im Hinblick auf eine ältere, aktive Generation beschritten werden muss, ist ein Weg, der dem Einzelnen nachgeht und ihm Freiräume zur Gestaltung zugesteht. Aktive Seniorenkreise sind nicht nur deshalb aktiv, weil sie sich viel bewegen, sondern weil sie die Herausforderungen des Alters für sich, mit anderen und für andere annehmen und gestalten. Während Ortsseniorenräte über Strategien für die älter werdende Gesellschaft nachdenken und sich politisch einbringen, gestalten die aktiven Senioren das Miteinander praktisch. Dabei kann die Bandbreite der Initiativen z. B. von Handwerkerdiensten über Kulturausfahrten bis zu Denkzirkeln gehen, um nur ein paar wenige zu nennen.

In meiner eigenen Gemeinde in Uhingen im Kirchenbezirk Göppingen sieht das ganz praktisch folgendermaßen aus: Angefangen mit der 60plus-Generation hat sich der zunächst zögerliche Start der Gruppe „Aufbruch – aktive Senioren" zu einem vielschichtigen Angebot entwickelt. Mittlerweile trifft sich die Gruppe, die sich je nach Angebot unterschiedlich zusammensetzt, zu Wander- oder Radfahrangeboten, zu Erlebnisnachmittagen, zu diversen Mehrtagesausfahrten und zu einer monatlichen Frühstücksveranstaltung. Darüber hinaus sind Freundschaften entstanden, die sich zu weiteren Initiativen treffen (Walkinggruppe, „Sonntagstreff" und Singbegeisterte). Ein Leitungsteam aus der Gruppe hat die Weiterentwicklung im Blick. Das Team sorgt dafür, dass die Programmpunkte nicht nur der Unterhaltung dienen, sondern zur allgemeinen Bildung beitragen. Die Angebote werden auf vielen Schultern getragen. So übernehmen einzelne Senioren die aktive Programmgestaltung. Als Gemeindediakon übernehme ich die Begleitung der Mitarbeiter und Mitarbeiterinnen und die inhaltliche Vorausplanung. Im Unterschied zu einem betagten Seniorenkreis wird darauf geachtet, dass die Angebote keine „Versorgungsangebote" sind, sondern zur aktiven Teilhabe herausfordern. Zugegeben, die Leitung solcher Kreise ist nicht nur leicht. Manches Mal sind Managerkompetenzen gefordert. Bei der Themensuche sind prophetische Gedanken notwendig und die Sensibilität zu erspüren, „was dran ist". Für komplexe Themen und Unbequemes werden die richtigen Referenten und Referentinnen gesucht (z. B. Umgang mit Abschied – Meine Bequemlichkeit und Zeitgestaltung – Meine und deine Grenzen – Das eigene Altwerden bedenken – Hospizarbeit –

Schmerztherapie – Flüchtlinge des 21. Jahrhunderts – Medien im Wandel – Sexualität und Alter ...). Zwischenmenschliche Unzulänglichkeiten fordern zum richtigen Wort zur rechten Zeit heraus. Dabei will der Austausch über die biblischen Perspektiven und den christlichen Lebenshorizont ebenfalls seinen Platz in der Gruppe finden.

Zentrum der aktiven Seniorenarbeit in Uhingen ist das schon erwähnte Frühstück. Neben der Mahlzeit, die von Austausch und Genuss geprägt ist, gehört die Andacht und die Auseinandersetzung mit einem Thema zu der zweistündigen Veranstaltung. Dazu werden kompetente Fachleute aus Medizin, Kommunalpolitik, Wissenschaft, Volkswirtschaft etc. als Referenten eingeladen. Sie stellen ihr Thema vor und beziehen die Gruppe ins Gespräch ein. Komplizierte Zusammenhänge werden hinterfragt und möglicherweise auf gesellschaftliche Entwicklungen hin beleuchtet. Gelungen ist der Vormittag, wenn die Senioren „Neues" für sich entdecken. Die „aktiven Senioren" gibt es seit mehr als zehn Jahren. Die Gruppe ist zusammen gewachsen und miteinander gealtert. Die nachfolgenden Jahrgänge der jungen Senioren haben nicht automatisch zur Gruppe gefunden, sodass eine Neuinitiative notwendig war und eine neue Gruppe aktiver Senioren entstanden ist.

Die beschriebenen Beispiele zeigen: Die Entwicklung eines aktiven Seniorenkreises setzt Einsatz und Fantasie voraus, die über vertraute Grenzen hinausdenkt. Dafür entwickelt sich Lebensqualität, die den Einzelnen und andere bereichert.

## Autor
Christoph Alber, 45, verheiratet zwei Kinder, Diakon in Uhingen

# 24. Seniorenmittagstisch

Regelmäßiges Essen in Gesellschaft ist besonders für ältere, alleinlebende Menschen wichtig: Mit anderen zusammen schmeckt es gleich doppelt so gut! Wer allein lebt, steht außerdem in der Gefahr, die gesunde Ernährung zu vernachlässigen. Vielen älteren Menschen ist es auf Dauer zu mühsam, für eine einzige Person regelmäßig und ausgewogen zu kochen. Aber auch älteren Ehepaaren tut es gut, aus den eigenen vier Wänden herauszukommen und mit anderen zusammen zu sein. Der Mittagstisch für Senioren erfüllt somit zum einen eine wichtige soziale Funktion und kann andererseits zur besseren Ernährung beitragen.

Etliche Kirchengemeinden laden Senioren deshalb regelmäßig zum Mittagessen ein. Entscheidend für die genaue Ausrichtung dieses Angebotes ist die Frage:

Welches Ziel verfolgen wir und wen wollen wir erreichen? Hier gibt es zwei unterschiedliche Ansätze: zum einen den Mittagstisch zur grundlegenden und regelmäßigen Versorgung von Älteren, die nicht mehr oder nur noch mit Einschränkungen für sich selbst kochen können. Dieses Angebot sollte es dann möglichst täglich von Montag bis Freitag geben. Zusätzlich kann ein Mittagstisch eingerichtet werden, der sich primär versteht als wöchentlicher oder monatlicher Treffpunkt in fröhlicher und gemütlicher Runde. Wer einen Seniorenmittagstisch beginnen will, sollte deshalb zuallererst abklären, welche Bedürfnisse und Möglichkeiten in seiner eigenen Gemeinde vorhanden sind.

Kooperationen mit der Diakonie-Sozialstation, Essen auf Rädern, Pflegeheimen, anderen Kirchengemeinden, Catering-Unternehmen, der örtlichen Gastronomie oder anderen Organisationen bieten sich an. Man kann, aber man muss nicht selbst kochen! Bei Mittagstischen, bei denen der Versorgungscharakter im Vordergrund steht, ist ein Fahrdienst unabdingbar.

In der Regel werden die Seniorenmittagstische von ehrenamtlichen Mitarbeitern betreut. Viele von ihnen gehören selbst zu den Senioren. Ihr Engagement steht unter dem Motto „Senioren für Senioren". Die Preise für das Essen variieren zwischen etwa zwei Euro fünfzig und sieben Euro. Manchmal gibt es noch einen Kaffee zum Abschluss. Bei der Preisgestaltung sollte man die finanziellen Möglichkeiten der Senioren in der konkreten Gemeinde in den Blick nehmen. Auch wenn Senioren in Deutschland heute zum großen Teil in relativem Wohlstand leben, gibt es auch viele ältere Menschen, die sich kein teures Essen leisten können. Dies ist besonders dann zu bedenken, wenn der Mittagstisch zur Grundversorgung der Älteren dient und fünfmal in der Woche angeboten wird. Fünf Euro für ein Mittagessen können dann für manchen schon zu viel sein.

In manchen Orten bekommen Jubilare zu ihrem 70. Geburtstag von ihrer Kirchengemeinde einen Essensgutschein für den Seniorenmittagstisch geschenkt. Dies ist eine gute Idee, um sowohl das Angebot bekannt zu machen als auch die Möglichkeit für jedermann, Geschenkgutscheine für den Mittagstisch zu erwerben.

## Kontakt
„Essen und mehr", Mittagstisch für alle in Balingen:
Pfarrerin Kristina Reichle, Pfarramt II an der Stadtkirche,
Hermann-Rommel-Straße 48, 72336 Balingen, Tel.: 07433 21567,
E-Mail: pfarramt2bl@online.de

# 25. Spielkreis

Spielkreise sind ein niederschwelliges Angebot. Oftmals ist bei diesen Gruppen die Verbindung zur Kirche vor allem dadurch gegeben, dass sie in kirchlichen Räumen stattfinden. Umso wichtiger ist es deshalb für Pfarrer und kirchliche Mitarbeiter, den Kontakt zu solchen Gruppen zu suchen und zu halten, ab und zu mal vorbeizuschauen, sich die Namen der Gruppenmitglieder zu merken und sie wahrzunehmen.

Im Gemeindehaus der Evangelisch-Lutherischen Kirchengemeinde Bielefeld-Brake treffen sich alle vierzehn Tage jeweils mittwochs um 15.00 Uhr etwa 15 bis 20 Senioren im Alter von 68 bis über 90 Jahren. Begonnen wird in dieser Gruppe mit einer kleinen Kaffee- und Teerunde, zu der die Teilnehmer abwechselnd Kuchen mitbringen. Diese Austauschrunde wird rege zum Erzählen genutzt. Nach dem Vorlesen einer Andacht bilden sich an verschiedenen Tischen Gruppen zum Spielen: Rommé, Canasta, Elfer raus, Phase 10, Skip-Bo, Kniffel, Triomino, Rummikub und andere. Es wird zwar nicht um Geld gespielt, aber doch mit dem Ehrgeiz zu gewinnen. Viele alleinstehende Frauen und drei Männer gehören zu diesem Kreis. Sie freuen sich vor allem über einen anregenden Zeitvertreib in netter Gemeinschaft. Aber auch der Spaß am Spielen ist wichtig.

In dieser Gruppe wird außerdem die Verteilschrift „Seniorengruß" von der Evangelischen Volks- und Schriftenmission Lemgo-Lieme verteilt.

## Kontakt
Horst Schur, Bielefeld, Tel.: 0521 761021

*„Bisher habe ich mir eingebildet, auch im Alter ganz gut allein zurechtzukommen. Aber ich merke heute, dass das Eingebundensein in verschiedenen Gruppen wichtig ist. Das Wichtigste aber ist, noch einen Partner zu haben." Adolf Ast, 79, Meßstetten*

# 26. Offene Cafés

„Baut mehr Cafédralen!" – so fordert die „Arbeitsgemeinschaft missionarische Dienste" etwas provokant auf ihrer Homepage. Christliche Cafés sind im Kommen. Sie bieten eine gute Möglichkeit, andere Menschen kennenzulernen und in einer ungezwungenen Atmosphäre Kontakte zu knüpfen. Cafés sind Orte für eine kleine Auszeit zwischendurch, um Beziehungen zu pflegen oder Gespräche zu führen.

Auch in der Seniorenarbeit gibt es ganz unterschiedliche Angebote für offene Cafés: Stadtteilfrühstück, Nachmittagscafé, Sonntagstreff. Je nach Möglichkeit sind die Cafés täglich geöffnet, an einzelnen Wochentagen oder nur einmal im Monat. Die Cafés erfüllen eine wichtige soziale Funktion und sind oftmals für alle Altersgruppen offen.

In der evangelischen Kirchengemeinde von Hochstraß, einem Stadtteil von Moers, verwandelt sich das Gemeindehaus an jedem ersten Montag im Monat in ein Frühstückscafé. Es öffnet seine Türen für alle Altersgruppen, doch in der Regel sind die Gäste im Alter von 65plus. In dem festen Team von mehreren ehrenamtlichen Mitarbeiterinnen sind die Aufgaben klar verteilt: Einkaufen, Tischdecken, Dekorieren – jede der Frauen kennt ihre Aufgaben und arbeitet selbstständig. Ein schönes Ambiente ist dem Frühstücksteam wichtig: Die Tische werden liebevoll gedeckt. Tischdecken, Blumenschmuck und Kerzen gehören jedes Mal dazu. Auf den Tischen liegen kleine, laminierte Speisekarten. Darauf steht, was es alles gibt. Mitarbeiterinnen gehen zu den Tischen und nehmen die Bestellung auf. Die Brötchen mit Wurst oder Käse, Marmelade, Quark oder Honig werden daraufhin in der Küche fertig gemacht und an die Tische gebracht. Kaffee, Tee, Orangensaft oder Wasser stehen zum Trinken bereit. Gegen 10.30 Uhr gibt es eine zweite Frühstücksrunde mit Kuchen. Der fürsorgliche Service ist dem Team wichtig und die Gäste freuen sich, wenn sie verwöhnt werden. Dazu gehört auch, dass sich die Mitarbeiterinnen für die Gäste Zeit nehmen, sie persönlich ansprechen und ein offenes Ohr für sie haben. Auf ein ergänzendes Programm wird bei diesem niederschwelligen Angebot bewusst verzichtet.

Das Frühstückscafé ist von 9.00 bis 12.00 Uhr geöffnet. Man kann kommen und gehen, wann man will – die meisten Besucher jedoch sind die ganze Zeit dabei. Das gesamte Frühstück inklusive Getränken und Kuchenrunde kostet drei Euro fünfzig.

## Kontakt

Frühstückscafé in Moers-Hochstraß:
Angelika Gutsche, Eichenstr. 209, 47443 Moers

## Internet

Umfangreiche Hinweise, Literaturtipps und Downloads zum Thema „christliche Cafés" finden sich auf der Homepage der Arbeitsgemeinschaft missionarische Dienste: www.a-m-d.de.

# 27. Männerangebote

Männer und Kirche – das ist kein einfaches Thema. Männer im Seniorenalter und Kirche – dieses Thema muss überhaupt erst noch richtig entdeckt werden!

An manchen Orten laden die Männer der Gemeinde zum Männerforum oder zur Männervesper ein. Diese offenen Angebote kann man als Gegenstück zu den Frauenfrühstückstreffen bezeichnen: Zwei bis vier Mal im Jahr treffen sich Männer zu einem bestimmten Thema, das von einem Referenten ausgeführt wird. Zeitpunkt ist oft der späte Freitag- oder Samstagnachmittag, das Treffen ist mit einem Abendessen verbunden. Solche Angebote sind für alle Generationen offen.

Sucht man im Bereich der Kirchengemeinden nach speziellen Senioren-männergruppen, tut man sich schwer. Dabei werden die traditionellen Seniorenkreise von Männern eher weniger besucht. Es stellt sich die Frage: Was tut die Kirche für Männer im Seniorenalter?

In der kleinen Gemeinde Gottsbüren in Nordhessen gibt es seit einigen Jahren den „Dämmerschoppen" – eine Gruppe für „angehende und erfahrene männliche Ruheständler". Das Alter der Besucher erstreckt sich von Ende 50 bis über 80. Am Anfang waren die Bedenken groß: Werden Männer den Weg in den Gemeindesaal im Pfarrhaus finden? Dorthin waren sonst vor allem Frauen unterwegs. Schon schnell nach dem Start der Gruppe war klar: Die Männer finden den Weg. Rund 35 Männer werden inzwischen von dem Angebot erreicht – und das in einer Gemeinde mit etwa 850 Mitgliedern.

Von Anfang an stand fest, dass sich das Konzept von den Veranstaltungen der Vereine abheben soll. Ein Thema gehört deshalb genauso zu dem Treffen wie eine geistliche Besinnung und die körperliche Stärkung durch das Abendessen. Gerne wird in der Gruppe auch gesungen. Einmal im Monat kommen die Senioren zu-sammen; um 17.00 Uhr wird begonnen, rund zwei Stunden dauert das Treffen. Die Senioren freuen sich auf diesen Abend und kommen gerne. Inzwischen hat sich der „Dämmerschoppen" zur stärksten Gemeindegruppe entwickelt!

Die Hemmschwelle, auch einmal in den Gottesdienst zu kommen, ist für viele seither niedriger geworden. Und wenn irgendwo praktische Hilfe benötigt wird, dann kann man mit den Senioren rechnen, etwa bei der Vorbereitung des Gemeindefestes.

*„Männerprogramme sind wichtig. Männer haben andere Themen und das Gespräch unter Männern verläuft anders."*
*Erwin Kraußer, 66, Regensburg*

Der Kreis wird von Gemeindepfarrer Jürgen Schiller gemeinsam mit zwei ehrenamtlichen Mitarbeitern geleitet. Wer eine ähnliche Gruppe ins Leben rufen will, dem empfiehlt der Geistliche vor allem, frühzeitig geeignete Multiplikatoren vor Ort in die Planung einzubeziehen.

## Kontakt
Pfarramt Gottsbüren, Am Kirchhof 1, 34388 Trendelburg, Tel.: 05675 725067

# 28. Geburtstagsnachfeiern

Eine gute Möglichkeit, Senioren regelmäßig anzusprechen, sind Geburtstagsnachfeiern: Alle zwei bis vier Monate werden dazu diejenigen Geburtstagskinder ab 70 Jahre eingeladen, die in den vergangenen Monaten Geburtstag hatten.

In der 400 Mitglieder großen Kirchengemeinde Obermeiser in Nordhessen finden seit einigen Jahren solche Geburtstagsnachfeiern statt. Anlass für den Beginn dieser Arbeit war der Wunsch des Besuchsdienstes, allen Seniorengeburtstagskindern eine persönliche Begegnung mit der Gemeindepfarrerin zu ermöglichen – denn sie kann im Rahmen ihres Dienstauftrages nur bei den Jubilaren mit runden Geburtstagen zu Hause vorbeischauen.

Drei bis vier Mal im Jahr wird nun zum Geburtstagscafé eingeladen. Rund 25 persönliche Einladungen werden jeweils verschickt, etwa 15 Jubilare kommen. Gerne dürfen die Senioren eine Begleitperson mitbringen – sei es der Partner oder eine andere Person der eigenen Wahl. Die nachmittäglichen Geburtstagsfeiern im Gemeindehaus dauern etwa zwei Stunden. Ein Team von sieben Mitarbeiterinnen gestaltet zusammen mit der Pfarrerin die Treffen. Kuchen und Torten werden selber gebacken, der Tisch wird bewusst festlich und zum Thema passend gedeckt und ein Programm vorbereitet.

Die Geburtstagskinder werden zu Beginn begrüßt und beim anschließenden Kaffeetrinken entstehen rege Gespräche. Jeder Nachmittag steht unter einem eigenen Thema, z. B. „Sonne des Lebens", „Licht auf unserem Lebensweg", „Baum – Sinnbild für unser Leben", „Mein Weg". Dazu passend gibt es Gedichte, Lieder, Spiele oder Diaimpressionen. Eine Erzählrunde zum Thema gehört immer dazu. Im Einladungsschreiben wird bereits darauf hingewiesen und manchmal bekommen die Senioren die Aufgabe, für das Gespräch einen Gegenstand (etwa ein Urlaubsbild oder ein Foto aus der Vergangenheit) von zu Hause mitzubringen. So können sich die Gäste schon vorab Gedanken machen, was sie erzählen möchten.

Zu dieser Form von Seniorenveranstaltung kommen auch Männer. Das Vorbereitungsteam hat sich deshalb entschlossen, auf frauentypische Elemente, wie etwa Sitztänze, zu verzichten. Oft bekommen die Besucher am Ende ein kleines Mitbringsel, das zum Thema passt, zur Erinnerung an das Geburtstagscafé geschenkt, eine Blume etwa oder einen schön gestalteten und ausgedruckten Reisesegen.

Auf besonderen Wunsch der Gäste wird am Ende des Nachmittags ein Körbchen aufgestellt – wer möchte, kann einen kleinen Geldbetrag einwerfen. Da die Kuchen gespendet werden, trägt sich das Angebot des Geburtstagscafés auf diese Weise selbst.

## Kontakt
Evangelisches Pfarramt Westuffeln, Kirchplatz 1, 34379 Calden,
E-Mail: pfarramt.westuffeln@ekkw.de

*„Ich fühle mich an manchen Tagen nicht so alt, wie ich bin. An anderen Tagen fühle ich mich uralt."* Martina Gaudig, 66, Jena

# 29. Exkurs: Traditioneller Seniorenkreis

Der „Seniorennachmittag" ist der Klassiker der Seniorenarbeit. In vielen Kirchengemeinden hat er sich seit Jahrzehnten bewährt. Und der Seniorennachmittag ist keineswegs ein Auslaufmodell – auch wenn viele Mitarbeiter darüber klagen, dass die Besucherzahlen abnehmen. Der Seniorennachmittag wird als wichtiger Bestandteil der gemeindlichen Seniorenarbeit auch in Zukunft gebraucht. Nur: War der Seniorennachmittag früher oftmals das einzige kirchliche Angebot für Senioren, so wird er zukünftig immer mehr zu einem Angebot unter vielen anderen werden.

Seniorennachmittage haben Tradition. Was also hat dieses Thema in einem „Handbuch für die neue Seniorenarbeit" zu suchen?

Sehr viel: Es ist eine besondere Herausforderung, den klassischen Seniorennachmittag an die Erfordernisse unserer heutigen Zeit anzupassen.

„Mitmachen", „beteiligen", „aktiv sein" – das sind wichtige Stichpunkte in der heutigen Seniorenarbeit. Aber sie gelten nicht nur für die jungen, aktiven Senioren. Im Rahmen des Möglichen mitzumachen und sich zu beteiligen ist ein wichtiges Ziel für alle Bereiche der Seniorenarbeit – auch für den Seniorennachmittag, der oft jahrzehntelang eher vom Bedientwerden, Zuhören und Stillsitzen geprägt war.

> *„Seit zwei Jahren gibt es in unserer Gemeinde einen Seniorenkreis. Bis jetzt bin ich allerdings lieber noch mit-tätig, statt mich bedienen zu lassen."* Maria Kautt, 74, Immenhausen

Eine weitere Herausforderung für die heutigen Seniorennachmittage ist die Förderung der Gemeinschaft unter den Besuchern. Auch dieses Ziel haben viele Seniorennachmittage in den vergangenen Jahrzehnten nicht besonders deutlich im Blick gehabt: Man war primär bestrebt, den Gästen zwei oder drei unterhaltsame Stunden zu bescheren. Ob die Senioren dabei auch miteinander in Kontakt kamen, blieb mancherorts dem Zufall überlassen.

Machen Sie einmal einen kleinen Test: In manchen Gemeinden gibt es ja seit Jahren die gleiche Sitzordnung. Fragen Sie – möglichst unauffällig natürlich – die Frau am Tisch hinten links wie die Dame am Tisch vorne rechts heißt. Obwohl beide Frauen seit zehn Jahren in den Kreis kommen, könnte der Namenstest überraschend negativ ausfallen!

Übrigens: Tatsächlich ist der Seniorennachmittag ein Angebot, das vor allem Frauen gerne annehmen. An einem von mir beliebig ausgewählten Seniorennachmittag betrug der Anteil der Frauen 79 %, der der Männer 21%. Natürlich sind diese Zahlen zufällig – und doch sind sie symptomatisch: Denn sie lassen sich nicht damit erklären, dass der Anteil der Männer in dieser Altersgruppe sowieso geringer ist. Immerhin sind von den 65- bis 85-Jährigen knapp 44 % Männer! (Stand 2006)

Zwei wichtige Ziele sollte ein Seniorennachmittag in heutiger Zeit also verfolgen:
• die Besucher im Rahmen des Möglichen beteiligen und zum Mitmachen anregen
• die Gemeinschaft unter den Besuchern fördern

Beides ist nicht von heute auf morgen zu erreichen. Es ist nötig, aufmerksam, sensibel und behutsam die Möglichkeiten aufzuspüren und in kleinen Schritten umzusetzen.

Ein paar Anregungen, wie das geschehen kann:

## Mitmachen und beteiligen
*Es geht darum, sehr viel mehr Fantasie zu entwickeln, um Menschen für bestimmte, kleine Aufgaben zu finden. Dabei ist es wichtig, nicht immer nur an diejenigen zu denken, die sowieso schon aktiv sind, sondern auch die Menschen wahrzunehmen, die Kapazitäten haben, aber sich nicht selbst melden.*

### Beispiel Kuchenbacken

Vielleicht wird in der Runde gefragt, wer für das nächste Mal einen Kuchen backen kann. Es melden sich nur die „Üblichen" (was prinzipiell natürlich auch nicht schlecht sein muss ...). Sie überlegen: Wer könnte sonst noch in Betracht kommen? Jemand, der sich nicht selbst traut, sich zu melden, der durch sonstige familiäre Aufgaben nicht schon bis an die Obergrenze belastet ist und der vielleicht sogar gern Kuchen backt. Sie fragen diejenige Frau vor oder nach dem Seniorennachmittag direkt – die Wahrscheinlichkeit ist groß, dass sie sich über die Nachfrage freut, sich ermutigt und in ihren Gaben wahrgenommen fühlt und es gerne macht. (Und wer weiß – vielleicht gibt es ja auch einen Mann, der gerne backt!)

### Beispiel Blumen

Sie haben im Garten einer Teilnehmerin ganz viele Schneeglöckchen gesehen. Sie fragen, ob die betreffende Frau nicht einige kleine Sträußchen für die Tischdekoration beim Seniorennachmittag mitbringt. Vielleicht freut sich die Frau über Ihr Interesse und meint: „Bei mir blühen auch immer die Pfingstrosen sehr schön". Dann sollten Sie im Mai unbedingt auf dieses indirekte Angebot zurückkommen. Geben Sie der betreffenden Frau aber auf keinen Fall das Gefühl, dass sie nun immer für den Blumenschmuck sorgen muss.

### Beispiel Getränke austeilen

Nach dem Kaffeetrinken werden beim Seniorennachmittag Getränke ausgeteilt. Sie können nun als Leiterteam alle bedienen, oder Sie machen das Ganze gemeinsam mit den Teilnehmern: Wer gut zu Fuß ist, kann die Getränke und Gläser mit austeilen (auch das Kaffeegeschirr kann übrigens schon im Miteinander abgeräumt werden). Nebeneffekt: Die Teilnehmer, die nebeneinander sitzen, kommen ins Gespräch, denn der eine muss ja den anderen fragen, was er trinken will. Gleichzeitig wird die Fürsorge füreinander gestärkt. Außerdem tut es denen, die mithelfen, gut zu merken, dass sie gebraucht werden. Das Ganze hilft, die Gemeinschaft untereinander zu stärken und sich besser wahrzunehmen. Und „Gemeinschaft zu erleben" ist einer der zentralsten und wichtigsten Punkte bei Angeboten der christlichen Seniorenarbeit!!

### Beispiel Programm

Durch kleine Spiele, Gedächtnistraining oder Bewegungslieder kann man die Aktivität der Besucher anregen. Dabei soll jeder im Rahmen des Möglichen mitmachen. Keiner soll sich blamieren. Alles soll vor allem Spaß machen – Senioren mögen es nicht, wenn es zugeht „wie in der Schule".

## Gemeinschaft fördern

*Stärken Sie alle Aktivitäten, die dazu geeignet sind, dass Besucher sich wahrnehmen und miteinander in Kontakt kommen.*

### Beispiel Austauschrunde

Senioren möchten sich gerne mitteilen. Viele Besucher des Seniorennachmittags sind einsam und haben daheim niemanden zum Sprechen. Immer wieder ergibt sich vom Programm her die Möglichkeit, eine Gesprächsrunde einzulegen. Manchmal sind Senioren zunächst etwas zurückhaltend, etwas in der großen Runde zu erzählen. Aber auch hier gilt: Übung macht den Meister. Wichtig ist, deutlich zu machen: Bei den Gesprächsbeiträgen gibt es kein „richtig" und kein „falsch".

### Beispiel Geburtstagsehrungen

Wer seit dem letzten Treffen Geburtstag hatte, bekommt einen Blumengruß oder eine andere Aufmerksamkeit und darf sich ein Lied wünschen. Ist ein Geburtstagskind nicht anwesend, wird gefragt, wer die Blumen vorbeibringen kann. So werden die Teilnehmer ermutigt, sich gegenseitig zu besuchen.

### Beispiel Grüße ausrichten

Zu Beginn des Programms oder nach der Kaffeepause wird gefragt, ob es Grüße oder Mitteilungen von anderen auszurichten gibt („Herr Schmidt ist ins Martin-Luther-Pflegeheim gezogen." – „Frau Becker kann in den nächsten Wochen nicht kommen. Sie ist einige Wochen bei der Familie ihrer Tochter, um dort mitzuhelfen."). Das sollte allerdings keinesfalls in eine Klatsch- und Tratschstunde ausarten. Es sollte auch nicht der Eindruck entstehen, dass die Anwesenheit kontrolliert wird. Es soll ausdrücken: Wir gehören zusammen und nehmen Anteil am Leben der anderen.

### Beispiel Grußkarte

Ist Frau Müller im Krankenhaus, dann bereiten Sie eine Karte mit Gruß- und Genesungswünschen vor, die von möglichst vielen Besuchern des Seniorennachmittages unterschrieben und von einer Teilnehmerin im Krankenhaus vorbeigebracht wird.

Vergessen Sie die ehemaligen Teilnehmer des Seniorennachmittags nicht, die inzwischen im Pflegeheim sind oder noch am Ort wohnen, aber nicht mehr kommen können. Auch diese Senioren freuen sich über eine Geburtstagskarte mit Unterschriften oder über einen Besuch. Es ist auch für die heutigen Besucher des

Seniorennachmittags wichtig zu wissen, dass sie nicht vergessen sind, wenn sie morgen nicht mehr teilnehmen können.

### Beispiel Beerdigung

Die Teilnahme an der Beerdigung eines verstorbenen Seniorennachmittagsbesuchers ist ein wichtiges Zeichen der Verbundenheit.

## Weitere Tipps

### Persönliche Anteilnahme

Der Seniorennachmittag ist erst zu Ende, wenn der letzte Besucher das Gemeindehaus verlassen hat. Die Versuchung für die Mitarbeiter ist groß, sich nach Ende des Programms auf das schmutzige Kaffeegeschirr zu stürzen und mit dem Aufräumen zu beginnen. Das ist auch verständlich. Zwei oder drei Mitarbeiter aber sollten sich die Zeit nehmen, um den Besuchern beim Anziehen zu helfen („Wo sind nur meine Handschuhe?" – „Jemand hat meine Jacke gestohlen!"), und ihnen bei Unsicherheiten beistehen („Ich hab gar keinen Regenschirm, wie komme ich jetzt nur heim?" – „Mein Mann ist noch gar nicht da mit dem Auto – es wird ihm doch nichts passiert sein?"). Gerade beim Anziehen der Jacken und Mäntel entstehen oftmals kurze persönliche Gespräche, in denen Besucher von ihrer Not erzählen („Denken Sie nur, mein Sohn will sich scheiden lassen." „Gestern vor vier Jahren ist mein Mann gestorben, das macht mir sehr zu schaffen."). Diese kurzen, persönlichen, seelsorgerlichen Zuwendungen vonseiten der Mitarbeiter sind enorm wertvoll.

### Zur Tischordnung

Bei vielen Seniorennachmittagen werden seit Jahren die Tische auf immer gleiche Weise gestellt und die Menschen setzen sich an den immer gleichen Platz. Das ist grundsätzlich nicht schlecht. Auch jüngere Menschen haben oft im Jugendkreis, im Hauskreis oder im Gottesdienst ihren Stammplatz. Es ist einfach anstrengend, jedes Mal aufs Neue überlegen zu müssen, wo man sich hinsetzen soll. Die Tischordnung sollte also wirklich nicht zu oft gewechselt werden. Allerdings steht die feste Ordnung dem Bemühen im Wege, Kontakte und das Kennenlernen der Teilnehmer untereinander zu fördern. Manchmal aber ergibt sich aus dem Programm heraus die Möglichkeit, die Tische einmal anders zu stellen. Ein Beispiel: Kinder des Kindergartens kommen zu Besuch und führen einen kleinen Tanz vor. Stehen die Tische bisher immer in Gruppen, so ist es jetzt vielleicht sinnvoll, zwei Tischreihen zu machen, damit genügend Platz dazwischen für die Tanzaufführung bleibt. Das leuchtet auch

*„Geschlossene Kreise von Gemeindegliedern, wo jeder jeden kennt und jeder seinen Stammplatz hat, bauen Barrieren auf, die für neue Besucher nur schwer zu überwinden sind. Von Anfang an sollte man deshalb Kontakte aufbauen."* Dr. Gotthard Kretzschmar, 73, Leipzig

den Seniorenteilnehmern schnell ein – und geben Sie gleich bekannt, dass das nächste Mal die Tische wieder wie gewohnt stehen werden.

## Hörschwierigkeiten nicht unterschätzen

Man kann nur ins Gespräch kommen, wenn man sich auch akustisch versteht. Bei größeren Gruppen ist das oft schwierig. Deshalb sollte in diesen Fällen unbedingt ein Mikrofon vorhanden sein. Ein tragbares, wennmöglich funkgesteuertes Mikro ist nötig, um beim Gespräch in der großen Runde mit dem Mikro an die Tische gehen zu können. Schließlich wollen sich die Teilnehmer auch bei ihren Beiträgen gegenseitig verstehen. Ein Mikrofon ist wichtig und man sollte keine finanziellen Mühen scheuen, um die Voraussetzungen für ein gutes gegenseitiges Verstehen zu schaffen. Die Älteren werden vielleicht zunächst etwas zurückhaltend auf das Sprechen ins Mikro reagieren, aber insgesamt werden sie sich freuen, wenn sie verstehen, was gesprochen wird. Manche Seniorenkreisleiter haben auch gute Erfahrungen damit gemacht, Wortbeiträge aus der großen Runde vorne am Mikrofon nochmals für alle verständlich zu wiederholen.

## Einladungen

Zum Seniorennachmittag kommen oft ...

... Menschen verschiedenen Alters, die gerne gesellig mit anderen zusammen sein wollen.

... Menschen, die noch so mobil sind, dass sie zu Fuß oder mit dem Auto ins Gemeindehaus kommen können.

... Menschen, deren Lebensradius sich zum großen Teil auf den Wohnort oder den Stadtteil konzentriert.

... verwitwete Frauen, für die ihr Kommen eine „Therapie gegen die Einsamkeit" ist.

„Ohne Fleiß kein Preis": Wer möchte, dass mehr Menschen in den Seniorennachmittag kommen, muss sich bemühen. Früher war der Seniorennachmittag vielleicht ein Selbstläufer, das ist nun nicht mehr automatisch der Fall. Aber auch heute können Menschen dazufinden. Wenn Sie eingeladen werden. Diese

Einladungen können vor allem in der persönlichen Begegnung ausgesprochen werden. Aber auch eine Einladungsaktion kann sinnvoll sein. Oder gezielte Besuche: Mitarbeiter des Seniorennachmittags besuchen frisch verwitwete Senioren, laden sie zu diesem Angebot ein, bieten Abhol- oder Fahrdienst an und nehmen die „Neulinge" bei ihrem Kommen wahr und kümmern sich um sie.

## Arbeitsmaterial

Bausteine Altenarbeit, Praxismappen zu unterschiedlichsten Themen, Bergmoser & Höller Verlag, erscheinen fünfmal jährlich

Rolf-Heinz Geissler (Hg.), Praxishilfe Seniorenarbeit, Verlag Neues Buch, 2007

Martina Plieth, Licht, das in die Welt gekommen: Advents- und Weihnachtsfeiern mit Senioren, Neukirchener Verlagsgesellschaft, 2009

Susanne Fetzer, Mit Humor und Herz: Pfiffige Ideen für die Seniorenarbeit, Neukirchener Verlagsgesellschaft, 2004

# 30. Praxismaterial: Stundenentwurf zum Thema „Lachen und Schmunzeln ist gut gegen Runzeln"

## Ablauf

* Begrüßung und kurze Einleitung zum Thema „Lachen"
* Andacht und Gebet (siehe unten)
* Lied: EG 243 „Lob Gott getrost mit Singen
* Kaffeetrinken
* Lustiges Lied (z. B. „Ich bin das ganze Jahr vergnügt ...")
* Erzählung: Die Kindergärtnerin (siehe unten)
* Referat und Austausch zum Thema „Lachen" (Tipps siehe unten)
* Kanon mit Bewegungen: „Froh zu sein bedarf es wenig" (siehe unten)
* Bilderrätsel (siehe unten)
* Mundartliches, lustiges Gedicht
* Lustiges Lied (z. B. zur Jahreszeit)
* Ein paar Witze oder ein Sketch
* Verabschiedung und Schlusslied: EG 170 „Komm, Herr, segne uns ..." („... Lachen oder Weinen wird gesegnet sein")

# Andacht

„Lachen und Schmunzeln ist gut gegen Runzeln" – das ist das Thema unseres Nachmittages. Es geht heute ums Lachen, um den Humor, ums Fröhlichsein. Und es soll natürlich auch ein fröhlicher Nachmittag werden, an dem es allerhand zum Lachen und Schmunzeln gibt!

Vor einigen Jahren wurde ich bei einem Nachmittag zum Thema „Lachen" von einer Frau aus dem Seniorenkreis gefragt: „Und was ist, wenn einem nicht zum Lachen zumute ist?"

Und vielleicht geht es auch dem einen oder anderen unter Ihnen heute so, dass Sie dachten: „Warum soll ich zu diesem Nachmittag gehen? – Mir ist doch überhaupt nicht zum Lachen zumute!"

Was tun, wenn uns das „Stirne-Runzeln" näherliegt als das Schmunzeln?

Wenn wir mehr Sorgenfalten haben als Lachfalten?

Wenn uns vor lauter Traurigkeit, Kummer oder Sorgen nicht zum Lachen zumute ist?

Dann empfiehlt uns die Bibel eine ganz besondere Sportart. Es ist eine Sportart, die man bis ins hohe Alter ausüben kann, selbst wenn man schon schwach und bettlägerig ist.

Ich weiß nicht, ob Sie sich für Sport interessieren? Aber sicher haben Sie auch schon irgendwann einmal im Fernsehen bei Leichtathletikwettbewerben zugesehen, vielleicht bei den Olympischen Spielen oder bei der Weltmeisterschaft. Bei der Leichtathletik gibt es ganz verschiedene Disziplinen: etwa die Laufsportarten, den Weitsprung und den Hochsprung. Und dann gibt es auch verschiedene Wurfsportarten. Sie finden meist auf dem großen Rasen inmitten des Stadions statt. Da gibt es das Kugelstoßen und das Diskuswerfen, das Hammerwerfen und das Speerwerfen. Und immer wird versucht, das Wurfgerät mit viel Schwung möglichst weit zu werfen. Diese Wurfdisziplinen kennen wir alle.

Nun gibt es aber in der Bibel noch eine andere, ganz besondere Wurf-Sportart. Eine Wurf-Sportart, die nicht bei den Olympischen Spielen vorkommt und für die es keinen Weltmeistertitel gibt. Diese Wurf-Sportart ist für alle Menschen bis ins hohe Alter geeignet und doch bei vielen Menschen unbekannt.

Diese Sportart heißt: „Sorgen-Weitwurf". Haben Sie schon einmal davon gehört: vom „Sorgen-Weitwurf"? Es ist eine Sportdisziplin, die uns die Bibel sehr ans Herz legt. Zu diesem Sorgen-Weitwurf ermuntert uns Petrus in seinem ersten Brief

(1. Petrus 5,7). Dort fordert er uns auf: „Alle eure Sorgen werft auf Gott; denn er sorgt für euch."

Sorgen haben wir oft viele. Sicher gibt es Menschen, die das Leben leichter nehmen, und andere, die schon Kleinigkeiten sorgenvoll belasten. Aber es gibt wohl keinen Menschen, dem Sorgen unbekannt sind. Und mit zunehmendem Alter werden die Sorgen nicht weniger:

- Sorge etwa, welches Ergebnis bei der nächsten Arztuntersuchung herauskommt.
- Sorge, wie man bei einer chronischen Krankheit jeden Tag aufs Neue die Schmerzen und Beeinträchtigungen bewältigt.
- Sorge, wie man mit dem Alleinsein zurechtkommt und mit der Trauer über den Verlust von nahestehenden Menschen.
- Sorge, ob die Rente und das Geld reichen, und wie lange man Haus und Garten noch versorgen kann.
- Sorge aber auch um unsere Kinder und Enkelkinder und um ihr Ergehen! Wie viele Sorgen können wir uns da machen!

Sorgen gibt es wirklich viele. Und Sie alle können sicher noch Ihre ganz persönliche Sorge anfügen.

Und nun empfiehlt die Bibel uns allen, die wir uns über so viele Dinge unseres Lebens Sorgen machen, diese ungewöhnliche Sportart: den Sorgen-Weitwurf. Das Ungewöhnliche an dieser Sportart ist: Hier geht es nicht darum, mit viel Schwung möglichst weit zu werfen. Weit brauchen wir nicht werfen. Es kommt nur darauf an, das Ziel zu treffen. Und das Ziel ist Gott. Und es kommt auch nicht darauf an, ob wir mit viel Schwung werfen oder mit letzter Kraft. Wichtig ist nur, dass wir unsere Sorgen loslassen, sie Gott überlassen. Bei Gott sind unsere Sorgen an der richtigen Stelle. Gott weiß ja, dass wir oft Sorgen haben, ernste Sorgen sogar. Und er sagt: Gebt sie mir, werft sie auf mich, ich werde mich darum kümmern.

Wie aber geht dieser Sorgen-Weitwurf, wie funktioniert er?

**Es gibt vier ganz einfache Tipps**

1. Sorgen auf Gott werfen, können wir zuallererst im Gebet. Da können wir Gott alles sagen, was uns beschäftigt, und es an ihn abgeben.

2. Und zweitens, wenn uns das alleine nicht so recht gelingen will, dann können wir auch mit jemand anderem darüber reden und es gemeinsam im Gebet an Gott übergeben. Da ist es ein bisschen wie im richtigen Sport: Mit andern zusammen Sport oder Gymnastik zu treiben – das macht mehr Spaß und man bleibt auch besser dran, als wenn man ganz alleine seine Übungen macht. Und so ist das auch beim Sorgen-Weitwurf: Wenn ich einem anderen Menschen mein Herz ausschütte und wir den Kummer gemeinsam Gott anbefehlen, dann gelingt es uns oftmals besser, unsere Sorgen Gott zu überlassen.

3. Drittens: Wie beim Sport heißt es auch hier: „Übung macht den Meister." Manchmal klappt es nicht beim ersten Mal, unsere Sorgen an Gott abzugeben. Aber da heißt es einfach: Beharrlich dranbleiben, immer wieder aufs Neue alles Gott hinlegen und auf ihn vertrauen. Jeden Tag aufs Neue.

4. Und viertens, wer Sport treibt und dann vielleicht eine Medaille oder einen Sieg errungen hat, der freut sich natürlich riesig und geht anschließend hoch motiviert weiter ans Trainieren. Erfolge motivieren. Und so ist es auch ein bisschen beim Sorgen-Weitwurf: Wenn wir erlebt haben, in einer ganz konkreten Lebenssituation: Das funktioniert ja, ich kann Gott meine Sorgen überlassen, und er kümmert sich tatsächlich um mich, er lässt mich nicht im Stich – dann macht mir das Mut, weiterhin und in anderen Lebenssituationen Gott zu vertrauen.

„Alle eure Sorgen werft auf ihn; denn er sorgt für euch." Wir geben unsere Sorgen ab an Gott, unseren Vater, der uns liebt wie ein Vater seine Kinder. Wir geben unsere Sorgen ab an Gott, der es gut mit uns meint, den Schöpfer und Erhalter unseres Lebens. Der, dem alle Macht gegeben ist, wird auch mit unseren ganz persönlichen Sorgen fertig.

Wenn wir immer wieder unsere Sorgen auf Gott werfen, sie ihm sagen und ihm anvertrauen, dann können wir getröstet leben. Getrost und fröhlich.

Denn wer sich mit seinem ganzen Leben, mit allen Freuden und Sorgen, in Gott geborgen und getröstet weiß, der kann auch immer wieder von Herzen fröhlich sein und lachen!

## Vorlesegeschichte – Die Kindergärtnerin

Ein kleiner Junge hatte beim Stiefelanziehen Probleme und so kniete seine Kindergärtnerin sich nieder, um ihm dabei zu helfen. Mit gemeinsamem Stoßen, Ziehen und Zerren gelang es, zuerst den einen und schließlich auch noch den zweiten Stiefel anzuziehen.

Als der Kleine sagte: „Die Stiefel sind ja am falschen Fuß!", schluckte die Kindergärtnerin ihren Anflug von Ärger runter und schaute ungläubig auf die Füße des Kleinen. Aber es war so: Links und rechts waren tatsächlich vertauscht. Nun war es für die Kindergärtnerin ebenso mühsam wie beim ersten Mal, die Stiefel wieder abzustreifen. Es gelang ihr aber, ihre Fassung zu bewahren, während sie die Stiefel tauschten und dann gemeinsam wieder anzogen, ebenfalls wieder unter heftigem Zerren und Ziehen.

Als das Werk vollbracht war, sagte der Kleine: „Das sind nicht meine Stiefel!" Dies verursachte in ihrem Inneren eine neuerliche, nun bereits deutlichere Welle von Ärger und sie biss sich heftig auf die Zunge, damit das hässliche Wort, das darauf gelegen hatte, nicht ihrem Mund entschlüpfte. So sagte sie lediglich: „Warum sagst du das erst jetzt?"Ihrem Schicksal ergeben, kniete sie sich nieder und zerrte abermals an den widerspenstigen Stiefeln, bis sie wieder ausgezogen waren.

Da erklärte der Kleine deutlicher: „Das sind nicht meine Stiefel, denn sie gehören meinem Bruder. Aber meine Mutter hat gesagt, ich muss sie heute anziehen, weil es so kalt ist."In diesem Moment wusste sie nicht mehr, ob sie laut schreien oder still weinen sollte. Sie nahm nochmals ihre ganze Selbstbeherrschung zusammen und stieß, schob und zerrte die blöden Stiefel wieder an die kleinen Füße. Endlich fertig.Dann fragte sie den Jungen erleichtert: „Okay, und wo sind deine Handschuhe?"Darauf der Kleine: „Ich hab sie vorn in die Stiefel gesteckt."

*Quelle: unbekannt*

## Tipps für ein Referat zum Thema „Lachen"

### So können Sie ein Referat zum Thema „Lachen" beginnen

Benötigte Utensilien: Besorgen Sie sich eine große Arzneiflasche aus der Apotheke, befüllen Sie die Flasche mit Kichererbsen und kleben Sie ein Etikett mit der Volksweisheit „Lachen ist die beste Medizin" vorne drauf. Außerdem brauchen Sie einen großen Suppenschöpflöffel.

### Beginn

Zeigen Sie die Arzneiflasche – noch mit verdecktem Etikett – und fragen Sie die Besucher des Seniorenkreises, was diese Arzneiflasche mit dem Thema „Lachen" zu tun hat. Dann zeigen Sie das Etikett und weisen darauf hin, dass auch in der Flasche etwas zum Thema „Lachen" ist. Zeigen Sie die Flasche herum oder nehmen Sie ein paar Kichererbsen heraus und fragen, was das sein könnte.

### Weitere Gedanken

Weisen Sie darauf hin, dass es sehr wichtig ist, bei Arznei die genau verordnete Dosierung zu beachten: Man sollte auf keinen Fall mehr nehmen, sonst könnte es sein, dass die Arznei mehr schadet als nützt. Ganz anders ist es beim Lachen. Hier brauchen wir nicht gewissenhaft die Tropfen abzählen. Diese Medizin können Sie in richtig großen Löffeln zu sich nehmen. (Während dieses Satzes den großen Suppenschöpflöffel hervorholen und zeigen.) Hier gibt es keine Gefahr der Überdosierung. Im Gegenteil. Hier gilt der Satz: „Viel hilft viel!" Und schädliche Nebenwirkungen gibt es auch nicht.

### Referat mit weiteren Informationen und Thesen zum Thema „Lachen"

Informationen dazu finden Sie unter anderem auf folgenden Internetseiten: www.humorcare.com, www.lachclub.info, www.lachyoga.de, www.michael-titze.de
Versuchen Sie bei Ihrem Referat, immer wieder ins Gespräch mit den Besuchern des Seniorenkreises zu kommen.

### Als Abschluss eignet sich der Volksreim

„Wer morgens dreimal schmunzelt, mittags nicht die Stirne runzelt, abends singt, dass alles schallt, der wird 100 Jahre alt.

## Kanon mit Bewegungen „Froh zu sein bedarf es wenig"

| | |
|---|---|
| *Froh zu sein bedarf es* | Abwechselnd mit den Händen auf die Oberschenkel klatschen (Hände bewegen sich auf und ab). |
| *wenig* | Geöffnete Hände so vor den Körper halten, als würde man ein Lineal (kann unterschiedlich lang sein) dazwischenklemmen. |
| *und wer froh ist,* | Arme verschränkt zum Körper führen (sich selbst umarmen). |
| *der ist König.* | Arme gleichzeitig nach oben strecken (Freude ausdrücken). |

*Quelle*: *Vera Kern, sitzen, tanzen, kein Problem. 2x7 Bewegungslieder und Sitztänze, aus der Reihe „sechzig, siebzig, lustig", Neukirchener Verlagsgesellschaft, 2009.*

## Bilderrätsel

Kopieren Sie die Zeichnungen auf großformatiges Papier oder zeigen Sie die Bilder mit dem Overheadprojektor.

Sie können bei jeder einzelnen Darstellungen die ganze Seniorenrunde fragen. Wer zuerst ruft, hat „gewonnen". Oder Sie machen mehrere Gruppen und fragen bei jedem neuen Begriff die jeweils nächste Gruppe. Das hat den Vorteil, dass mehr Besucher beteiligt sind und nicht nur die Schnellsten eine Chance haben. Lassen Sie der Gruppe zur Beratung Zeit. Eventuell ist es sinnvoll, jeweils ein paar erklärende Worte bei der Auflösung anzufügen.

Als kleinen zusätzlichen Gag können Sie „Lachgummis" als Preise verteilen.

Bei diesem Rätsel werden alltägliche Begriffe auf ungewöhnliche Weise dargestellt. Welche Begriffe sind gemeint?

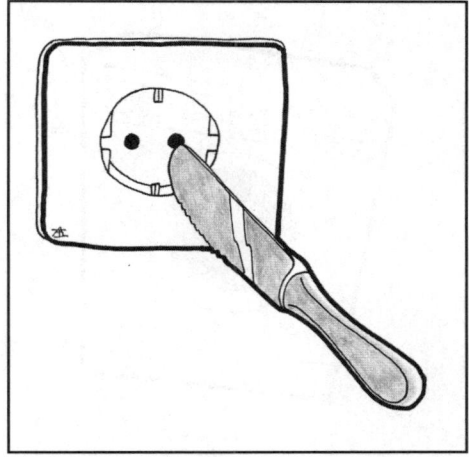

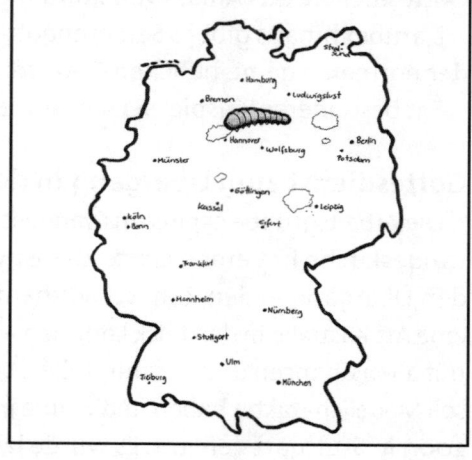

**Auflösung:**

Augapfel
Autoschlange
Sonnenstich
Bankräuber
Glückspilz
Strommesser
Hüpfburg
Schleuderpreis
Gardinenpredigt
Schaufenster
Katzenwäsche
Achterbahn
Raumfahrzeug
Eiszeit
Made in Germany

**Zeichnungen:**
Annette Härdter
Kriegsbergstr. 9
71364 Winnenden
Tel.: 07195 72556

# Geistliches Leben und seelsorgerliche Begleitung

## 31. Besondere Gottesdienste für Senioren

Im Jahreskreis gibt es verschiedene Möglichkeiten, Gottesdienste mit Senioren zu feiern und ihre speziellen Anliegen und Themen einzubeziehen und anzusprechen: etwa die Feier der goldenen oder diamantenen Konfirmation oder Gottesdienste aus Anlass von Jahrgangsfeiern.

Darüber hinaus gibt es Seniorengottesdienste in Pflegeheimen oder innerhalb der normalen gemeindlichen Gottesdienstprogramme.

Ein besonderes Beispiel sei hier vorgestellt:

### Gottesdienst zum Übergang in den Ruhestand

Die Arbeitsgruppe 55plus im Evangelischen Männerwerk der württembergischen Landeskirche hat einen Gottesdienst von Männern für Männer konzipiert, der den Übergang in den Ruhestand thematisiert. Diese Lebensphase soll dabei als eine Art Kasualie in den Blick kommen – eine lebenszyklische Krise im Männerleben mit allen Chancen und Gefahren, die Übergänge mit sich bringen. Der Gottesdienst soll Modellcharakter haben und wurde in dieser Form zum ersten Mal im September 2009 in Stuttgart gefeiert. Es wurde landesweit dazu eingeladen. Um aber ganz konkret vor Ort zu sein, wurde der Gottesdienst gemeinsam mit einer örtlichen Männergruppe vorbereitet und gestaltet. Im Gottesdienst kamen vier Männer zu Wort, die sich gerade im Übergang befinden, ihn bereits hinter sich haben oder bei denen er noch bevorsteht. Hesses Stufengedicht (s. u.) lud als Leitthema dazu ein, wahrzunehmen, welche Chancen dieser neue Raum in sich birgt, aber auch, wovon es sich zu verabschieden gilt. Als Predigttext wurde der Abschnitt aus dem

> *„Aufgrund von Strukturreformen findet an manchen Orten nur noch ein Mal im Monat ein Gottesdienst statt. Die Verlierer sind dabei die Senioren, die altersbedingt oftmals nicht den Gottesdienst im Nachbarort besuchen können."* Richard Kunze, 73, Niederroßla

Buch Prediger „Alles hat seine Zeit" gewählt. Für die vorbereitende Gruppe war es wichtig, dass dieser Gottesdienst nur mit Männern gefeiert wird. Männer tun sich in der Regel schwerer als Frauen, sich auf ganz persönliche Themen anspre-chen zu lassen. Unter Männern fällt Männern dies leichter. Im Anschluss an den Gottesdienst bestand die Möglichkeit zum Gespräch. Gut vorstellbar ist, dass solche Gottesdienste als eine Art Kasualgottesdienst regional jährlich gefeiert werden, um deutlich zu machen, dass der Übergang in den Ruhestand auch von der Kirche wahrgenommen und begleitet wird. Der Gottesdienst könnte außerdem Männer in diesem Lebensabschnitt miteinander vernetzen und auf Hilfen und Möglichkeiten in dieser Lebensphase aufmerksam machen.

**Mit folgendem Text wurde für den Gottesdienst geworben:**

*Für Männer im besten Alter*
*„Es muss das Herz bei jedem Lebensrufe*
*bereit zum Abschied sein und Neubeginne."*
*Begegnungstreffen mit und für Männer zum Übergang in den Ruhestand.*
*Überlegungen, Fragen, Erfahrungen, liturgische Besinnung.*
*Ein Gottesdienst anderer Art mit Landesmännerpfarrer Markus Herb*
*für Männer, die in den Ruhestand kommen oder vor einiger Zeit kamen.*

## Kontakt
Markus Herb, Landesmännerpfarrer, Gymnasiumstr. 36, 70174 Stuttgart, Tel.: 0711 2068-157/255, E-Mail: maennerwerk@elk-wue.de.
Die Arbeitsgruppe 55plus innerhalb des Evangelischen Männerwerks in Württemberg arbeitet grundsätzlich an dem Thema „Männer im Übergang in den Ruhestand".

## Buchtipps
Willi Hoffsümmer, Gottesdienste mit Senioren: Anregungen und Modelle, Herder Verlag, 2009

Christian Schwarz, Gottesdienste mit alten Menschen, Gütersloher Verlagshaus, 2009

### „Stufen" von Hermann Hesse

*Wie jede Blüte welkt und jede Jugend*
*Dem Alter weicht, blüht jede Lebensstufe,*
*Blüht jede Weisheit auch und jede Tugend*
*Zu ihrer Zeit und darf nicht ewig dauern.*
*Es muß das Herz bei jedem Lebensrufe*
*Bereit zum Abschied sein und Neubeginne,*
*Um sich in Tapferkeit und ohne Trauern*
*In andre, neue Bindungen zu geben.*
*Und jedem Anfang wohnt ein Zauber inne,*
*Der uns beschützt und der uns hilft, zu leben.*

*Wir sollen heiter Raum um Raum durchschreiten,*
*An keinem wie an einer Heimat hängen,*
*Der Weltgeist will nicht fesseln uns und engen,*
*Er will uns Stuf' um Stufe heben, weiten.*
*Kaum sind wir heimisch einem Lebenskreise*
*Und traulich eingewohnt, so droht Erschlaffen,*
*Nur wer bereit zu Aufbruch ist und Reise,*
*Mag lähmender Gewöhnung sich entraffen.*

*Es wird vielleicht auch noch die Todesstunde*
*Uns neuen Räumen jung entgegen senden,*
*Des Lebens Ruf an uns wird niemals enden ...*
*Wohlan denn, Herz, nimm Abschied und gesunde.*[3]

# 32. Seniorenhauskreis

Hauskreise sind aus der Arbeit unzähliger Kirchengemeinden nicht mehr wegzudenken. Die Treffen im privaten Rahmen, der persönliche Austausch zu
Bibeltexten und das gegenseitige Anteilnehmen an den Freuden und Sorgen des

---

[3]  aus: Hermann Hesse, Sämtliche Werke, Band 10, Die Gedichte © Suhrkamp Verlag,
Frankfurt am Main 2002.

*„Bei der Gemeindearbeit reißt man sich immer um junge Erwachsene und vergisst die Älteren. Dabei sind Senioren oft sehr offen, auch wenn sie bisher nicht viel mit dem Glauben zu tun hatten."* Margarete Elsner, 58, Seevetal

Lebens sind vielen Menschen wichtig und machen aus Hauskreisen eine Stütze des eigenen Glaubens. Hauskreise sind dabei ganz verschieden geprägt und haben unterschiedliche Altersstrukturen. Hauskreise für Senioren bieten die Möglichkeit, sich über ähnliche lebensbedingte Anliegen auszutauschen und die Herausforderungen des Älterwerdens gemeinsam zu bewältigen. Da ältere Menschen oftmals abends nicht mehr gerne aus dem Hause gehen, finden spezielle Seniorenhauskreise oftmals vormittags oder nachmittags statt.

Seit 2004 gibt es einen solchen Seniorenhauskreis in der Bethlehemkirche der Evangelisch-Lutherischen Kirchengemeinde Dresden-Blasewitz. Eva-Maria Bießlich, damals 78 Jahre alt, hat den Kreis nach dem Tod ihres Mannes ins Leben gerufen und leitet ihn bis heute. Sie konnte dabei auf langjährige Hauskreiserfahrung in der DDR-Zeit zurückgreifen. Wie damals gehört zu diesem Hauskreis, der um 10.00 Uhr beginnt, auch ein gemeinsames einfaches Mittagessen – denn wer vom Hauskreis heimkommt, soll sich daheim nicht erst in die Küche stellen müssen. Inzwischen treffen sich die fünf Frauen manches Mal auch nachmittags, dann wird mit einem gemeinsamen Kaffee begonnen. Einmal im Monat findet der Hauskreis statt, die jeweilige Gastgeberin überlegt sich ein Thema, in das sie die anderen dann auch einführt. Mal geht es um einen Bibeltext, mal um einen bestimmten Begriff. Der gegenseitige Austausch über das Thema ist dabei wichtig. Großer Wert wird in dem Kreis auch auf das Gebet gelegt: das Eingangsgebet mit der Bitte um Gottes Anwesenheit, das intensive Fürbittgebet für die Hauskreismitglieder und für andere und das Dankgebet sind die drei Grundsäulen des Kreises. In der kleinen Gruppe herrscht ein großes Vertrauen untereinander, sodass auch über ganz persönliche, schicksalhafte Fragen geredet und dafür gebetet wird. Über die Treffen hinaus bestehen weitere seelsorgerliche Kontakte.

## Kontakte

Eva-Maria Bießlich, Lewickistr. 42, 01279 Dresden, Tel.: 0351 2524515
Hanni Bösel, Berggießhüblerstr. 19, 01279 Dresden, Tel.: 0351 2598435

# 33. Hausbibelkreis für russlanddeutsche Seniorinnen

Senioren und Seniorinnen mit Migrationshintergrund kommen in der kirchengemeindlichen Seniorenarbeit kaum vor. Dabei wächst auch diese Gruppe älterer Menschen beständig.

In Hessental gibt es seit einigen Jahren einen Bibelhauskreis für russlanddeutsche Seniorinnen. Viele Russlanddeutsche wohnen in diesem Stadtteil von Schwäbisch Hall. Klaus Kreß, selbst im Seniorenalter, hat den Kreis zusammen mit seiner Frau vor einigen Jahren begonnen und leitet ihn seither. Rund 12 bis 15 Frauen im Alter zwischen 65 und 91 treffen sich jede Woche für eine Stunde am Dienstagvormittag, um miteinander zu singen, zu beten und auf die Auslegungen zur fortlaufenden Bibellese zu hören. Einige der Frauen kennen sich in der Bibel aus, andere nicht. Eine Frau kann nicht lesen. Die Treffen finden reihum statt, gerne öffnen die Frauen dafür ihre Häuser. Immer wieder erzählen die „Babuschkas" auch von ihren familiären Nöten. Bei privaten Besuchen versucht Klaus Kreß dann, ihnen seelsorgerlich weiterzuhelfen.

## Kontakt
Klaus und Sofie Kreß, Schmiedsgasse 13/3, 74523 Schwäbisch Hall, Tel.: 0791 42164

# 34. Glaubenskurse für Senioren

Der Lebensabschnitt nach Beendigung der Berufstätigkeit stellt Menschen vor ganz neue Herausforderungen: So muss die tägliche Zeit eigenverantwortlich und sinnvoll gefüllt werden und ein „Ja" zum Älterwerden mit allen Möglichkeiten und Einschränkungen gefunden werden. Ein Glaubenskurs für Senioren kann dabei helfen, die speziellen Lebensfragen von Älteren zur Sprache zu bringen und Antworten und Wegweisung durch den christlichen Glauben zu finden.

Es gibt vielfältige Modelle für Glaubenskurse für Erwachsene:

## Sechsteiliger Glaubensgrundkurs
Liesel Pohl, ehemalige Seniorenbeauftragte des „Bundes Evangelisch-Freikirchlicher Gemeinden in Deutschland", hat zusammen mit Pastor Helmut Schwarze einen sechsteiligen Glaubenskurs speziell für Senioren ausgearbeitet.

Der Kurs wendet sich vor allem an praktizierende Christen und ist ein Angebot zur Reflexion über den eigenen Glauben.
Die Unterlagen zum Glaubenskurs für Senioren sind bei Liesel Pohl erhältlich.

## „Stufen des Lebens"

Eine andere Form des Glaubensgrundkurses wird in Aachen durchgeführt. Gunhild Großmann, Leiterin der Initiative „ENGAGIERT ÄLTER WERDEN", bietet zweimal jährlich den Kurs „Stufen des Lebens" an (Willsbacher Modell, www.reli.de). Das Konzept des „Religionsunterrichts für Erwachsene" wird dabei speziell auf die teilnehmenden Senioren abgestimmt.

## Erwachsen glauben

Die EKD und die Arbeitsgemeinschaft Missionarische Dienste starteten 2011 eine Initiative zur Verbreitung von Glaubenskursen. In einem Themenordner, der an alle Pfarrämter im Bereich der EKD verteilt wurde, finden sich grundsätzliche Informationen zum Thema. Außerdem werden verschiedene Modelle von Glaubenskursen vorgestellt. Informationen im Internet: www.kurse-zum-glauben.de

## Kontakte

Liesel Pohl, Franzosenkoppel 91a, 22547 Hamburg, Tel. und Fax: 040 8326259
Evangelische Initiative ENGAGIERT ÄLTER WERDEN, Annastr. 35, 52062 Aachen,
Tel.: 0241 21155, E-Mail: info@engagiert-aelter-in-aachen.de,
www.engagiert-aelter-in-aachen.de

## Buchtipp und Arbeitsmaterial

Johannes Zimmermann, Anna-Konstanze Schröder (Hg.), Wie finden Erwachsene zum Glauben? Einführung und Ergebnisse der Greifswalder Studie, Neukirchener Verlagsgesellschaft, 2010

Erwachsen glauben. Missionarische Bildungsangebote. Grundlagen– Kontexte – Praxis, Ordner, Gütersloher Verlagshaus, 2011

Die Gemeinschaft für Evangelisation im Bund Evangelisch-Freikirchlicher Gemeinden hat in Zusammenarbeit mit Vertretern der Seniorenarbeit Material vorgelegt zu zwölf evangelistischen Veranstaltungen für die Altersstufe 65plus. Das Gesamtthema dieser Reihe lautet „Jesus erleben – Zukunft gestalten". Einblick in dieses Programm bietet das Internet unter www.jesuserleben.de.

# 35. Besuchsdienst

„Komm mal wieder" – so nennt sich ein Besuchsdienst der evangelischen Gemeinden im badischen Offenburg. Im Rahmen der Aktion „Silberstreifen" – eines Projekts für neue Seniorenarbeit – wurde Anfang 2009 mit dem neuartigen Besuchsdienst begonnen. Ziel dabei ist, einsame ältere Menschen zu begleiten und sie regelmäßig zu besuchen. Von Anfang an stieß das Vorhaben auf lebhafte Resonanz und viele Senioren, auch Männer, haben sich als Mitarbeiter zur Verfügung gestellt. Rund 15 „Tandems" von Besucher und Besuchten sind entstanden. Die ehrenamtlichen Mitarbeiter wurden zu Beginn geschult und verschiedene Fragen wurden durchgespielt, die sich im Laufe der Besuche ergeben können. Wichtig dabei war auch die Abgrenzung zu anderen Diensten, wie etwa der Nachbarschaftshilfe. Individuell stimmt jedes „Tandem" die Länge und Häufigkeit der Besuche ab. In der Regel finden sie alle zwei bis drei Wochen für etwa ein oder zwei Stunden statt.

In Zusammenarbeit mit den örtlichen Pfarrern und dem Geburtstagsbesuchskreis werden Adressen von Senioren gefunden, die kein soziales Netz mehr haben und sich über Kontakte freuen. Ein Pfarrer begleitet den sensiblen Auswahlprozess, wer zu wem passt. Die Einfädelung der Kontakte ist zunächst etwas aufwändig, umso besser und selbstständiger läuft es aber, wenn es zwischen Besucher und Besuchtem gefunkt hat. Bei den Besuchen werden mal Gespräche über ganz alltägliche Themen geführt, übers Wetter oder das Fernsehprogramm, mal wird auf Wunsch ein Psalm vorgelesen oder gebetet. Wenn es um weitere Hilfsdienste, wie Einkäufe oder Hausarbeit, geht, weisen die Besuchenden auf die zahlreichen am Ort verfügbaren Angebote hin.

Ein regelmäßiger Erfahrungsaustausch zwischen den Mitarbeitern findet statt. Fachleute aus der Beratungsarbeit begleiten das Besuchsdienstprojekt.

## Kontakt
Wilhelm von Ascheraden, Im Weizenfeld 1, 77799 Ortenberg,
E-Mail: wilhelm.v.ascheraden@googlemail.com

## Lesetipp
Besuchdienste – Arbeitshilfe „Schritte zum Aufbau eines Besuchdienstes",
Evangelischer Gemeindedienst in Württemberg

# 36. „Kassettendienst" – ein Predigt-Heimservice
von Adolf Ast

Es war ein Wagnis, als wir in Meßstetten vor bald 24 Jahren damit begannen, den sonntäglichen Gottesdienst aus unserer evangelischen Lamprechtskirche auf Tonbandkassetten aufzunehmen und an gehbehinderte oder bettlägrige Gemeindeglieder zum Abhören zu verteilen. Ein Wagnis deshalb, weil allzu oft gute Ideen im Sande verlaufen oder keine Resonanz finden.

Nicht so bei unserem Kassettendienst. Von Anfang an fanden sich Frauen und Männer, die bereit waren, Woche für Woche den Gottesdienst auf Tonbandkassetten aufzunehmen, zu vervielfältigen und zu verteilen. Vor allem aber fanden sich Hörer, die auf diese Art trotz Verhinderung weiterhin am sonntäglichen Gottesdienst ihrer Kirche teilnehmen konnten.

Die 120-er Tonbandkassetten der früheren Jahre haben ausgedient. Heute wird für die Aufnahme eine CD verwendet. Dieser modernere Tonträger hat eine bessere Tonqualität, lässt sich einfacher handhaben und ist am Ende billiger. An das Steuergerät der Lautsprecheranlage in der Sakristei ist zur Aufnahme des Gottesdienstes ein CD-Recorder angeschlossen. Mit diesem wird die Master-CD erstellt. Unmittelbar anschließend an den Gottesdienst werden in einem Kopiergerät von der Master-CD je nach Bedarf 20 bis 25 Kopien erstellt. Anders als beim langwierigen Vervielfältigen der früheren Tonbandkassetten können dabei in drei bis vier Chargen jeweils sieben Kopien mit bis zu 40-facher Geschwindigkeit hergestellt werden. Somit stehen schon eine halbe Stunde nach Gottesdienstende die CDs zum Austragen bereit.

Im Kassettendienst (trotz Umstellung auf CDs noch der alte Name) sind zur Zeit fünf Familien im sonntäglichen Wechsel engagiert. Durch sie werden die CD-Kopien verteilt, sodass schon ab 12.00 Uhr der sonntägliche Gottesdienst in den Häusern gehört werden kann. Da oft mehrere Personen am Hören teilnehmen und die CD auch teilweise weitergegeben wird, kann man davon ausgehen, dass durch diesen Dienst 40 bis 50 Gemeindeglieder erreicht werden.

Seit Inbetriebnahme des örtlichen Pflegeheimes wird durch den Pflegeheim-Besuchskreis wöchentlich auch ein CD-Gottesdienst angeboten. Dabei wird der Sonntagsgottesdienst wie in der Kirche mit Singen, Gebet und Predigt durch die Pflegeheimbewohner miterlebt. Somit wird auch durch die CD eine Verbindung der Kirchengemeinde zum Pflegeheim hergestellt.

Ein weiteres Angebot ist die Aufzeichnung von persönlich wichtigen Gottesdiensten. Damit lassen sich Hochzeiten, Taufen, Konfirmationen oder Konzerte festhalten.

Sofern bei den Empfängern kein CD-Recorder vorhanden ist, stellt diesen die Kirchengemeinde leihweise zur Verfügung. Da die CDs nicht wieder bespielbar sind, müssen sie auch nicht wieder zurückgebracht werden. Durch die eingehenden Spenden der CD-Hörer ist die Amortisation der benötigten Geräte mehr als gegeben und die kostenlose Abgabe der CDs möglich.

So ist der Kassettendienst in den vergangenen Jahren in unserer Kirchengemeinde zu einem festen Bestandteil der Verkündigung geworden.

## Kontakt
Adolf Ast, Zeppelinstr. 32, 72469 Meßstetten

# 37. Erfahrungsbericht: „Treffpunkt Drittes Leben"
### Gesprächsgruppen für Menschen im Übergang zwischen Beruf und dritter Lebensphase sowie zur Lebensgestaltung des „Dritten Lebens"
von Rudolf Horn

Wie kam ich zu meinem Engagement in diesem Bereich? Ich war selbst früh, mit Mitte 50, in den sogenannten Vorruhestand gekommen. Nach 35 Jahren Tätigkeit in der Industrie begann ich mich neu zu orientieren. Ich bekam Kontakt mit dem „Treffpunkt Senior" in Stuttgart, einer Einrichtung der Stadt Stuttgart gemeinsam mit der evangelischen Akademie Bad Boll. Dort traf ich andere Vorruheständler und merkte, dass es ein Bedürfnis vieler war, sich über die neue Lebenssituation auszutauschen und sich gemeinsam zu fragen, wie es nun weitergeht im Leben.

In meinen letzten Berufsjahren war ich als Trainer und Dozent an einer Akademie für Unternehmensführung tätig gewesen und hatte Erfahrung in der Erwachsenenbildung und mit Gruppenarbeit. Somit begann ich mit der Durchführung von Gesprächsgruppen im Treffpunkt Senior. Ich nannte dieses monatliche Angebot zunächst „Treffpunkt Vorruhestand", ein Gesprächsangebot zur Vorbereitung auf den Ruhestand und Bewältigung des Übergangs in die dritte Lebensphase.

Da mit der Zeit immer mehr Teilnehmer kamen, die bereits im Ruhestand waren, öfter schon mehrere Jahre, habe ich den Themen- und Teilnehmerkreis erweitert und angepasst. Nun ging es mir neben der Vorbereitung schwerpunktmäßig um die Lebensgestaltung in der nachberuflichen Lebensphase, dem sogenannten „Dritten Leben". Demzufolge wurde daraus der „Treffpunkt Drittes Leben".

Der Abschied vom Beruf und der Übergang in die dritte Lebensphase werden individuell sehr unterschiedlich erlebt. Das Ende des Berufslebens und der Übergang in den „Ruhestand" bringen für die meisten Menschen einschneidende Veränderungen mit sich. Trotz der individuellen Verschiedenheiten je nach Lebenssituation gibt es gemeinsame Themen, die alle gleichermaßen betreffen.

Aufgrund meiner langjährigen Erfahrungen haben sich bestimmte Themenschwerpunkte herausgebildet, die ich für wichtig halte und die den „Roten Faden" für die Gruppensitzungen bilden. So ergibt sich während eines Semesters oder Gruppenkurses zum Beispiel folgende Themenstruktur:
- Abschied vom Beruf
- Veränderungen (Zeit, Struktur, u. a.)
- Neuorientierung (neue Ziele, Identität, u. a.)
- Aktiv in der dritten Lebensphase (selbstbestimmt Aufgaben suchen)
- Chancen und Herausforderungen (Life-Balance)
- Sinnfrage und Sinnfindung

Diese Themen biete ich jeweils in kurzen Referaten als Einführung an, um dann mit den Teilnehmern ins Gespräch zu kommen. Für mich haben die Interessen und Wünsche der Teilnehmer Priorität, weil daraus ihre Fragen und Erwartungen resultieren, mit denen sie in die Gruppe kommen. Außerdem erfahren die Teilnehmer durch den Austausch, wie es den anderen geht und dass sie oft die gleichen Fragen haben.

## Wie läuft eine Gruppensitzung ab?

Da es letztlich um sehr persönliche Themen geht, wird Vertraulichkeit darüber, was in der Gruppe passiert, vereinbart. Eine vertrauensvolle Atmosphäre ist wichtig, damit die Teilnehmer sich im Gespräch öffnen können. In der Regel sind Frauen offener, über ihre persönliche Situation und Wünsche zu sprechen als Männer. Nach der thematischen Einstimmung schildert jeder in der Runde seine Situation und kann Fragen stellen. Ich erfahre, was die Teilnehmer interessiert und kann darauf eingehen.

*„Ich habe fünf Jahre gebraucht, um mich mit der Bezeichnung ‚Seniorin' zu identifizieren."* *Schwester Käthe Müller, 75, Lohra*

Am Ende einer Gruppensitzung, die in der Regel zwei Stunden dauert, herrscht oft eine entspannte und zugleich angeregte Atmosphäre. Dann habe ich das Gefühl, dass die Teilnehmer motiviert sind, an dem Thema weiterzuarbeiten.

Der Teilnehmerkreis ist offen, sodass jedes Mal auch Neue dazukommen können. Dadurch kommen wieder neue Ideen und Situationen hinzu.

Ich bringe selbst Beispiele und Erfahrungen aus meinen verschiedenen ehrenamtlichen Tätigkeiten ein. Den Vorruhestand habe ich genutzt, um Neues zu lernen und mich in Psychologie und Medizin weiterzubilden. Neben der Seniorenarbeit bin ich auch in der Hospizarbeit engagiert. Aktuelle Informationen aus der Altersforschung und einschlägiger Literatur über das Älterwerden geben weitere Impulse für die Gruppendiskussion.

Den Nutzen für die Teilnehmer sehe ich zum einen darin, dass sie Anregungen für die eigene Lebensgestaltung erhalten und von Beispielen und Erfahrungen anderer profitieren können. Die Gespräche und der Erfahrungsaustausch helfen ihnen zudem beim eigenen Klärungsprozess dessen, wie sie nach dem Beruf leben möchten. Dieser Klärungsprozess der eigenen Bedürfnisse, Wünsche, Ziele und Träume ist eine wichtige persönliche Arbeit, zu der diese Gesprächsgruppen helfen können. Die Teilnehmer erfahren oft, dass es anderen im Leben ähnlich geht wie ihnen selbst. Das macht gelassener, entspannter und vielleicht auch mutiger, etwas Neues zu wagen.

Auch in der dritten Lebensphase gibt es oft wieder Einschnitte und Ereignisse, wodurch Veränderungen im Lebenslauf eintreten. Und wo sich die Frage „Wie will ich jetzt leben?" wieder neu stellt. Das können ungeplante Ereignisse sein, wie z. B. Krankheit, Verlust eines Partners, Umzug oder andere schicksalhafte Veränderungen. Auch dann muss man seine Lebenssituation wieder neu überdenken. Oder man nimmt neue Herausforderungen an und nutzt sich bietende Chancen im Leben. Das kann eine neue ehrenamtliche Aufgabe im sozialen Umfeld, ein neues Hobby, ein Studium oder ähnliches sein.

Ein wichtiges Thema in den Gruppen ist für mich die Frage, was sich für die Menschen psychisch und gefühlsmäßig beim Übergang in die dritte Lebensphase ändert. Im Wesentlichen sind das folgende Gefühlsbereiche:

das Gefühl der Zugehörigkeit zu einer Gemeinschaft, das Gefühl des Gebrauchtwerdens, die eigene Identität (wer bin ich jetzt ohne Beruf?) und die Sinnfrage. Da der Beruf meist als sinnstiftend empfunden wird, stellt sich nach der Berufsphase oft die Frage neu: Woher beziehe ich jetzt meinen Lebenssinn?

Viele Menschen sind sich nicht im Klaren, welche Bedürfnisse und Ziele sie haben und wie sie im Ruhestand leben wollen. Hier setze ich an und ermutige die Teilnehmer, die Chance zu nutzen, neu über das Leben und ihre Lebensplanung nachzudenken, sich dazu die nötige Zeit zu lassen und nicht aus Ungeduld in Aktionismus zu verfallen.

## Autor & Kontakt

Rudolf Horn, Jg.1940, Diplom Betriebswirt, leitet Gesprächsgruppen für Menschen zur Vorbereitung auf den Ruhestand und zur Lebensgestaltung in der dritten Lebensphase. Zu diesen Themen hält er auf Anfrage auch Vorträge.
Rudolf Horn, Manosquerstraße 2 B, 70771 Leinfelden-Echterdingen,
Tel.: 0711 748301, E-Mail: rudolfhorn@aol.com

# 38. Exkurs: Trauerbegleitung – Aufbau und Begleitung von offenen Trauergruppen

von Dr. Ludwig Burgdörfer

### Vorwort – Trauermauer – Lebensraum

Trauer ist Arbeit. Schwerstarbeit. Wer trauert, ist schwer beschäftigt, hat alle Hände voll zu tun. Alle Kraft und Energie fließen in diesen Prozess. Wenn nichts mehr ist, wie es war, ist vorerst nichts mehr leicht. Und wenn die Beerdigung vorbei ist und die Anteilnahme abnimmt, wenn für die Umgebung die Normalität des Alltags wieder begonnen hat, dann bricht die Einsamkeit herein ins Trauerhaus. Und dann scheint die Mauer der Trauer unüberwindbar und wie ein Gefängnis zu sein. Zudem kommt es bei den Trauernden zu großen Berührungs- und Begegnungsängsten. Es ist nämlich ziemlich gefährlich, auf andere, unversehrte Ahnungslose zu treffen, die nicht wissen, was sie sagen und tun sollen und darum meist aus lauter Unsicherheit ganz furchtbar falsche Dinge sagen und tun, nur um sich in Sicherheit zu bringen, nur um zu fliehen, nur um nicht zu sehr verwickelt zu werden.

Und so ist es kein Wunder, dass Trauernde insgeheim zu der Überzeugung gelangen, niemand könne sie verstehen, niemand wirklich ahnen, was sie erleiden und durchschmerzen müssen. Hinter der Trauermauer versteckt, gefangen und geschützt zugleich, empfinden Trauernde ihr unvergleichliches Schicksal als einzigartig. Aber das ist es nicht. Es ist wohl eigenartig, weil so ganz ihr eigen. Das ist es wohl, denn niemand trauert so wie jemand anderes. Weil jeder um einen einzigartigen, einmaligen Menschen trauert, mit seiner ganz eigenen Beziehung, der ganz eigenen Welt, die jetzt untergegangen ist. Das ist so. Das ist wichtig und wertvoll. Eigenartig! Aber nicht Einzigartig. Denn es gibt viele Trauerhäuser und Trauerherzen. Es gibt unendlich viele Trauermauern. Und sie alle sind todtraurig. Wenn sie nur mehr voneinander wüssten, wenigstens ein paar von denen kennenlernen dürften, die wissen, wie es ist, die sich auskennen, die Bescheid wissen. Und darum ist es so gut, so wertvoll, so wunderbar, wenn aus der Ego-Trauer eine Echo-Trauer wird, wenn Menschen den Mut aufbringen, hinter ihrer Trauermauer hervorzutreten, sie zu durchbrechen, zumindest für ein paar Stunden, und sich hinauszuwagen in die Begegnung mit Betroffenen, denen sie erst einmal nichts zu erklären brauchen, die keine dummen Fragen stellen und die vielsagend zu schweigen wissen. Trauergruppen sind ein Schonraum für verletzte Seelen, ein Obdach für aus dem Lebenshaus geworfene, eine Oase für ausgetrocknete Lebenskraft, ein Ruheraum für aufgescheuchte Herzen, ein Hoheitsgebiet gebotener Rücksicht und anständigen Abstands samt Beistand. Eine Trauergruppe macht aus den Einzelkämpfern eine Solidargemeinschaft, ohne die Eigenart des jeweils eigenen Trauerfalles zu übersehen. Jede Trauer ist eigenartig, aber nicht einzigartig, das ganz persönliche Leid ist trotzdem nicht das einzige – und darum kann man in der Trauergruppe Menschen treffen, die anders, aber auch traurig sind. Trauergruppen sind der Lebensraum für begegnete Wiederbelebung unter Ausschluss der lebensleichten Öffentlichkeit. Und alle sind unterwegs, woanders, nie gleich, nie völlig identisch. Und darum ist jede Begegnung ein Hinweis darauf, dass es nicht nur so geht, wie es mir geht, sondern auch anders. Jede Begegnung in der Gruppe ist der Beweis, dass Trauer nicht ein Zustand ist, sondern ein Weg. Und ein Prozess, eine lange Inkubationszeit. Und darum ist es so gut und so wichtig, Menschen in Trauer dazu einzuladen und zu ermutigen. Ganz selbstbestimmt, ganz selbstdosiert aus sich und dem Trauerhaus herauszugehen, um sich dann wieder ganz bewusst zurückzuziehen dorthin.

Die Trauergruppe beatmet jedenfalls das leblose Leben neu. Es ist die erste Stufe möglichen Neubeginns.

## Acht achtsame Grundregeln
## für den Aufbau einer offenen Trauergruppe

### 1. Zielgruppen unterscheiden

Trauer ist immer anders. Deshalb wird es nie gelingen, völlige Übereinstimmung in Anlass, Empfindung, Umgangsweisen zu finden. Trotzdem ist es für das Gelingen, ja schon für das Zustandekommen einer Trauergruppe wichtig, zu unterscheiden, welche Zielgruppe gemeint ist – und welche nicht. Wenn in ein und derselben Gruppe Eltern von durch Gewalttaten umgekommenen Kindern zusammen sitzen mit Müttern, die ihr ungeborenes Kind verloren haben, mit Angehörigen von Suizidopfern, mit Menschen, die durch Verkehrsunfälle Partner verloren haben, diese zusammen wiederum mit dem „ganz normalen" Trauerfall (den es so nicht gibt), aber immerhin mit Männern und Frauen, die ihre Partner in relativ hohem Alter verloren haben, dann wird die Schnittmenge der Betroffenheit so differenziert und inkompatibel sein, dass kaum ein Gesprächsgang zu initiieren ist, der nicht Teile der Gruppe ausschließt, ja sogar grob fahrlässig übergeht. Darum sollte von Anfang an klar gesagt werden, welche Zielgruppe eingeladen ist.

Wenn sich dann trotzdem jemand mit einem ganz anderen Trauerfall in die Gruppe „verirrt", dann ist das in der Regel kein Problem und kann aufgefangen werden.

Die nachfolgenden Ausführungen befassen sich primär mit dem Aufbau und der Organisation einer Trauergruppe, die primär und von der Mehrzahl der Teilnehmenden bestimmt ist von einem „normalen" Tod. Zumindest für den ganz speziellen Tod von Ungeborenen, von Babys, von Kleinkindern, von Gewaltopfern sollten eigene Gruppen angeboten werden. Sie verlangen nach ganz spezifischen Formen der Betreuung und der Bearbeitung.

### 2. Einladungswege

In einem Vorlauf von etwa einem halben Jahr sollte die Werbung für den Start einer solchen Trauergruppe anlaufen. Entscheidend ist dabei, dass persönliche Gespräche geführt werden, vertrauensbildend mit den Personen, die das Angebot dann glaubwürdig und identifiziert weiter geben können. Als Multiplikatoren haben sich nach meiner Erfahrung folgende Anlaufstellen bewährt:

*Beerdigungsinstitute*

Sie sind in ihrem Stellenwert für Trauernde gar nicht hoch genug einzuschätzen. Sie gehören zu den ersten Kontakten im Zusammenhang des Trauerfalls und ihnen wird ein enormes Vertrauen entgegengebracht. Und viele Institute, die ich kennenlernen durfte, verstehen ihre Arbeit wirklich auch als eine Art Notseelsorge, eine erste Hilfe. Wenn sie einen Hinweis, einen Flyer weitergeben, dann ist das eine Einladung erster Qualität, auch wenn er lange zu Hause liegen bleibt. Manche Leute kommen erst nach zwei Jahren zur Trauergruppe, aber die Information stammt aus der Begegnung mit dem Beerdigungsinstitut.

### Gemeindepfarrämter

Beerdigung ist die klassische Dauerkasualie quer durch das ganze Jahr. Pfarrerinnen und Pfarrer stehen ständig in Bereitschaft und mitunter Woche für Woche an Gräbern. Sie sind in der Seelsorge ganz nah bei den trauernden Familien. Und sie leisten dabei Begleitung auf höchstem Niveau. Die Visitenkarte, die sie anlässlich solcher Begegnungen abliefern, prägt mitunter das Bild von Kirche ein Leben lang. Eine Nachsorge, ein Begleiten der Leute über längere Zeit nach der Beerdigung wird nur in Ausnahmefällen möglich sein. Aber der Hinweis auf ein offenes Angebot aus der Hand der Seelsorgerin, des Seelsorgers ist etwas wert und wird oft angenommen.

### Hausärzte, Sterbebegleitung

Viele Hausärzte begleiten Menschen im Sterben und gehen in den Familien oft wochenlang ein und aus. Sie gehören fast zur Familie und stehen den Angehörigen oft als Gesprächspartner sehr nahe. Sie für die Trauerarbeit zu gewinnen und zu interessieren, macht Sinn und lohnt sich.

Dasselbe gilt für die Menschen in der Hospizhilfe und in der Schmerztherapie.

### Örtliche Presse

Es ist immer gut und sinnvoll, das Angebot in der örtlichen Presse zunächst langfristig anzukündigen und dann beim Start noch einmal zu bewerben. Das kann in Form eines Interviews geschehen. Das Thema ist immer eine Meldung wert und stößt in der Regel bei den Lokalredaktionen auf offene Ohren.

### 3. Alles hat seine Zeit

Das gilt auch für den Start einer Trauergruppe. Mit ihr im Frühling zu beginnen oder im Hochsommer ist einfach schwer. Es ist sozusagen asynchron zum Kalender. Im Frühjahr und Sommer sollten die Vorbereitungen und ersten Informationen auf den Weg gebracht werden, die Vernetzung mit Verbündeten und Multiplikatoren beginnen. Und im Herbst sollte, nach dem Goldenen Oktober im Umfeld des November, der Startzeitpunkt sein.

Besonders zu empfehlen sind auch die Gottesdienste an Toten- und Ewigkeits-sonntag, zu dem in der Regel die Angehörigen der Verstorbenen des zu Ende gehenden Kirchenjahres gesondert eingeladen werden. Im Rahmen eines solchen „Kasualgottesdienstes" die Trauerarbeit einzubeziehen ist absolut sinnvoll und nachhaltig wirksam.

Wenn die dunkle Zeit des Jahres beginnt und die Frage im Raum steht: „Wie überlebe ich diesmal Weihnachten?" – dann ist der „kairos", der genau richtige Moment für die Einladung und den Start gekommen.

## 4. Begleitung im Dialog

Jesus schickt seine Jünger nicht ohne Grund zu zweit in die Welt. Eine Trauer-gruppe ist eine höchst anspruchsvolle Veranstaltung. Selbst wenn es zu Beginn nur wenige sind (es sollten grundsätzlich nie mehr als max. 12-15 Personen sein!), es geht besser zu zweit als allein. Ich selber arbeite seit mehr als zehn Jahren mit der Psychologin Marthe Kuhm vom Haus der Familie in Landau zusammen und bin dankbar für die eingeübte Leitung im Dialog.

Vier Augen sehen mehr als zwei, vier Ohren hören mehr, und die Nacharbeit für die Vorarbeit ist in der Auswertung und der gegenseitigen konstruktiven Kritik ein Segen für alle Beteiligten.

Deshalb empfehle ich, wenn irgend möglich, nicht alleine zu agieren. Denkbar wäre auch eine Zusammenarbeit auf ökumenischer Ebene. Denn auch da ist die Trauer unorthodox. Die Konfession spielt eine bemerkenswert geringe Rolle, wenn die Trauer sich einen Raum sucht.

Wenn man sich die Gesprächsleitung aufteilt, dann ist eine Person immer in Reserve und in privilegierter Beobachterrolle. Wenn sich das Gespräch verläuft, verirrt, verrennt, wenn eine Wahrnehmung völlig daneben liegt oder ein Weitersprechen irgendwie nicht zu gehen scheint, dann ist die Übergabe an den Co-Piloten immer eine Option mit Aussicht auf Erfolg.

## 5. Der Raum

Unaufdringliche Gastfreundschaft ist gefragt. Eine liebevoll gestaltete Mitte. Ein Stuhlkreis, nicht zu eng, mit Beinfreiheit und Rangierabstand. Nicht zu hell. Kein zufälliges Arrangement. Trauernde Menschen sind dankbar für Ästhetik, die sie nicht selbst herstellen oder zu einer solchen machen müssen. Das geht nämlich in ihrem Zustand nicht. Es gibt im Augenblick, zur Zeit, bis auf Weiteres eigentlich nichts Schönes auf der Welt. Es aber doch zu sehen, wahrzunehmen, ohne ihm zu viel Referenz zu erweisen, das tut gut. Leise Musik zum Ankommen hilft. Begrüßung an oder vor der Tür auch. Der Raum sollte warm und „bewohnbar" sein. Keine kalten Verwaltungszimmer. Keine Kühlschrank-Atmosphäre. Auch keine zu hohe Schwelle. Also nicht unbedingt im kirchlichen Gemeindehaus, aber wenn, dann auf hohem gastfreundlichen Niveau!

Möglichst nicht neben einem gleichzeitig stattfindenden Kochkurs oder einer Theatergruppe oder einer Singstunde. Alle anderen „Lebenszeichen" sind kontraproduktiv und haben die Tendenz zur Nötigung.

## 6. Der Ablauf

Jedes Miteinander braucht eine Liturgie. Es ist wichtig, dass eine solche erkennbar und gewollt ist. Trauernde wollen ungern zum Gelingen eines Experimentes beitragen. Bitte nicht: „Wie wollen Sie denn beginnen?" Sondern: „So und so fangen wir an – so geht es dann weiter und so und dann hören wir garantiert wieder auf." Kalkulierbares Risiko. Begrenzte Zeit, klare Struktur. Die Leute sollen sich darauf verlassen können, dass die Sache durchdacht, geplant und beherrschbar ist. Ähnlich wie bei der Beerdigung wollen sie die Last für die Durchführung delegieren, damit sie selbst frei sind, bei sich zu sein.

**In unserer Praxis hat sich folgende Struktur bewährt:**
- Ankommen bei leiser Musik.
- 20.00 Uhr – Begrüßung und einleitende, entlastende Bemerkungen zum Rahmen, zur Person der Leitung, zu Grundregeln
- Musik
- 20.15 Uhr – Impuls: Anmoderation und Hinführung durch Traueraspekt, Gedicht, Geschichte, Symbol (angelehnt auch an die Jahreszeit, die aktuelle Situation, die letzte Sitzung etc.)
- 20.30 Uhr – freie Aussprache in der Gruppe
- 21.15 Uhr – Neuer Impuls zum Abschluss, klare Zäsur, Text für alle zum Mitnehmen
- 21.30 Uhr – Musik zum Abschied
- 21.40 Uhr – Ansagen und Verabschiedung

In der Regel dauert es bis mindestens 22.00 Uhr, bis sich alle verabschiedet haben. Viele gehen anschließend noch in Kleingruppen zusammen weiter. Manche kehren noch irgendwo ein. Kontakte mit der Tendenz zur Freundschaft entstehen. Manche kommen und gehen aber auch konsequent allein. Nichts davon wird kommentiert oder bewertet.

## 7. Umgangsform

Grundsätzlich wird zu Beginn jeder Sitzung erklärt, dass es sich hier um eine offene und, wenn gewünscht, anonyme Trauergruppe handelt. Hier treffen sich Betroffene, denen man erst einmal nichts erklären muss. Wer etwas sagt und wer schweigt, das bestimmt jede Person für sich allein und bei jedem Treffen neu. Wir kommentieren und korrigieren die Aussagen der anderen nicht. Deshalb kann in diesem vertrauten und vertraulich wahrgenommenen Raum niemand etwas falsch machen.

Wie lange und wie oft und in welchen Abständen jemand kommt oder wegbleibt, ist ganz alleine Sache der Betroffenen selbst. Wer sich von der Gruppe verabschieden will, tut das auf seine je eigene Weise. Still und heimlich oder mit einer offiziellen Handlung. Wir verlangen von niemandem ein Glaubensbekenntnis beim Hereinkommen oder beim Hinausgehen, wir verheimlichen aber nicht, dass wir als Kirche einladen und als Christen hören und sprechen. Biblische Geschichten, Texte, Anspielungen, Lieder, Gebete, geistliche Musik spielen eine große Rolle, werden aber nicht zur Belagerung ausgebaut.

Dem Wunsch nach persönlichen Seelsorgegesprächen unter vier Augen wird in der Regel entsprochen. Manchmal empfiehlt es sich, das Gespräch mit beiden Seelsorgern gemeinsam zu führen.

Wichtig ist dabei auch eine moderate Moderation, die nur da ernsthaft eingreift, wo einzelne anfangen, über die Trauer anderer zu urteilen, oder die Verfassung anderer leichtfertig für schnell vorübergehende Phänomene halten, während sie ihren eigenen Zustand überlegen zur endgültigen Errungenschaft erklären.

Auch trauernde Leute sind Menschen mit Eitelkeiten und Ängsten. Ihr Wesen schlägt sich auch jeweils auf ihre ganz eigene Trauerweise nieder. Darum gilt es, manche Teilnehmer zu stützen, andere zu schützen und wieder andere zu beschränken. Auch eine Trauergruppe entwickelt eine eigene Dynamik und sucht nach Rangordnung und Dominanz. Da sie aber stets offen sein soll für neue Einsteiger, darf es die Tendenz zur „geschlossenen Gesellschaft" nicht geben.

„Frisch Verwundete" sind immer eine Zumutung für die Gruppe, wirft sie mit ihrer Aufmerksamkeit auch ein Stück zurück und mutet ihnen zu, den eigenen Standort zu relativieren. Das macht Mühe und irritiert. Da brauchen alle Beteiligten eine sehr behutsame Begleitung.

## 8. Musik als Mantel und Medium

Trauer kann sich nicht nur mit Hilfe von Sprache ausleben. Wo uns die Worte fehlen, kommt uns die Musik zur Hilfe. Sie ist ein wunderbares Medium, in das sich Trauer auf ganz eigene Art und Weise eintragen kann. Musik vertont nicht nur Glück und Lebenslust, sie gibt auch der Trauer und Lebensangst die richtige Schwingung.

Darum ist der wohldosierte Einsatz von Musik hilfreich und wohltuend. Meistens begleiten wir eine Trauergruppe über mindestens vier bis fünf Monate mit demselben musikalischen Rahmenprogramm. Dieses wird durch die Wiederholung zum vertrauten Tonraum und hilft zum Ankommen und zum Wieder-Nachhause-Gehen.

**Folgende Musikstücke haben sich u. a. in unserer Arbeit besonders bewährt:**
Antonin Dvorak, Symphonie Nr. 9 e-moll
Modest Mussorgsky, Eine Träne
Eric Clapton, tears in heaven
J. Brahms, Es ist ein Schnitter
Filmmusik, Jenseits der Stille
Enya, only time
Udo Lindenberg, Hinterm Horizont
Simon and Garfunkel, bridge over troubled water
Herbert Grönemeyer, Der Weg
J. S. Bach, Nun ruhen alle Wälder
Clemens Bittlinger, Klage
W. A. Mozart, Konzert für Klavier und Orchester, Nr. 20 d-moll KV 466, Konzert für Klavier und Orchester, Nr. 13 c-dur KV 415

## Autor & Kontakt
Dr. Ludwig Burgdörfer, Leiter des Missionarisch-Ökumenischen Dienstes (MÖD) in der Evangelischen Kirche in der Pfalz, Westbahnstraße 4, 76829 Landau, Tel.: 06341 92890

## Weiterer Kontakt
Informationen zum Café Lichtblick für Trauernde:
Ingeborg Möller, Auf dem Flidd 15, 25436 Uetersen, Tel.: 04122 41070

## Buchtipp
Ludwig Burgdörfer, Marthe Kuhm, Trauer braucht seine Zeit – Täglicher Begleiter durch das erste Trauerjahr, Brunnen Verlag, 2007

## Internet
www.trauernetz.de

**Tipp**

Die Sängerin Njeri Weth gibt im November immer Trostkonzerte. Sie möchte mit dieser Konzertform verstärkt die seelsorgerlichen Möglichkeiten zeitgenössischer geistlicher Musik und lyrischer Texte zur Geltung bringen. Die Konzerte ermöglichen Menschen, in unaussprechlicher Situation Geborgenheit zu erfahren. Mehr Info: www.njeri.org
Njeri Weth: comfort [komm'fo:rt]. Ein Trostkonzert. Foto-Bildband und Audio-CD, Neukirchener Verlagsgesellschaft, 2007

# Soziales, diakonisches und generationenübergreifendes Engagement

## 39. Fahrdienste für andere Senioren

Der Verlust des Führerscheins oder der Tod des Auto fahrenden Partners sind ein enormer Einschnitt im Leben von Senioren. Oftmals reduziert sich der Lebensradius schlagartig. Die Gestaltung des alltäglichen Lebens wird schwieriger. Die Abhängigkeit von anderen steigt. Die Möglichkeit zu selbstbestimmten Unternehmungen nimmt ab.

Ein weites Einsatzfeld bietet sich deshalb für Menschen, die gerne ihre Fahrdienste zur Verfügung stellen. Abholservice zum Seniorennachmittag oder zum Gottesdienst, Einkaufsfahrten mit oder für Senioren, individuelle Fahrtangebote zum Arzt, Friseur oder aufs Amt – all das wird von betagteren Senioren oftmals dankbar angenommen. Ein besonderes „Schmankerl" für Menschen aus dem Pflegeheim sind darüber hinaus Ausflugsfahrten in die nähere Umgebung. Pflegeheimbewohner kommen oftmals nur noch wenig aus dem Haus und freuen sich über eine Abwechslung. Eine Fahrt in das nahe gelegene Heimatdorf, durch die alten und vertrauten Felder und Wälder oder vorbei an dem eigenen früheren Wohnhaus wirkt oft beglückend und anregend.

Fahrdienste bieten ein gutes Betätigungsfeld für Männer. Wichtig dabei ist, Fragen zu Versicherung, Benzingeld oder weiteren Unkosten vorab zu klären.

# 40. Einsatz in Pflegeheimen
von Heinrich Kaufmann

Die Beobachtung, dass das Pflegepersonal mit immer mehr administrativen Aufgaben durch die Qualitätssicherung zu tun hat und das zu Lasten der persönlichen Zuwendung zum Hausbewohner geht, hat 2004 auf dem „Schönblick" in Schwäbisch Gmünd den Gedanken aufkommen lassen, ein Diakonieteam ins Leben zu rufen. Nach anfänglichem Zögern hat sich nach einem Jahr bereits ein Team von 15 ehrenamtlichen Mitarbeitern zusammengefunden. Darunter hauptsächlich Rentner und Pensionäre beiderlei Geschlechts. Auch ein junges Ehepaar bringt sich ein. Dies ist eine besondere Bereicherung, weil sie ihr kleines Kind mitbringen, was für ältere Menschen besonderes beglückend ist.

Die Mitarbeiter haben sich in Rücksprache mit der Hausleitung des Pflegeheims auf bestimmte Wochentage festgelegt, wo sie ihren Einsatz bringen. Manche kommen mehrmals die Woche, andere nur einmal vierzehntäglich. Sie helfen dann dem Pflegepersonal, den Bewohnern das Essen zu reichen, lesen vor, gehen mit Einzelnen, wo das möglich ist, im Park spazieren oder fahren andere im Rollstuhl aus. Etwa alle sechs Wochen trifft sich das Mitarbeiterteam zu gemeinsamen Besprechungen. Hier werden dann auch Schwierigkeiten erörtert und nach Lösungen gesucht. Es ist ganz wichtig, Aktivitäten in solch einer Einrichtung in Rücksprache mit der Hausleitung zu planen und zu koordinieren, weil dies im Arbeitsablauf einer Einrichtung schon auch zusätzlichen Aufwand bedeutet.

Ein anderes Team nimmt sich der körperlichen Ertüchtigung an. Sie gestalten jeden Montagmorgen einen Kreis unter dem Thema: „Mach mit, bleib fit".

Eine kurze Andacht, Ballspiele mit Softbällen, damit sich keiner verletzen kann, Seniorentanz, um die Beweglichkeit spielerisch in Verbindung mit Musik zu fördern, sind die eigentlichen Inhalte. Manchmal kommt auch ein farbenfroher Fallschirm zum Einsatz. Für Hausbewohner mit deutlich eingeschränktem Bewegungsapparat wird eine Kleingruppe gebildet, die versucht, einen Luftballon mit Händen, Füßen und dem Kopf in der Luft zu behalten. Das macht immer wieder sehr viel Spaß und zugleich wird der Bewegungsapparat deutlich gefördert. All dies sind Möglichkeiten, um älteren Menschen die Lebensqualität zu steigern und ihnen Freude zu bereiten.

> *„Meine Bitte ist: Herr, mach's nur mit meinem Ende gut."*
> *Marianne Pollmer, 74, Thum*

Ein Mitarbeiter, der das erste Mal dabei war, um sich das Ganze erst einmal anzusehen, sagte zunächst: „Ich glaube, das ist nichts für mich. Solche Spielchen erinnern mich viel zu sehr an den Kindergarten". Nach der Veranstaltung aber kam er noch einmal zurück. Er sagte: „Ich habe gesehen, wie die Leute in den Saal gekommen sind und wie fröhlich sie den Raum verlassen haben. Das ist doch eine gute Sache, ich mache mit!"

## Kontakt

Waltraud und Heinrich Kaufmann, Emil-Rudolph-Weg 25, 73527 Schwäbisch Gmünd, E-Mail: Whkaufmann@gmx.de

# 41. Bauhütte
von Fritz Hanßmann

Man empfindet wohl immer die Altersstufe, in der man lebt, als die wichtigste. Darum kribbelt es mich in den Fingern, zu sagen, dass die Seniorenarbeit in unseren Gemeinden das Wichtigste sei. Natürlich ist das nicht so! Kinderarbeit, Jugendarbeit, Angebote für junge Familien sind mindestens genauso wichtig.

Arbeit im Reich Gottes ist für mich eine ehrenvolle Arbeit, also ein Ehrenamt. Und in diesem Ehrenamt bin ich in unserer Gemeinde schon viele Jahre tätig. Für mich war das Ehrenamt schon immer eine wichtige Sache, und nachdem ich nun bereits fünf Jahre im Ruhestand bin, merke ich, dass diese Art von Mitarbeit in der Gemeinde dafür gesorgt hat, dass es bei mir keinerlei Ruhestandsdefizite gibt – im Gegenteil! Manches kann ich nun gelassener angehen oder mich intensiver mit einer Sache auseinandersetzen, als es während des Berufslebens der Fall war.

Wir haben hier an unserer Stiftskirche in Herrenberg eine Bauhütte, die ich verantwortlich leite und bei der alle Mitarbeiter ehrenamtlich ihre Zeit und ihr Können einbringen. Es geht uns nicht darum, einen sinnvollen „Zeitvertreib" anzubieten, sondern wir machen vielerlei Dinge, in der Stiftskirche und um die Stiftskirche, die Pfarrhäuser, das Gemeindehaus usw. Meistens handelt es sich um Reparaturen, manchmal auch um neue Dinge, die auf diese Weise die Kasse der Kirchenpflege entlasten. Zur Zeit sind wir 26 Männer, etwa drei Viertel davon sind Ruheständler, die je nach Begabung ihre Zeit einbringen. In „auftragsschwachen" Zeiten produzieren wir aus altem historischen Kupferblech hübsche kunsthand-werkliche Gegenstände, in der Weihnachtszeit vermehrt Christbaumschmuck,

> *„Ich finde es gut, dass in unserer Gemeinde neue Ideen und Vorschläge von unserem Pfarrer gerne aufgenommen werden, sofern er selbst nicht zusätzlich damit belastet wird."*
> Wilhelm Link, 70, Nehren

aber auch größere Dinge wie Wetterhähne, Wetterfahnen oder hübsche Wirtshausschilder. Der Erlös dieser Aktivitäten fließt wieder zurück in unsere Stiftskirche, und somit sind wir eine Gruppe der Kirchengemeinde, die den Haushalt nicht be- sondern entlastet. Manche unserer Mitarbeiter zählen nicht zu den sonntäglichen Kirchgängern, aber gerade sie sind es, mit denen man beim Arbeiten auch in Gespräche über den christlichen Glauben kommen kann. Und das ist mir besonders wichtig, dass durch diese Arbeit Menschen den Zugang zum Wort Gottes finden und zum Glauben an Jesus Christus kommen können.

## Kontakt
Bauhütte Herrenberg:
Fritz Hanßmann, Georg-Friedrich-Händelstr. 6/1, 71083 Herrenberg, Tel.: 07032 5565

# 42. Seniorenwerkstatt

Im Rahmen des Projektes „Seniorenwerkstatt" in der Evangelischen Kirchengemeinde Hochheim führen einige aktive Senioren unter dem Motto „Rentner helfen Rentnern" Reparaturen an Haushaltsgeräten, Kleinmöbeln und Kinderspielzeug durch. Zu reparierende Sachen sind hierzu in die im Kellerraum des Gemeindehauses eingerichtete Werkstatt zu bringen, wo die Rentner kostenlos reparieren; lediglich eventuell anfallende Auslagen sind zu erstatten. Über diese fast immer erfolgreichen Dienste freuen sich als Auftraggeber neben den älteren Menschen und den Kindergärten der gesamten Stadt auch die evangelische Kirchengemeinde.

## Kontakt
Seniorenwerkstatt Hochheim:
Kurt Wenski, Danziger Allee 95a, 65239 Hochheim am Main, Tel.: 06146 7337

# 43. Leihoma-Service

Seit 2005 gibt es in der schwäbischen Kleinstadt Kornwestheim einen Leihoma-Service der evangelischen Kirchengemeinde. Eine „Fortbildung zur Seniorenberaterin" bei der LageS (Landesarbeitsgemeinschaft evangelischer Seniorinnen und Senioren in Württemberg) ermutigte Adelheid Lechler-Scholzen (66), für sich selbst neue Aufgaben zu suchen und für die Arbeit mit Senioren überraschende Wege zu gehen. Die kommunalen Angebote von Leihoma-Projekten dienten als Anregung, es auch in der Kirchengemeinde mit diesem Service zu versuchen. Schnell wurde das Angebot zum „Erfolgsmodell". Rund 20 Omas betreuen 30 bis 40 Familien. Viele junge Mütter finden es gut, dass es dieses Angebot unter dem Dach der Kirchengemeinde gibt – der gewährte Vertrauensvorschuss ist dadurch besonders groß.

Familien, die eine Oma suchen, melden sich bei der ehrenamtlichen Koordinatorin Adelheid Lechler-Scholzen. Sie hat auch den Überblick über die tätigen Omas und vermittelt beide Partner. Ein erstes Treffen zum gegenseitigen Kennenlernen wird vereinbart – schließlich soll die Chemie stimmen zwischen Omas, Kindern, Mamas und Papas. Der Einsatz der Omas sieht ganz unterschiedlich aus und wird individuell mit den Familien abgesprochen. Manche Omas holen die Kinder zum Spazierengehen ab, sie spielen mit ihnen in der Familienwohnung, lesen vor, backen Plätzchen oder holen die Kleinen vom Kindergarten ab. Manche Omas engagieren sich einmal in der Woche an einem festen Tag, andere sporadisch. Viele Eltern wünschen sich einfach eine Oma für ihr Kind – etwa, weil die eigenen Eltern zu weit weg wohnen. Andere Mütter möchten Zeit haben für ein eigenes Vorhaben. Leihopas gibt es hier leider nicht – obwohl sich gerade alleinerziehende Mütter gerne einen wünschen.

Jede Seniorin, die mitarbeitet, wird durch ein Gespräch mit der Leiterin des Services auf ihr Engagement eingestimmt. Die Omas sind zwischen Mitte 50 und Mitte 70, die meisten Kinder im Kleinkind- oder Kindergartenalter. Die Seniorinnen sind bei ihrem Einsatz versichert und erhalten von der Familie eine kleine Aufwandsentschädigung: sechs Euro für die erste Stunde, drei Euro für jede weitere. Ein Büroraum für die Koordinatorin wird von der kirchlichen Sozialstation für einen Nachmittag in der Woche zur Verfügung gestellt.

## Kontakt
Leihoma-Service: Evangelische Kirchengemeinde Kornwestheim
Büro Leihoma-Service, Hermannstr. 12, 70806 Kornwestheim, Tel.: 07154 174862,
Bürozeit: dienstags 14.30 bis 17.00 Uhr

## Lesetipp

„Ich möchte Geborgenheit weiter geben." Warum ich ein Leih-Opa geworden bin: Artikel in Männerforum, 38/2008, Zeitschrift der Männerarbeit der Evangelischen Kirche in Deutschland

## Internet

Bericht über den Leihoma-Service in Kornwestheim unter:
www.kirchenfernsehen.de
www.leihomas-leihopas.de

# 44. Kinderbetreuung „Alt und Jung – Hand in Hand"

Seit einigen Jahren gibt es in der evangelischen Markusgemeinde in Karlsruhe das Angebot einer Kinderbetreuung. Einmal in der Woche für zwei Stunden kümmern sich sechs bis acht Seniorinnen um etwa acht bis zwölf Kinder. Die Kleinen gehen noch nicht in den Kindergarten, die Jüngsten sind erst wenige Monate alt. Die Familien werden durch die Kinderbetreuung entlastet und unterstützt, die Kinder selbst erhalten Anregungen durch ihre Spielkameraden und insbesondere auch durch die Seniorinnen und Senioren. Die älteren Menschen können ihre Lebenserfahrung weitergeben und die Freude an den Kindern miteinander teilen. Die Betreuung findet in kirchengemeindlichen Räumen statt und ist Teil des städtischen Angebots „Alt und Jung – Hand in Hand". Von den insgesamt 17 Gruppen sind fünf unter evangelischer Trägerschaft. Die Kirchengemeinden kooperieren dabei mit dem Kinderbüro und dem Seniorenbüro der Stadt Karlsruhe. Die Kinderbetreuung ist ein offener Treff und wird kostenlos angeboten. Die Gruppen werden in der Anfangsphase von der Projektleiterin der Stadt Karlsruhe Sibylle van Schoor unterstützt und fachlich beraten. Außerdem organisiert sie regelmäßige Fortbildungsveranstaltungen für die Verantwortlichen der Gruppe.

## Kontakt

„Alt und Jung – Hand in Hand": Evangelische Seniorenseelsorge Karlsruhe
Elisabeth Schröter, Hübschstr. 8, 76135 Karlsruhe, Tel.: 0721 8317560,
E-Mail: es@ev-kirche-ka.de

# 45. Lesepatenschaften

„Wer zu lesen versteht, besitzt den Schlüssel zu großen Taten, zu ungeträumten Möglichkeiten, zu einem berauschend schönen, sinnerfüllten und glücklichen Leben." Vielleicht mag die Aussage des britischen Schriftstellers Aldous Huxley für manche Ohren etwas übertrieben klingen – doch auch im Zeitalter von Computer und Internet vermitteln Bücher den Zugang zu einer besonderen Welt. Lesen regt die Phantasie an und fördert die Konzentrationsfähigkeit. Lesen ist wichtig für die sprachliche Entwicklung und damit Grundlage für alles Lernen und für eine gute Kommunikation mit anderen. Lesen ist eine elementare Schlüsselqualifikation fürs Leben.

Doch viele Kinder heute verbinden mit dem Lesen mehr Frust als Lust. Lesen macht vielen Kindern keinen Spaß – auch das brachte die Pisa-Studie zutage. In den letzten Jahren wurden deshalb unzählige Lesepatenschaft-Initiativen gestartet, um Kinder zum Lesen zu motivieren. Ehrenamtlich tätige Männer und Frauen gehen in Kindergärten, Schulen oder Bibliotheken, um dort vorzulesen und so Kinder zum eigenständigen Lesen zu animieren. Lesepaten lesen aber nicht nur vor – sie vermitteln auch Zuwendung und Aufmerksamkeit. Besonders für Kinder, bei denen daheim nicht vorgelesen wir, sind Vorlesestunden wichtig.

Der zeitliche Aufwand mit ein bis zwei Wochenstunden hält sich für die Lesepaten in Grenzen, der Gewinn aber ist sowohl für die Helfer als auch für die Kinder enorm.

Lesepatenschaften finden vorwiegend im Rahmen eines bürgerschaftlichen Engagements statt. Aber auch manche Kirchengemeinde sucht Lesepaten für ihren Kindergarten oder ihre Bücherei.

## Kontakt
Lesepatin im Friedrich-Oberlin-Kindergarten Ergolding:
Herma Kienberger, Sonnenring 19, 84051 Altheim,
E-Mail: karlheinz.kienberger@web.de

## Internet
www.lesepaten.net, www.stiftunglesen.de, www.deutschland-liest-vor.de,
www.wirlesenvor.de, www.lesen-in-deutschland.de

*„Mir gibt diese Arbeit unheimlich viel. Man muss nur den Mut aufbringen, eine solche Aufgabe zu beginnen."*
*Herma Kienberger, 69, Altheim*

# 46. Konfibegleiter

Was Konfirmation ist und wer Konfirmanden sind – das weiß jeder! Was aber sind „Konfibegleiter"?

Eine wichtige Aufgabe der christlichen Gemeinde ist es, junge Menschen auf dem Weg des Lebens und des Glaubens zu begleiten. Viele ganz unterschiedliche Möglichkeiten gibt es dabei. Eine davon: das Mentorenmodell im Bereich der Konfirmandenarbeit.

„Konfibegleiter" sind Menschen aus der Gemeinde, die die Jugendlichen während der Zeit ihres Konfirmandenunterrichts begleiten. Die Gestaltung dieser „Patenschaft" kann ganz unterschiedlich aussehen. Gerade Senioren sind für das Mentorenprogramm geeignet.

Ein Beispiel aus der württembergischen Gemeinde Rielingshausen: Seit einigen Jahren werden hier mit dem Konfibegleiterprojekt gute Erfahrungen gemacht. Wie viele Mentoren gebraucht werden, hängt von der Größe des Konfirmandenjahrgangs ab. Ein Begleiter kümmert sich jeweils um zwei Jugendliche. Viele der ehrenamtlichen Begleiter sind Seniorinnen und Senioren. Drei persönliche Treffen zwischen den Konfis und ihren Begleitern sind verpflichtend. Bei dem „Unterricht" in den Kleinstgruppen geht es um Themen wie „Gemeinde", „Mein Leben – Mein Glaube" und „Konfirmation". Natürlich fällt in der entsprechenden Woche der reguläre Konfirmandenunterricht aus. Die Konfibegleiter bekommen für die Durchführung der Themen Material an die Hand. Es bleibt den Mentoren und ihren Möglichkeiten überlassen, die Beziehung zu den Jugendlichen durch weitere Aktivitäten zu vertiefen, etwa durch einen Ausflug oder beim gemeinsamen Eisessen. Zum Abschluss überreichen die Begleiter „ihren Konfis" im Konfirmationsgottesdienst die persönlichen Bibelsprüche.

Von dem Mentorenprogramm profitieren beide Seiten: es kommt immer wieder zu guten Begegnungen, tiefgehenden Gesprächen und einem Kennenlernen der jeweils anderen Lebenswelt. Auch nach der Konfirmandenzeit ist zwischen ehemaligen Konfis und ihren Begleiterinnen und Begleitern ein bleibender Bezugspunkt vorhanden, etwa bei Begegnungen und Gesprächen auf der Straße.

## Kontakt

Evangelisches Pfarramt Rielingshausen, Rathausplatz 12, 71672 Marbach, Tel.: 07144 37041, E-Mail: Pfarramt.Rielingshausen@t-online.de

## Internet

Online-Praxishilfe zur Verknüpfung von Jugendarbeit und Konfirmandenarbeit mit Hinweisen zum Konfibegleitermodell: www.ju-ka.net oder www.ka-ja.info

# 47. Hausaufgabenbetreuung

Die Schule ist ein wichtiger Lern- und Lebensraum unserer Kinder. Doch pädagogische und soziale Probleme nehmen immer mehr zu. Es gibt deshalb verschiedene Ansätze, Schulen, Lehrer und Schüler durch das Engagement von Ehrenamtlichen zu unterstützen. Auch für Kirchengemeinden bietet sich hier ein weites Einsatzfeld für kooperative Arbeit.

Im württembergischen Hirschlanden wird seit über 15 Jahren eine Hausaufgabenbetreuung für Grundschüler angeboten. Die Kirchengemeinde versteht diesen Einsatz als diakonische Aufgabe. Von Montag bis Donnerstag werden von 14.15 bis 15.15 Uhr Schüler der 1. bis 4. Klasse in den Klassenzimmern der örtlichen Grundschule betreut. Die Hausaufaufgabenstunde beginnt mit einem kleinen Ritual. Rund 35 Betreuer beteiligen sich abwechselnd an dieser Arbeit. Die Mehrheit der Mitarbeiter sind dabei Senioren.

Über 20 Schüler mit Lernschwierigkeiten kommen regelmäßig und mit Begeisterung. Viele von ihnen sind Kinder mit Migrationshintergrund. Das große Anliegen der Hausaufgabenbetreuer ist es, die Chancen dieser Kinder zu verbessern. In den meisten Fällen werden die Kindern von den Lehrern zur Hausaufgabenbetreuung vermittelt. In der Regel werden ein bis zwei Schüler von jeweils einem fest für sie zugeteilten Mitarbeiter bei der Erstellung der täglichen Hausaufgaben unterstützt. Dabei wird auch auf die speziellen Fragen und Schwächen der Kinder eingegangen. Ein Vorteil nebenbei: Der tägliche „Kleinkrieg" rund ums Thema Hausaufgaben daheim in der Familie entfällt, die Hausaufgabenbetreuung trägt auch in dieser Hinsicht zur Entlastung bei.

Zwölf Euro im Monat kostet die Teilnahme. Die Ehrenamtlichen arbeiten unentgeltlich. Regelmäßig werden Weiterbildungen für die Betreuer organisiert, die dabei mehr zum Umgang mit den Schülern und zu den Lerninhalten der verschiedenen Fächer erfahren. Mehrmals im Jahr werden die Mitarbeiter als „Dankeschön" etwa zum Theater, zu einem Ausflug oder zu einem Essen eingeladen. Auch kleine Feiern mit den Kindern finden statt.

Ein Leitungsgremium von fünf Mitarbeitern trifft sich einmal im Monat und koordiniert die Arbeit. Für jeden der vier Wochentage, an denen die Hausaufgabenbetreuung stattfindet, gibt es außerdem einen Hauptverantwortlichen. Die Hausaufgabenbetreuer kommen aus allen Berufsgruppen. Die Liebe zu den Kindern und das Bedürfnis zu helfen sind die wichtigsten Voraussetzungen.

## Kontakt
Siegfried Steidle, Max Reger-Weg 4, 71254 Ditzingen

# 48. Schülerpatenschaft

Ein außergewöhnliches Projekt pflegte der Seniorenkreis der landeskirchlichen Gemeinschaft in Lugau mit einer Klasse der örtlichen Mittelschule. Rund 30 Senioren und 27 Schüler hatten über vier Jahre hinweg guten Kontakt miteinander: Gegenseitige Besuche fanden statt, Schüler gestalteten Seniorennachmittage und Senioren wiederum Spielstunden für die Schüler. Briefe wurden geschrieben, eine Zirkusvorstellung gemeinsam besucht und ein schönes Abschlussfest gefeiert. Sowohl bei den Senioren als auch bei den Schülern hat dieses Projekt sehr gute, berührende und ermutigende Spuren hinterlassen.

## Kontakt
Schülerpatenschaft:
Sieglinde Kramer, 09385 Lugau, Tel.: 037295 40575

*„Auch wenn man zunächst eine innere Barriere überwinden muss: Die Zusammenarbeit mit jungen Leuten kann sehr gut gehen."*
*Sieglinde Kramer, 72, Lugau*

# 49. Erfahrungsbericht: Mentoren für Schüler
von Ulrich Ruck

**„Was die Jugendlichen brauchen, sind Menschen wie Du und ich, die sie begleiten!"**

So formuliert es ein Mentor, der Mädchen und Jungen aus einer Hauptschule im Reutlinger Bezirk auf dem Weg zum Ausbildungsplatz begleitet. Und er sagt das mit Fug und Recht. Denn in den vergangenen Jahren konnten lediglich 15–20% der Neuntklässler nach der Schule eine Berufsausbildung beginnen. Die anderen besuchen weiterführende Schulen und sind oft letztlich nur in der Warteschleife. Kein Wunder: Die Konkurrenz für die Hauptschüler ist groß. Gymnasiasten oder Jugendliche mit mittlerem Bildungsabschluss werden bevorzugt eingestellt – aller schulischen Anstrengungen vonseiten der Lehrkräfte und Schulsozialarbeit zum Trotz. „Da wollten wir auch als Christenmenschen nicht länger zuschauen! Es sind doch Jugendliche aus unserem Dorf, mitunter sogar aus unserer Kirchengemeinde, die nach neun Schuljahren ohne Perspektive sind!" Ich glaube, diese Erkenntnis war vor rund fünf Jahren der Anstoß zum Mentorenprojekt. Ein Netzwerk zwischen Schule, Kirche, Kreisdiakonieverband und der bürgerlichen Gemeinde entstand. Klar, wo mehrere an einem Strang ziehen, bewegt sich in aller Regel mehr, als wenn einer alleine es versucht. Vor allem die Zusammenarbeit zwischen Klassenlehrern und Mentoren ist bedeutend. Die Klassenlehrer kennen ihre Jugendlichen, die Eltern und das soziale Umfeld. Oft wissen sie auch, welcher Mentor zu welchem Schüler passen könnte.

Die Mentoren werden von den Jugendlichen im übrigen „Manager" genannt. Manager, die mit doppelter Zielsetzung unterwegs sind: Sie helfen jungen Menschen, einen Ausbildungsplatz zu finden, und begleiten die Jugendlichen, damit diese eine eigene Perspektive für ihr Leben entwickeln können.

Dabei spielen die ehrenamtlich tätigen Frauen und Männer eine ganz besondere Rolle: Einerseits ist da ein Erwachsener, der eine kleine Gruppe (zwei oder drei) Jugendlicher begleitet, „ohne all deren Verdienst und Würdigkeit", Nationalität, Religion, Geschlecht oder was mitunter sonst noch so „zählt" im Leben. Ein echter Begleiter, der sich – und das war ein großer Aha-Effekt zu Beginn – für das Schicksal der Jugendlichen interessiert. „Bekommen Sie Geld dafür oder warum machen Sie das?" fragten die Jugendlichen zu Beginn des Projekts. In der Tat ist es ja auch selten, dass sich Erwachsene für zunächst wildfremde Jugendliche, in einer dazu nicht immer leicht zu bewältigenden Entwicklungsphase, interessieren. Da leuchtet dann etwas von der Liebe Gottes auf, die jeden wertvoll macht. Konkret geht es oft um Interessen für dies oder jenes aus dem Leben der Jugendlichen, um Dinge, über die sie mit ihren Eltern oft nicht reden können oder wollen. Natürlich sind die Lehrerinnen und Lehrer, wie auch die Erziehungsberechtigten gefragt. Die „Manager" stehen in den Augen der Jugendlichen nie im „Verdacht", ein Notenbuch dabei zu haben oder erzieherisch „einschreiten" zu müssen. Natürlich trifft das weder auf das Selbstverständnis der Lehrer noch der Eltern zu; aber die Jugendlichen empfinden das oft so, ob wir wollen oder nicht.

Häufig geht es deshalb auch bei den Begegnungen zwischen „Managern" und Jugendlichen, im wahrsten Sinne des Wortes, um Gott und die Welt. Auch religiöse Fragen kommen selbstverständlich ins Spiel: Fragen nach dem Woher und Wohin des eigenen Lebens, Fragen danach, was „ich" eigentlich wert bin, wer mir Halt gibt und was das alles eigentlich soll. Besonders konkret wird es dann, wenn zum x-ten Male eine Absage auf eine Bewerbung ins Haus flattert, wenn die Eltern sich streiten oder trennen oder wenn der Großvater oder sogar die Mutter stirbt.

Andererseits geht es auch um ganz konkrete Fragen rund um Bewerbung, Ausbildung und Beruf: Wie begegne ich eigentlich einem, der mir als Personalverantwortlicher gegenübersteht? Was ziehe ich da bloß an? Wie melde ich mich am Telefon? Wo und auch in welcher Form gebe ich meine Bewerbung ab? Wie bekomme ich denn raus, welcher Beruf zu mir passt?

Auch die Mentorinnen und Mentoren müssen deshalb Möglichkeiten haben, sich auszutauschen. In der Regel einmal pro Monat. Denn obwohl keine und keiner dafür garantieren kann, dass am Ende der rund anderthalbjährigen Begleitung ein Ausbildungsvertrag steht, identifizieren sich die engagierten Erwachsenen doch auch mit diesem Erfolg. Außerdem sind die Jugendlichen nicht immer unproblematisch. Es tut deshalb gut, wenn Frau und Mann spürt: Ich bin dabei nicht allein.

Aber warum ist das Aufgabe der Kirchengemeinde? – Einerseits geht es um die Jugendlichen und um den Auftrag des Evangeliums, dass jede und jeder ein spürbar wertvolles Geschöpf Gottes ist. Andererseits berührt diese Arbeit auch das kirchliche Engagement in der Welt und unser Einbringen in die Gesellschaft, die uns genauso nötig hat, wie wir sie. Letztlich steht unser kirchengemeindliches Wirken und Sein dabei mit auf dem Prüfstand. Der Apostel Paulus beschreibt die Gemeinde Jesu im 12. Kapitel des ersten Korintherbriefs als ein Leib mit ganz unterschiedlichen Aufgaben, der auf ein Haupt hinzielt, Christus. Um diese „Vielfältigkeit des Leibes" geht es also. Wenn wir den Experten glauben, dann erreichen wir als Kirchengemeinden mit unseren traditionellen Angeboten in Gruppen und Kreisen eine kleine Gruppe von Menschen, die wir als Kerngemeinde bezeichnen können. Keine Frage, wir sind über diese Frauen, Männer, Jungen und Mädchen froh und dankbar. Aber der Großteil unserer Gemeindeglieder kann sich nicht immer mit diesen kerngemeindlichen Lebensäußerungen identifizieren. Dieses Mentorenprojekt bietet – auch aufgrund des Netzwerkgedankens – eine Möglichkeit, bei der sich Menschen engagieren können. Hinzukommt, dass – auch das sagen die Experten – Menschen sich seltener auf ein längerfristiges ehrenamtliches Engagement einlassen. Projekte mit klar umrissenen Zeitfenstern, Zielen und überschaubaren Strukturen motivieren offenbar mehr Menschen, sich als Mitarbeiter zu engagieren. Die Begleitung der Jungen und Mädchen aus der Hauptschule dauert in der Regel anderthalb Jahre. Mit einem Treffen pro Woche oder auch vierzehntäglich ist schon viel erreicht. Hinzukommen die oben beschriebenen Treffen der Mentoren untereinander, an denen die Klassenlehrer, Schulleitung und Schulsozialarbeit sowie ein Leiter oder eine Leiterin des Projekts teilnehmen. Den engen Kontakt zwischen Lehrern und Schulsozialarbeit empfinden die Mentoren als sehr bereichernd. Gewinnen sie doch unter einem ganz anderen Blickwinkel noch einmal einen Einblick in die Lebenswirklichkeit der Jugendlichen. Und noch eins: Bislang hat sich kaum ein „Manager" oder eine „Managerin" nach anderthalb Jahren verabschiedet. Es ist klasse, das mitzuerleben!

Wenn Sie gerne mehr erfahren möchten, gibt Schuldekan Ulrich Ruck gerne weitere Auskunft.

## Kontakt
Schuldekan Ulrich Ruck, Lederstraße 81, 72764 Reutlingen, Tel.: 07121 312450 ,
E-Mail: ulrich.ruck@kirche-reutlingen.de

# Reisen, Freizeiten und Ausflüge

## 50. Exkurs: Freizeiten und Reisen
von Claus Jesch

Freizeiten sind gute Gelegenheiten für Begegnungen, für Gespräche, für Kontakte, für Erholung in einem nichtalltäglichen Umfeld – und das ganz ohne Zeitdruck. Freizeiten bieten Chancen für seelische, geistige und körperliche Anregungen, aber auch Auseinandersetzung mit aktuellen gesellschaftlichen Vorgängen.

Bei der Durchführung von Freizeiten geht es nicht um ein perfektes Programm, das angeboten wird. Die Teilnehmenden wollen an der Gestaltung beteiligt werden.

Fünf Gründe für die kirchliche Freizeitarbeit:
• Großes Bildungsinteresse der Senioren
• Nachholbedarf der Nachkriegsgeneration
• Interesse an Glaubensfragen
• Gemeinschaft erleben gegen die Einsamkeit
• Miteinander unterwegs in der gleichen Lebenssituation

## Das „Wie" einer Freizeit – grundsätzliche Überlegungen zur Gestaltung

• Die Vorbereitung liegt beim Mitabeiterteam. Vor der Freizeit sollten wichtige organisatorische und technische Dinge feststehen.
• Eine Freizeit für Seniorinnen und Senioren ist ein gemeinsames Unternehmen. Die Teilnehmenden gestalten die Urlaubstage mit. Das Programm wird mit den Teilnehmenden entwickelt. Das Programm sollte aktuelle, gemeinschaftsbezogene Themen, persönliche Fragen, gesellige, festliche, kulturelle und geistliche Elemente enthalten. Ausflüge, Besichtigungen, aber auch Gymnastik und Bewegungseinheiten gehören dazu.
• Die Teilnahme an allen Programmpunkten ist freigestellt. Die Teilnehmenden bestimmen für sich das Verhältnis von Mitmachen und Sich-zurückziehen.
• Das Mitarbeiterteam versteht sich als Helfer für die Gestaltung einer Freizeit und ist verantwortlich für den organisatorisch gelingenden Ablauf einer Freizeit.
• Für alle Programmpunkte sollte genügend Zeit eingeplant werden: Bei Senioren geht alles etwas langsamer und gemütlicher zu.
• Die Teilnehmer sollten hinsichtlich ihrer gesundheitlichen Möglichkeiten nicht zu unterschiedlich sein. Wenn genügend Mitarbeiter dabei sind, können hinsichtlich der Fitness unterschiedlich anspruchsvolle Angebote gemacht werden.
• Ein „Sozialfonds" kann auch finanziell schwächer gestellten Senioren eine Teilnahme an einer kirchengemeindlichen Freizeit ermöglichen.

## Die Wahl eines geeigneten Hauses

Das Haus muss für den vorgesehenen Personenkreis geeignet sein. Die Teilnehmerinnen und Teilnehmer sollen sich wohlfühlen und die Atmosphäre des Hauses soll zum Erholungseffekt beitragen.
Zimmer mit Dusche und WC sind für diesen Personenkreis Standard.

Gesichtspunkte und Fragen zur Wahl eines Hauses:

- Essen und Trinken: Schon- oder Diätkost sind Standard. Sind die Getränke zum Essen im Preis enthalten? Wie viele Mahlzeiten werden täglich angeboten? Wird am Tisch serviert oder werden die Mahlzeiten in Buffetform angeboten?
- Zimmer und Aufenthaltsräume: Einzelzimmer sind Standard, wenn nichts anderes gewünscht wird. Auf welchen Stockwerken liegen die Zimmer? Sind sie mit Aufzug erreichbar? Haben die Zimmer einen Balkon?
- Sonstiges zum Haus: Steht das Haus in einer ruhigen Umgebung oder in der Stadt oder an einer Durchgangsstraße? Müssen die Gäste bei Dienstleistungen mithelfen? Hat die Gruppe einen eigenen Speiseraum oder essen andere Gäste im gleichen Speiseraum? Hat das Haus eigene Angebote: Massage, Gymnastik, geistliche Angebote, Unterhaltungsprogramme? Gibt es im Haus eine Kapelle oder einen Andachtsraum?
- Umgebung des Hauses: Wie sind die Wander- und Spazierwege (steil, eben, leicht steigend, geschottert, geteert)? Gibt es eine Einkaufsmöglichkeit? Wie groß ist die Entfernung zur nächsten Einkaufsmöglichkeit? Gibt es eine Busverbindung in den nächsten Ort oder die nächste Stadt?
- Medizinische und ärztliche Versorgung: Kommt ein Arzt regelmäßig ins Haus? Wie weit ist der nächste Arzt oder das nächste Krankenhaus entfernt?
- Anreisemöglichkeiten: Mit welchen Verkehrsmitteln kann die Gruppe anreisen? Ist eine Anfahrt bis zum Haus möglich? Wie weit ist die nächste Bus- oder Bahnstation entfernt? Bei Seniorenfreizeiten ist es oftmals günstig, wenn die ganze Zeit ein Bus zur Verfügung steht.

## Geistliche Programminhalte

Kirchliche Freizeiten bieten die Chance, mit den Teilnehmerinnen und Teilnehmern über den Glauben nachzudenken und Gespräche anzuregen. Das Umfeld ist ein anderes als zu Hause, der Zeitfaktor tritt zurück, die Urlaubssituation macht Menschen offener auch für Glaubensfragen.

Auf einer Freizeit können geistliche Angebote ausprobiert und erfahren werden.

- Andacht: Die Gestaltung lässt viele Möglichkeiten zu. Lesungen, Gebete, Psalmgebete, Lieder, Lebensbilder, kurze Impulse zu den Losungen. Eine Andacht hat den zeitlichen Rahmen von 15 Minuten. Der Tag wird durch die Andacht strukturiert. Bei Ausflügen kann die Andacht auch im Bus oder am Zielort miteinander gefeiert werden.

- Bibelarbeit: Hier bieten sich Gesprächskreise in der Gesamt- oder in Kleingruppen an. Eine Hinführung, Einleitung, Auslegung hilft, den Text zu verstehen. Biblische Texte können durchaus einen Bezug zum Urlaubsort haben, z. B. Berge, Wasser, Bäume. Zwei bis drei Bibelarbeiten in der Woche sind ein gutes Maß.
- Gottesdienstliche Feier: Die Form des Gottesdienstes sollte mit den Teilnehmenden besprochen und vorbereitet werden. Ein Gottesdienstbesuch in der Urlaubsgemeinde ist besonders zu empfehlen. Die Verbundenheit mit allen Christen über die Ortsgemeinde hinaus kommt zum Ausdruck.
- Neben den oben genannten Formen sind den Ideen für weitere und andere geistliche Programminhalte keine Grenzen gesetzt (Seelsorge, Abendmahlsfeier).

## Andere Programminhalte

Bei der Programmgestaltung sollten die Teilnehmenden mitreden können. Das Mitarbeiterteam sollte einige Vorschläge in der Tasche haben, die durch die Freizeitteilnehmenden ergänzt, verändert oder gestrichen werden können. Die Programmfindung könnte wie folgt gestaltet werden.

Am ersten Tag wird auf einem großen Papierbogen das Programm vorgestellt, so wie es sich das Mitarbeiterteam überlegt hat. Nun haben die Freizeitteilnehmenden die Möglichkeit, auf diesem Bogen ihre Vorschläge oder Änderungswünsche einzutragen. Dieser Bogen hängt die ganze Freizeit aus, sodass immer wieder Änderungen vorgenommen werden können. Am Abend eines Tages (guter Zeitpunkt: nach dem Abendessen) wird das Programm des nächsten Tages vorgestellt.

Für die Programmgestaltung gilt der Grundsatz: Die Tage werden nicht vom Frühstück bis zum Abend mit Programmangeboten gefüllt. Die individuelle Tagesgestaltung ist für ältere Menschen ganz wichtig. Ein weiterer Grundsatz: Die Teilnahme an den Angeboten ist freiwillig.

## Freizeitformen

Im Bereich der Seniorenfreizeiten haben sich unterschiedliche Freizeitformen entwickelt. Diese Unterschiedlichkeit der Freizeitformen hat verschiedene Gründe, die in den körperlichen Voraussetzungen der Teilnehmenden liegen. Oft sind es auch finanzielle Gründe, die für die eine oder andere Form sprechen.
- Urlaub ohne Koffer: Die Teilnehmenden übernachten nicht im Freizeithaus, sondern zu Hause. Sie kommen morgens ins Haus und fahren abends wieder in ihre Wohnung. Die Vorteile solcher Freizeiten sind vielfältig: Diese Urlaubsform

kann preiswert gestaltet werden. Die Teilnehmenden sind abends wieder in ihrer gewohnten Umgebung. Die Programmgestaltung kann flexibel je nach Wetterlage gestaltet werden. Dauer dieser Freizeitform: 1 Woche (siehe auch Ideenpool, 51. Urlaub ohne Koffer).

- Aktivfreizeiten: Die inhaltlichen Schwerpunkte dieser Form liegen in den Aktivitäten wie z. B. Radfahren, Segeln, Wandern, Langlauf, Pilgern. Die Teilnahme setzt körperliche Leistungsfähigkeit voraus, aber auch die Bereitschaft, sich auf die Aktivität einzulassen. Die Gruppengröße sollte, je nach Aktivität, zwischen 10 und 20 Teilnehmenden liegen. Das Zusammengehörigkeitsgefühl wird bei dieser Form von Freizeit besonders gestärkt. Jeder ist auf den anderen angewiesen. Die Gruppe ist so stark wie das schwächste Glied.
- Bildungsreisen mit bestimmten, vorgegebenen Inhalten: Vorbereitungstreffen, bei denen über die Inhalte, den Verlauf, die Reiseziele und die körperlichen Anforderungen informiert werden, sind dringend notwendig.
- Erholungsfreizeit: Diese Form ist meist eine Kombination der oben genannten Formen. Dauer: zwischen acht und vierzehn Tagen.

## Organisatorische Hinweise

- Informationen für die Teilnehmenden rechtzeitig vor der Veranstaltung über Fahrt, Preis, Programm, Reiserecht, Verantwortliche.
- Bei Fahrten oder Freizeiten ins Ausland muss der Krankenversicherungsschutz unbedingt geklärt sein (zusätzliche Auslandsreisekrankenversicherungen kann man recht günstig abschließen).
- Eventuell kann zu einem Vorbereitungstreffen eingeladen werden.
- Rechtzeitige Kontakte mit dem Haus aufnehmen.
- Rechtzeitig über die örtlichen Gegebenheiten des Zielortes informieren.
- Anmeldebestätigungen verschicken.
- Rechtliche Bedingungen (Reiserecht) frühzeitig klären.
- Bei Seniorenfreizeiten ist es sehr ratsam, einen Mitarbeiter oder Teilnehmer mit Ersthelferausbildung dabeizuhaben.
- Ein eigener PKW vor Ort hilft, bei gesundheitlichen Zwischenfällen rasch reagieren zu können.

## Autor & Kontakt

Claus Jesch, Bildungsreferent im Evangelischen Gemeindedienst für Württemberg, Evangelisches Bildungszentrum Haus Birkach, Grüninger Str. 25, 70599 Stuttgart

## Internet

Einen interessanten Einblick in die Überlegungen der Bustourismusbranche bietet die Powerpointpräsentation eines Vortrages von Prof. Dr. Edgar Kreilkamp, gehalten auf einem BDO-Kongress am 14.2.2008, online abrufbar auf der Homepage des Bundesverbands Deutscher Omnibusunternehmer, www.bdo-online.de. Thema: „Der Bustourismus am Scheideweg. Fluch und Segen der Best Ager Generation."

# 51. Erfahrungsbericht: Urlaub ohne Koffer

Auch ältere Senioren machen gerne Urlaub! Sie freuen sich, einmal etwas anderes zu sehen und aus dem Alltag herauszukommen. Doch manche Ältere sind nicht mehr so mobil, größere oder auch kleinere Reisen sind dann oftmals zu anstrengend. Ein „Urlaub ohne Koffer" ist deshalb für alle Menschen eine gute Möglichkeit, die nachts gerne im eigenen Bett schlafen möchten. In vielen Gemeinden wird diese Freizeitform angeboten. Der „Urlaubsort'" liegt dabei in der näheren Umgebung zum Wohnort.

### Ein Erfahrungsbericht von Gemeindediakon Martin Plath, Laichingen

Mit verschiedenen Freizeitangeboten für junge Menschen, wie zum Beispiel dem Zeltlager oder der Stadtranderholung, hatte ich bei meiner letzten Stelle als Gemeindediakon schon die besten Erfahrungen gemacht. Die schönsten Erinnerungen sind doch die Erlebnisse auf einer Freizeit, die noch Jahre später erzählt werden. Es sind die Höhepunkte im Jahresprogramm einer Jugendgruppe.

Aber gilt das auch für ältere Menschen? – Bisher hatte ich mit Senioren über 75 Jahren noch keinerlei Freizeiterfahrung. Das wollte ich nun auf meiner neuen Stelle in Laichingen auf der Schwäbischen Alb ändern.

„Eingeladen sind ältere Menschen, die sich darauf freuen, fünf Tage in angenehmer, abwechslungsreicher Atmosphäre in Gemeinschaft mit circa 20 Personen zu verbringen und die abends gerne wieder zu Hause sein wollen", so warb ich im Werbe-Flyer.

Von Montag bis Freitag in der Zeit von 9.00 bis 16.45 Uhr verbrachte diese Freizeitgruppe ihre Tage im evangelischen Gemeindehaus im nahe gelegenen Westerheim. Die Anmeldungen zum ersten „Urlaub ohne Koffer" kamen nur zögerlich. Bereits im darauffolgenden Jahr aber war das Angebot ein Selbstläufer und alle Plätze innerhalb von drei Wochen belegt.

Täglich um 8.30 Uhr wurden die Teilnehmer zu Hause von einem Kleinbus bzw. Pkw abgeholt und nach Westerheim gefahren. Dort angekommen, gab es zuerst ein reichliches Frühstück und daran anschließend eine geistliche Besinnung. An den Vormittagen und Nachmittagen gab es abwechslungsreiche Programmangebote, die unter dem Thema „Unter dem Baum des Lebens" standen. Um 12.15 Uhr fand das Mittagessen statt und um 16.00 Uhr wurde die Gruppe mit Kaffee und Kuchen verwöhnt. Gegen 16.45 Uhr fuhr der Fahrdienst alle Teilnehmer wieder zurück nach Hause.

## Programm

Das Programm enthielt die unterschiedlichsten Elemente: Am Beginn stand als Einstieg in das Wochenthema ein spielerischer und informativer Nachmittag „Rund um den Baum". Ein Vormittag mit biografischer Arbeit am eigenen „Lebensbaum" folgte. Volksliedersingen, Kurzgeschichten, Gedichte, Bewegungsübungen, eine Vorlesestunde und ein Ausflug zu einer Kunstausstellung brachten weitere Abwechslung. An einem Vormittag konnte jeder Teilnehmer eine Blumenbank oder eine Trittbank aus Holz gestalten. Ein Gottesdienst in einer nahe gelegenen Kapelle bildete den Abschluss.

## Mitarbeiter-Team

Ein Projekt wie „Urlaub ohne Koffer" kann – wie viele kirchliche Freizeitangebote – nur mit Hilfe eines ehrenamtlichen Teams und bestehender Vernetzungen mit der Kirchengemeinde durchgeführt werden: Die Unterstützung bei einzelnen Programmangeboten durch Pfarrer oder Pfarrerin und durch aktive Gemeindeglieder ist nötig. Unser Team bestand aus insgesamt acht Mitarbeitern und Mitarbeiterinnen und mir als Leiter. Zwei Ruheständler im Alter von 65 und 70 Jahren besorgten den Fahrdienst. Unter den sechs mitarbeitenden Frauen waren drei Berufstätige im Alter von 45 bis 55 Jahren, die drei anderen waren zwischen 63 und 68 Jahre alt. Nur eine Mitarbeiterin begleitete die Freizeit während der ganzen Zeit, die anderen Frauen konnten nur tageweise helfen.

## Unterbringung

Auf der Suche nach einer geeigneten Unterbringung hatte ich insgesamt drei Häuser in der näheren Umgebung von Laichingen im Blick. Doch zwei Häuser hatten nicht die idealen Raumverhältnisse, die schöne Atmosphäre und die Helligkeit wie das Gemeindehaus in Westerheim und verlangten Miete. Die Messnerin und Pfarrerin von Westerheim waren, nachdem ich ihnen mein Projekt vorgestellt hatte, gleich begeistert und gaben mir nach der Zustimmung des dortigen Kirchengemeinderates grünes Licht.

Das evangelische Gemeindehaus in Westerheim war erst wenige Jahre zuvor erbaut worden und bot für dieses Projekt ideale Verhältnisse. Das Haus strahlte durch die schöne Komposition von lichtdurchfluteten Räumen, hellen Wandfarben und warmen Fußböden aus Holzparkett und Kork eine gewisse Wärme aus. Auch die Raumverhältnisse waren ideal: Ein großer Mehrzweckraum stand für das Programm zur Verfügung, ein kleinerer Raum für die Mahlzeiten, dazwischen lag die gut ausgestattete Küche. Eine Treppe höher befanden sich zwei Räume, in denen Liegen zum Ausruhen aufgestellt wurden.

### Kosten

Die Nachbargemeinde Westerheim stellte ihr Haus großzügigerweise ohne Mietkosten zur Verfügung. Das entlastete die Kosten des Projekts erheblich. Ähnlich war es mit den Transportkosten insgesamt. Durch den örtlichen CVJM Laichingen konnte ich einen VW-Bus für den Abholdienst sehr günstig für die fünf Tage mieten, und das zweite Fahrdienstauto wurde kostenlos zur Verfügung gestellt. Auch die benötigten Liegen für die Mittagsruhe wurden vom örtlichen Roten Kreuz unentgeldlich zur Verfügung gestellt. So waren die Nebenkosten sehr gering und der Teilnehmerbeitrag lag bei 75 Euro für die ganze Woche und zusätzlich 15 Euro für die Fahrtkosten.

Das Mittagessen lieferte ein nahe gelegenes Gasthaus, alles Nötige für das Frühstück und für das Kaffeetrinken besorgte das Mitarbeiterteam von einer Metzgerei und Bäckerei.

### Werbung

Die Werbung über die in der örtlichen Presse und im Gemeindebrief schon Monate zuvor geschaltete Anzeige brachte wenig Resonanz; nur eine Dame meldete sich gleich an. Erst die persönliche Einladung und meine Begeisterung für dieses Projekt führten zu weiteren Anmeldungen, allerdings erst wenige Tage vor Beginn des Projektes.

Diese Erfahrung, dass ältere Menschen sich nicht längere Zeit im Voraus festlegen wollen und können („Ich melde mich jetzt mal vorläufig an, aber ich weiß ja noch nicht, wie es mir dann gesundheitlich geht."), war mir neu. Eine Freizeitteilnehmerin sagte dann auch eine Woche vor Beginn der Freizeit ab.

Die 15 teilnehmenden Senioren und Seniorinnen lernten sich schnell kennen, und man merkte richtig, wie in den folgenden Tagen eine gute und fröhliche

Gemeinschaft entstand. Besonders wertvoll waren die Gespräche in der Pause.

Überrascht war ich, wie handwerklich geschickt und eifrig manche Teilnehmerinnen beim Basteln der Blumenbank waren. In gut zwei Stunden hatte jeder der Teilnehmenden eine Blumenbank hergestellt, und am Abend waren alle stolz, dieses schöne Werk mit nach Hause nehmen zu können.

### Mein Fazit

Nicht nur Jugendliche sind durch Freizeiten zu begeistern, sondern auch ältere Menschen erhalten dabei heilende, bestätigende und froh machende Erfahrungen. Wichtig bleiben die persönliche Einladung und das Motivieren der Teilnehmenden zur Freizeit durch den Leiter und das Team.

## Autor & Kontakt

Martin Plath, Kapuzinerweg 14, 89150 Laichingen, Tel.: 07333 954031,
E-Mail: amplath@gmx.de

# Übergemeindliche Angebote

Im Bereich der Seniorenarbeit gibt es unterschiedliche Angebote zur Weiterbildung. Auf Fortbildungsmöglichkeiten zu speziellen Themen wurde in den einzelnen Abschnitten des „Ideenpools" bereits hingewiesen. Einige Beispiele für weitere Qualifizierungsangebote folgen hier:

## 52. Seniorenakademie – „Attraktives Christsein im neuen Alter"

Eine Senioreninitiative unter dem Dach der evangelischen Landeskirche in Württemberg in Kooperation mit dem Altpietistischen Gemeinschaftsverband hat eine Konzeption für eine „Seniorenakademie" entwickelt, die sich zum Ziel gesetzt hat, das ehrenamtliche Engagement der älteren Generation im jeweiligen kirchlichen und/oder kommunalen Umfeld zu fördern.

Unter dem Thema „Attraktives Christsein im neuen Alter – Kompetenzen entdecken, entwickeln und einsetzen" werden unter anderem folgende Bildungsschwerpunkte vermittelt und damit Initiativen angestoßen:

- Diakonische und soziale Hilfestellung in Nachbarschaft und Gesellschaft
- Ermutigung in Lebens- und Glaubensfragen
- Förderung und Stärkung der Persönlichkeit
- Vorbeugung von Krisen vor und im Ruhestand
- Leben unter veränderten Gegebenheiten
- Sich selbst einordnen
- Das Miteinander der Generationen gestalten

Dabei werden diakonische oder missionarische Kompetenzen zum ehrenamtlichen Engagement erworben und beim Abschluss mit einem Zertifikat bescheinigt. Die „Seniorenakademie" gliedert sich in drei Grundlagenkurse und zwei Aufbaukurse von jeweils vier Tagen von Sonntag bis Donnerstag. Darüber hinaus werden noch Ergänzungsseminare zur Weiterqualifizierung angeboten. Auf den Praxisbezug wird besonderen Wert gelegt. Die „Seniorenakademie" lädt auf ökumenischer Basis und bundesweit etwa 20 bis 30 Teilnehmerinnen und Teilnehmer ein. Pro Kurs beteiligen sich die Teilnehmerinnen und Teilnehmer mit 150 Euro an der Finanzierung. Die Referenten arbeiten auf ehrenamtlicher Basis mit.

## Kontakt

Missionarische Dienste:
Marliese Gackstatter, Tel.: 0711 2068266 oder 0711 5103610,
E-Mail: marliese.gackstatter@t-online.de

# 53. Kulturführerschein® und Kulturführerschein®-Wohnen

Kultur ist ein „Lebensmittel" – davon geht das Schulungsprogramm „Kulturführerschein®" aus. Bei Senioren besteht ein großes Interesse an Kulturangeboten. Endlich kann nachgeholt werden, was durch die zeitliche Inanspruchnahme während der Berufszeit zu kurz kam. Außerdem hilft die aktive Auseinandersetzung mit Kultur, sich mit Fragen des Alters zu beschäftigen und einen Einstieg in den Bereich des bürgerschaftlichen Engagements zu finden. Die Ausbildung zum Kulturführerschein® umfasst einen theoretischen und einen praktischen Teil. Ziel ist es, ehrenamtliche Mitarbeiter zu befähigen, Kulturveranstaltungen zu initiieren, zu planen und zu leiten oder spezielle Kulturgruppen aufzubauen.

Ein Ableger des Kulturführerschein®-Programms ist das Projekt „Kultur auf Rädern". Dieser spezielle Besuchsdienst bringt Kultur zu Menschen, die in Seniorenheimen wohnen oder ihre eigene Wohnung nicht mehr verlassen können. Der Kulturführerschein® ist ein Schulungsprogramm, das von dem Evangelischen Erwachsenenbildungswerk Nordrhein und dem Evangelischen Bildungswerk München angeboten wird.

Es gehört zur verantwortlichen Vorsorge, dass sich ältere Menschen mit ihren Wohnmöglichkeiten in der nahen und der fernen Zukunft auseinandersetzen. Mit diesen zentralen Fragen beschäftigt sich das Schulungsprogramm Kulturführerschein®-Wohnen. Dabei geht es nicht nur um bauliche und architektonische Aspekte. Auch die existentiellen Fragen nach Heimat, Lebensfreude, Veränderungen oder Loslassen im Alter werden in diesem Zusammenhang thematisiert. Der Bereich „Wohnen" ist inzwischen zu einem der wichtigsten Themen der Bildungsarbeit geworden. Der Kulturführerschein®-Wohnen umfasst sieben Seminareinheiten und ist mit Exkursionen verbunden. Dieses Fortbildungsprogramm wird vom Evangelischen Erwachsenenbildungswerk Nordrhein angeboten.

## Internettipps

Informationen zu den Schulungsprogrammen Kulturführerschein® und Kulturführerschein®-Wohnen beim Evangelischen Zentrum für innovative Seniorenarbeit und beim Evangelischen Erwachsenenbildungswerk Nordrhein. Homepages: www.zentrum. evangelische-seniorenarbeit.de, www.ekir.de/eeb-nordrhein

Informationen zum Kulturführerschein® Bayern: Evangelisches Bildungswerk München e. V., Homepage: www.kulturfuehrerschein-bayern.de

Ein Bericht über die Umsetzung eines Besuchsdienstes nach dem Beispiel „Kultur im Koffer" in der Kirchengemeinde Auendorf findet sich in der Broschüre „Leitfaden für die Arbeit mit Menschen in der dritten und vierten Lebensphase", herausgegeben von der LageS, Landesarbeitsgemeinschaft evangelischer Seniorinnen und Senioren in Württemberg, April 2009, als Download auf der Homepage www.lages-wue.de.

# 54. Missionseinsätze

von Heinrich Kaufmann

Viele Missionsgesellschaften können aufgrund mangelnder finanzieller Mittel ihre Projekte im In- und Ausland nicht weiterverfolgen. Auch hier besteht die Möglichkeit für vitale ältere Christen sich einzubringen. Ihre finanzielle Unabhängigkeit durch die eigene Altersversorgung gibt dieser Bevölkerungsgruppe besonders gute Voraussetzungen. Nicht immer sind gute Englischkenntnisse nötig. Viele Missionsgesellschaften bieten gerade im praktischen Bereich Kurzzeiteinsätze im In- und Ausland an.

Die Liebenzeller Mission sucht zum Beispiel Senioren als Mentoren bei Einsätzen in Mecklenburg-Vorpommern. Ihre Aufgabe ist es, für Jüngere, die zum missionarischen Einsatz unterwegs sind, zu kochen, Ansprechpartner zu sein und die Jugendlichenteams geistlich zu betreuen.

Bei CFI (Christliche Fachkräfte International) können Techniker, Handwerker, Lehrer und Akademiker unterschiedlicher Fachrichtungen zum Einsatz kommen. Meistens ist es hierbei Voraussetzung, über gute Englischkenntnisse zu verfügen.

In der ÜMG, der Überseeischen Missionsgemeinschaft, werden ebenfalls Kurzzeiteinsätze angeboten. Darüber hinaus werden immer wieder Mitarbeiter gesucht, die z. B. für ein Jahr oder länger die Missionarskinder in Fernostasien betreuen. Eine besondere Möglichkeit zum Missionsdienst für ehemalige Erzieher oder Erzieherinnen, Lehrer oder auch Eltern, die den entsprechenden Spielraum haben.

Viele Missionsgesellschaften bieten mittlerweile älteren, vitalen Christen solche Einsatzmöglichkeiten an. Was für ein Vorrecht, jenseits des Erwerbslebens noch einmal der Berufung Gottes Raum zu geben und sich in der weltweiten Mission zu engagieren.

## Einige Adressen zur Kontaktaufnahme für Missionseinsätze von Senioren:

Liebenzeller Mission, Postfach 12 40, 75375 Bad Liebenzell, Tel.: 07052 170, Fax 07052 17100, E-Mail: info@liebenzell.org, www.liebenzell.org

Christliche Fachkräfte International, Wächterstraße 3, 70182 Stuttgart, Tel.: 0711 210660, Fax: 0711 2106633, E-Mail: info@cfi.info, www.cfi.info

Deutsche Missionsgemeinschaft, DMG, Buchenauerhof 2, 74889 Sinsheim, Tel.: 07265 9590, Fax: 07265 959109, E-Mail: DMG@DMGint.de, www.dmgint.de

## Autor
Heinrich Kaufmann, Emil-Rudolph-Weg 25, 73527 Schwäbisch Gmünd,
E-Mail: Whkaufmann@gmx.de

# Zusammenfassung

### Ein „Ideenpool" ist Anregung, nicht Anforderung.
*Unter den vielen Ideen, die es heute im Bereich der Seniorenarbeit gibt, muss ausge-
wählt werden. – Wer eine neue Seniorenarbeit beginnt, muss sich deshalb zunächst
über wichtige Fragen klar werden:*

### Ziele
Was wollen wir? Was ist das Ziel unserer eigenen Seniorenarbeit? Was ist uns
wichtig? Wo sehen wir als Gemeinde unseren christlichen Auftrag?

### Zielgruppe
Wen wollen wir erreichen? Aktive Senioren, ältere Menschen mit kleineren
Einschränkungen, Pflegebedürftige daheim oder in den Heimen und ihre
Angehörige? Männer oder/und Frauen? Hochkulturelle, bodenständige, kritische,
gesellige oder zurückgezogene Menschen?

### Situationsanalyse
Welche Möglichkeiten bieten sich an unserem konkreten Ort? Welche Bedürfnisse
haben unsere Senioren? Welche weiteren Angebote für Senioren gibt es in der
Kommune und in der Region? Wo sind Lücken? Wo sind Überschneidungen? Was
können wir erreichen mit den uns zur Verfügung stehenden Kräften und Mitteln?

### Partnersuche, Kooperationen
Wo gibt es für spezielle Bereiche Kooperationspartner? Wo können Synergieeffekte
genutzt werden?

### Mitarbeitergewinnung
Wie können wir Menschen dazu gewinnen, sich mit ihren Begabungen und Ideen
in unserer Seniorenarbeit einzubringen? Welche Menschen, die wir bisher noch gar
nicht im Blick hatten, gilt es als mögliche Mitarbeiter ganz neu zu entdecken?

# D. ZAHLEN UND STATISTIKEN

Wer eine neue Seniorenarbeit beginnen will, muss sich fragen: Wie leben Senioren? Was kennzeichnet Senioren? Wie baut sich die Bevölkerung auf? Wie sieht die prognostizierte Zukunft von Senioren aus? Und was bedeutet das für die kirchengemeindliche Seniorenarbeit?

Zahlen und Statistiken können auf diese wichtigen Fragen Antworten geben. Allerdings sagen die reinen Zahlen oft wenig aus: Statistiken und Umfragen müssen interpretiert und eingeordnet werden, damit man die richtigen Schlüsse aus ihnen ziehen kann.

In diesem Kapitel werden deshalb für die Seniorenarbeit interessante Statistiken vorgestellt und auf ihre Relevanz für die praktische Arbeit hin interpretiert.

Um den Lesefluss des Buches nicht durch viele Tabellen zu stören, wurden die statischen Ergebnisse bewusst in diesem Kapitel zusammengefasst.

## Bevölkerungsvorausberechnung

Der Altersaufbau der Bevölkerung in Deutschland ist in einem starken Wandel begriffen. Verschiedene Grafiken mit den entsprechenden Bevölkerungspyramiden sind allgemein bekannt. Nach Berechnungen der unten angeführten Variante der Bevölkerungsvorausberechnung wird die Altersgruppe der über 65-Jährigen im Jahr 2060 22 Millionen (34 %) betragen (zum Vergleich: 2010: 16,8 Millionen, 21 %). Diese Entwicklung stellt die Rentensysteme und die gesamte Gesellschaft vor immense Herausforderungen.

*Bevölkerungszahlen verschiedener Altersgruppen in absoluten Zahlen und als Anteil an der Gesamtbevölkerung in Prozent.*

|  | 2010 | 2015 | 2020 | 2025 | 2030 | 2050 |
|---|---|---|---|---|---|---|
| **55- bis 64-Jährige** | 10,1 Mio 12% | 11,4 Mio 14% | 12,8 Mio 16% | 13,0 Mio 17% | 11,0 Mio 14% | 9,3 Mio 13% |
| **65- bis 79-Jährige** | 12,5 Mio 15% | 12,7 Mio 16% | 12,6 Mio 16% | 14,0 Mio 18% | 15,9 Mio 20% | 12,8 Mio 18% |
| **Über 80-Jährige** | 4,3 Mio 5% | 4,8 Mio 6% | 6,0 Mio 8% | 6,2 Mio 8% | 6,4 Mio 8% | 10,2 Mio 15% |

*Quelle: Statistisches Bundesamt. Die Bevölkerungsvorausberechnung des statistischen Bundesamtes basiert auf unterschiedlichen Modellrechnungen und kommt deshalb im Detail zu unterschiedlichen Zahlen. Die in der vorhergehenden Tabelle und im Text aufgeführten Zahlen basieren auf der Variante 1 – W1 der 12. koordinierten Bevölkerungsvorausberechnung aus dem Jahr 2009. Auf der Homepage des Statistischen Bundesamtes www.destatis.de finden sich weitere umfangreiche Informationen und animierte Grafiken.*

Im Blick auf die Gestaltung der Seniorenarbeit in den nächsten Jahren lohnt sich eine nochmals differenziertere Sicht auf die Zahlen:

Bis zum Jahr 2020 bleibt die Zahl der 65- bis 79-Jährigen fast konstant! Danach wächst sie schnell und erreicht in den Jahren 2034 bis 2036 ihren Höhepunkt mit 16,7 Millionen und einem Anteil von 22 % an der Gesamtbevölkerung. Bis zum Jahr 2050 sinkt die Bevölkerungszahl dieser Altersgruppe auf 12,8 Millionen und erreicht damit in etwa das Niveau von 2010.

Die Gruppe der 55- bis 64-Jährigen wächst bis ins Jahr 2023 kontinuierlich. In den Jahren 2025 bis 2036 nimmt ihre Zahl ebenso stetig ab und erreicht im Jahr 2032 denselben Stand wie im Jahr 2010.

Die Zahl der über 80-Jährigen vergrößert sich – verglichen mit anderen Altersgruppen – überproportional. Bereits in den Jahren von 2010 bis 2020 (!) steigt die erwartete Zahl der Senioren im Alter ab 80 Jahren um rund 39 %. In absoluten Zahlen bedeutet das eine Zunahme von 4,3 Millionen im Jahr 2010 auf 6 Millionen im Jahr 2020.

Die Veränderungen der Altersgruppen ab 55 in absoluten Zahlen in den Jahren 2010 bis 2020:
55- bis 64-Jährige: plus 2,7 Millionen
65- bis 79-Jährige: plus 0,1 Millionen
über 80-Jährige: plus 1,7 Millionen

Alle diese Zahlen stellen den für ganz Deutschland gültigen Durchschnitt dar. Die verschiedenen Bundesländer und einzelne Städte und Gemeinden können erheblich von dieser prognostizierten Entwicklung abweichen. Im Blick auf die kirchengemeindliche Seniorenarbeit lohnt sich deshalb unbedingt ein Blick auf die konkreten Gemeindegliederzahlen vor Ort, aufgeschlüsselt auf unterschiedliche Altersgruppen.

Für eine durchschnittliche Gemeinde mit 2000 Einwohnern (Stand 2010; 2020: 1961) würde die Entwicklung der dargelegten Bevölkerungszahlen Folgendes bedeuten:

|  | Anzahl 2010 | Anzahl 2020 | Plus von ... Personen |
|---|---|---|---|
| 55- bis 64-jährige Gemeindeglieder | 248 | 314 | 66 |
| 65- bis 79-jährige Gemeindeglieder | 307 | 309 | 2 |
| Gemeindeglieder über 80 | 106 | 147 | 41 |
| insgesamt | 661 | 770 | 109 |

Die Zahl der über 55-jährigen Gemeindeglieder würde in dieser Modellrechnung von 661 im Jahr 2010 zunehmen auf 770 im Jahr 2020. Dies ist natürlich eine deutliche Erhöhung. Es bleibt jedoch der Interpretation jedes Einzelnen überlassen zu bewerten, welche Bedeutung die Vergrößerung dieser Altersgruppe letztlich für die konkrete Gemeindearbeit hat.

Für mich gilt: Seniorenarbeit wird gebraucht – ganz unabhängig von den Bevölkerungszahlen. Die stetige Zunahme der Altersgruppe 55plus in den nächsten Jahren bestätigt die Notwendigkeit einer neuen Seniorenarbeit, begründet sie aber nicht. Die vorausberechnete Verschiebung der Bevölkerungspyramide bezieht sich auf einen Zeitraum von fünf Jahrzehnten! Es ist zu erwarten, dass sich die Veränderungen in der Altersverteilung der Bevölkerung für die konkrete Seniorenarbeit in den nächsten Jahren bis 2020 erst ansatzweise in der Praxis bemerkbar machen werden.

Aufgrund der vorhandenen Zahlen empfiehlt es sich, in der weiteren Entwicklung der Seniorenarbeit ein besonderes Augenmerk auf die Altersgruppe der 55- bis 64-Jährigen und der über 80-Jährigen zu legen. Beobachtet man die Erwerbstätigkeit, ist knapp jeder Dritte der 55- bis 59-Jährigen bereits nicht mehr berufstätig, bei den 60- bis 64-Jährigen steht nur noch gut jeder Dritte im Beruf. Gerade diese jungen Senioren müssen frühzeitig angesprochen und gewonnen werden.

## Entwicklung der Bevölkerungszahlen ausländischer Mitbürger in der Altersgruppe 65plus

**Jahr /** Anzahl

**1970 /** 52 027    **1980 /** 110 671    **1990 /** 146 134    **2000 /** 352 892    **2009 /** 579 458

*Quelle: Statistisches Bundesamt. Die Zahlen von 1970 und 1980 beziehen sich auf die frühere Bundesrepublik. Ab 1990: wiedervereinigtes Deutschland. Stand jeweils am Jahresende.*

Ausländische Mitbürger im Seniorenalter werden in unseren Gemeinden noch kaum wahrgenommen. Als Kirche sollten wir uns dieser karitativen und diakonischen Aufgabe stellen und dabei helfen, dass Senioren mit Migrationshintergrund bei uns in Deutschland zufrieden alt werden können.

## Anteil der männlichen und der weiblichen Bevölkerung innerhalb der jeweiligen Altersgruppen

| | Personen insg. in 1000 | Männer % | Frauen % |
|---|---|---|---|
| **55–60** | 5372,2 | 49,5 | 50,5 |
| **60–65** | 4228,7 | 49,2 | 50,8 |
| **65–70** | 5144,6 | 48,0 | 52,0 |
| **70–75** | 4522,3 | 46,0 | 54,0 |
| **75–80** | 3001,1 | 42,4 | 57,6 |
| **80–85** | 2258,7 | 35,0 | 65,0 |
| **85–90** | 1297,0 | 27,7 | 72,6 |
| **90–95** | 321,0 | 23,0 | 77,0 |
| **95 und älter** | 184,4 | 28,1 | 71,9 |

*Quelle: Die absoluten Zahlen sind dem Statistischen Jahrbuch 2010 des Statistischen Bundesamtes entnommen, die Prozentzahlen wurden auf der Basis der dort weiterhin ausgeführten Zahlen errechnet. Stand Jahresende 2008.*

Die Tabelle mit den konkreten Zahlen aus dem Jahr 2006 zeigt beispielhaft die Veränderung des Geschlechteranteils in den verschiedenen Altersgruppen. Zu bedenken ist, dass die Anzahl der Männer in den höheren Jahrgängen dieser Tabelle bereits durch den Krieg grundsätzlich dezimiert ist. Trotzdem werden auch in Zukunft die Frauen im höheren Alter zahlenmäßig dominieren. Allerdings wird dann der Unterschied nicht mehr so deutlich ausfallen: Sind im Jahr 2008 35%

der 80- bis 85-jährigen Personen Männer und 65% Frauen, so wird im Jahr 2020 der Männeranteil derselben Altersgruppe immerhin 41,4% betragen, der Frauenanteil 58,6%.Im Blick auf die Seniorenarbeit lässt sich feststellen: Der oftmals vorhandene Mangel an Männern innerhalb kirchengemeindlicher Seniorenprogrammen lässt sich in den Altersgruppen bis 80 nicht allein damit erklären, dass es weniger Männer gibt! Richtig deutlich wird der Frauenüberschuss innerhalb der Bevölkerung erst in den Altersgruppen ab 80.

## Bevölkerung nach Altersgruppen, Geschlecht und Familienstand, Anteile innerhalb der jeweiligen Altersgruppe in Prozent

| | verwitwet | | verheiratet | | geschieden | | ledig | |
| | Männer | Frauen | Männer | Frauen | Männer | Frauen | Männer | Frauen |
|---|---|---|---|---|---|---|---|---|
| **55–60** | 2,2 | 8,2 | 73,5 | 71,3 | 13,6 | 14,0 | 10,6 | 6,5 |
| **60–65** | 3,6 | 13,0 | 76,8 | 69,8 | 11,6 | 12,3 | 8,0 | 5,0 |
| **65–70** | 5,8 | 20,1 | 78,7 | 65,3 | 8,7 | 10,0 | 6,8 | 4,6 |
| **70–75** | 9,1 | 31,7 | 79,1 | 55,6 | 6,2 | 7,6 | 5,5 | 5,0 |
| **75–80** | 15,4 | 47,0 | 75,7 | 40,9 | 4,4 | 5,9 | 4,5 | 6,2 |
| **Ab 80** | 31,0 | 66,3 | 60,5 | 19,6 | 3,8 | 5,3 | 4,7 | 8,8 |

*Quelle: Statistisches Bundesamt, Statistisches Jahrbuch 2010. Stand Jahresende 2008.*

Besonders interessant für kirchengemeindliche Seniorenarbeit sind die Zahlen von verheirateten und verwitweten Männern und Frauen: Hier zeigen sich starke Unterschiede.

Im Alter ab 75 ist etwa jede zweite Frau bereits verwitwet, während dies nicht einmal für jeden sechsten Mann zutrifft. Daraus kann man zwei wichtige Schlussfolgerungen ziehen. Erstens: Bei einem großen Teil der verwitweten Frauen – und damit bei einem großen Teil der entsprechenden weiblichen Altersgruppe überhaupt – wird das Thema „Einsamkeit" und „Alleinsein" eine wichtige Rolle spielen. Frauen in den betreffenden Altersgruppen werden vermutlich einen großen Bedarf an Angeboten haben, die ihnen die Möglichkeit zur Begegnung, zu Gemeinschaft und Geselligkeit bieten. Zweitens: Der Anteil verwitweter Männer steigt erst ab

80 stärker an. Wer bereits im Alter unter 80 als Mann verwitwet, gehört zu den Ausnahmen. Das bedeutet umgekehrt allerdings auch, dass verwitwete Männer oftmals noch stärker unter dem Alleinsein leiden, da sie wenig Leidensgenossen finden. Deshalb sollten verwitwete Männer mit ihren Problemen in der kirchengemeindlichen Seniorenarbeit auf keinen Fall vergessen werden.

## Bereitschaft zum freiwilligen Engagement innerhalb verschiedener Altersgruppen, Anteil in Prozent, Vergleich von 1999 und 2004

| | Alle | | | Männer | | | Frauen | | |
|---|---|---|---|---|---|---|---|---|---|
| | Freiw. engag. | Bereit z. Eng. | Nicht bereit | Freiw. eng. | Bereit z. Eng. | Nicht bereit | Freiw. Eng. | Bereit z. Eng | Nicht bereit |
| **55–64 Jahre** | | | | | | | | | |
| 1999 | 35 % | 22 % | 43 % | 41 % | 20 % | 39 % | 29 % | 24 % | 46 % |
| 2004 | 40 % | 30 % | 30 % | 42 % | 27 % | 31 % | 37 % | 33 % | 30 % |
| **65–74 Jahre** | | | | | | | | | |
| 1999 | 27 % | 12 % | 61 % | 31 % | 12 % | 57 % | 22 % | 12 % | 66 % |
| 2004 | 32 % | 20 % | 48 % | 39 % | 18 % | 43 % | 26 % | 21 % | 53 % |
| **75 Jahre plus** | | | | | | | | | |
| 1999 | 17 % | 7 % | 76 % | | | | | | |
| 2004 | 19 % | 10 % | 71 % | | | | | | |

*Quelle: Fünfter Altenbericht der Bundesregierung, 2005*
*Freiw. engag. = Freiwillig engagiert / Bereit z. Eng. = Bereit zum Engagement.*

In allen Altersgruppen ist innerhalb der Jahre 1999 bis 2004 der Anteil derjenigen Menschen gestiegen, die bereits ein freiwilliges Engagement praktizieren. Ebenso hat auch die grundsätzliche Bereitschaft zum freiwilligen Engagement innerhalb dieser Jahre zugenommen. Auffallend ist, dass im Jahr 2004 bei den 55- bis 64-Jährigen nur knapp jeder Dritte ein ehrenamtliches Engagement für sich ausschließt. Ein weiteres knappes Drittel ist grundsätzlich dazu bereit, hat aber noch keine Aufgabe. Hier liegen große Möglichkeiten, neue Mitarbeiter für die Seniorenarbeit zu finden – sie müssen nur angesprochen und menschlich gewonnen werden.

## Englischkenntnisse: Auf die Frage „Wie gut verstehen Sie Englisch?" ergibt sich für die unterschiedlichen Altersgruppen folgendes Bild

|  | Überhaupt nicht gut, gar nicht | Nicht sehr gut | Ziemlich gut | Sehr gut |
|---|---|---|---|---|
| 20–29 (Vergleichsgruppe) | 26 % | 17 % | 43 % | 14 % |
| 50–59 | 51 % | 16 % | 25 % | 7 % |
| 60–69 | 66 % | 13 % | 17 % | 5 % |
| 70plus | 78 % | 9 % | 11 % | 3 % |

*Quelle: Allensbacher Markt- und Werbeträgeranalyse AWA 2008*
*© Institut für Demoskopie Allensbach.*

Wer mit älteren Menschen zu tun hat, merkt schnell: Englische Begriffe kommen in der Regel nicht gut an. Das ist nicht verwunderlich, wie diese Tabelle zeigt. Vier von fünf Senioren im Alter über 70 können kein oder nur minimal Englisch. Natürlich haben sich auch diese Personen an die Durchdringung unserer Sprache mit englischen Wörtern gewöhnt. Auch sie wissen, was „cool" bedeutet oder wie ein „Burger" aussieht. Geht es aber um ihre ureigenen und speziellen Belange, mögen es ältere Menschen in der Regel gar nicht, wenn mit englischen Begriffen formuliert wird. Kluge Marketingstrategen haben sich für die seniorige Kundschaft Bezeichnungen überlegt wie „Silver Generation", „Best Agers" oder „Golden Oldies". Dabei haben sie ganz die Aversionen übersehen, die durch diese englischsprachige Betitelung zumindest bei den über 70-Jährigen hervorgerufen wird!

Auffallend ist weiterhin, dass unter den 55- bis 59-Jährigen immerhin noch jeder Zweite nur unzureichende Englischkenntnisse hat. Ein sensibles Vorgehen beim Gebrauch der englischen Sprache ist deshalb grundsätzlich angebracht.

## Kirchenmitgliedschaft

Die EKD hat im Jahr 2009 gut 24 Millionen Mitglieder – das sind gerade 29,5% der Deutschen. Weitere 30,5% gehören der katholischen Kirche an. 40% aller Deutschen sind konfessionslos oder gehören einer anderen Konfession oder Religion an. Im Jahr 1950 hatte Westdeutschland einen Anteil von 50,6% Evangelischen und 45,8% Katholiken (1970 49% evangelisch und 44,6% katholisch). 1970 waren lediglich 3,9%

konfessionslos, 2,5% gehörten einer anderen Konfession oder Religion an. Bereits 1987, also vor der Wiedervereinigung, lag der Anteil der Konfessionslosen bei 11,4%, 1990 in Gesamtdeutschland bei 22,4%. (Quelle: wikipedia)

Die Zeiten sind längst vorbei, in denen sich die Bevölkerung in etwa je zur Hälfte auf die evangelische und die katholische Kirche verteilten – haben wir das in der Gemeindearbeit wirklich schon realisiert?

Aktuelle Informationen zu Zahlen der Kirchenmitglieder und ihrem Anteil an der Bevölkerung in den jeweiligen Bundesländern finden sich auf der Homepage der Evangelischen Kirche in Deutschland www.ekd.de.

## Auf die Frage „Welche Musikrichtungen hören Sie gern?" antworten die verschiedenen Altersgruppen folgendermaßen

| | 50-59 | 60–69 | 70plus |
|---|---|---|---|
| Oldies, Evergreens | 87,6 | 87,9 | 80,5 |
| Englischsprachige Rock- und Popmusik | 61,7 | 27,9 | 7,2 |
| Deutsche Schlager | 67,1 | 79,9 | 82,8 |
| Deutschsprachige Rock- und Popmusik | 64,6 | 37,8 | 16,6 |
| Volksmusik, Blasmusik | 33,1 | 56,5 | 75,7 |
| Tanzmusik | 53,9 | 64,7 | 59,6 |
| Musicals | 54,5 | 59,4 | 50,5 |
| Klassische Musik, Klavierkonzerte, Sinfonien | 39,0 | 48,6 | 48,3 |
| Oper, Operette, Gesang | 35,7 | 50,6 | 56,2 |
| Dance, Hip Hop, Rap | 10,7 | 3,2 | 0,8 |
| Hardrock, Heavy Metal | 12,2 | 4,0 | 0,7 |
| Blues, Spirituals, Gospels | 42,8 | 39,5 | 26,7 |
| Techno, House | 5,0 | 1,9 | 0,6 |
| Jazz | 31,6 | 30,4 | 18,9 |
| Chansons | 40,6 | 44,6 | 34,9 |

*Quelle:* Allensbacher Markt- und Werbeträgeranalyse AWA 2008
© Institut für Demoskopie Allensbach; Angaben in Prozent, Mehrfachnennungen möglich.

Vielleicht kennen Sie auch ähnliche Situationen: Beim Seniorengeburtstag werden zu vorgerückter Stunde die alten Liederhefte hervorgeholt und dann werden sie gesungen, die schönen Volkslieder von früher. Die jüngeren Geburtstagsgäste im zarten Alter bis 55 verlassen nach und nach unauffällig das Zimmer und kommen erst wieder, wenn der Gesang beendet ist ...

Der Musikgeschmack verschiedener Generationen unterscheidet sich erheblich. Dabei ist Musik in hohem Maße identitätsstiftend. Musik ist Ausdruck eines bestimmten Lebensgefühls. Mit der jeweils „richtigen" Musik können deshalb die Herzen der jeweiligen Menschen erreicht werden. Genauso kann die „falsche" Musik dazu führen, eine Veranstaltung oder Gruppe gar nicht erst zu besuchen. Jüngere Senioren, die mit den Beatles und den Rolling Stones aufgewachsen sind, werden nicht plötzlich Volkslieder singen, nur weil sie jetzt 65 Jahre alt geworden sind.

Musik in unserer Seniorenarbeit ist deshalb sehr viel mehr als dekoratives Beiwerk. Man muss wissen: Bestimmte Musik wird bestimmte Menschen ansprechen oder abstoßen. – Natürlich wird man es auch hier nie allen recht machen können.

Aus der Tabelle wird deutlich: Die Akzeptanz von Volks- und Blasmusik sinkt bei jüngeren Senioren deutlich. Weit mehr als die Hälfte der 50-bis 59-Jährigen mag dagegen englische oder deutsche Rock- und Popmusik.

Im Blick auf einen Musikgeschmack, der alle Altersgruppen ab 50 verbindet, lässt sich Folgendes feststellen: Über die Hälfte aller Befragten kann sich für Tanzmusik und Musicals gemeinschaftlich begeistern. Weitaus mehr als mit klassischer Musik oder Opern und Operetten können die verschiedenen Altersgruppen darüber hinaus jahrgangsübergreifend mit Evergreens, Oldies und deutschen Schlagern angesprochen werden. Doch hier gibt es noch viel zu tun: Passende Liederbücher müssen gesucht werden. Musiker in unseren Gemeinden müssen entdeckt werden, die in dieser Sparte etwas zum Besten geben können. Und neue Ideen müssen entwickelt werden: Warum nicht mal zur Seniorendisko einladen, zur Schlagerhitparade oder gar zum Karaokesingen?

## Entwicklung der Lebenserwartung von Neugeborenen

|  | 1871–1881 | 1901–1910 | 1932–1934 | 1960–1962 | 1991–1993 | 2007–2009 |
|---|---|---|---|---|---|---|
| **Jungen** | 35,6 | 44,8 | 59,9 | 66,9 | 72,5 | 77,3 |
| **Mädchen** | 38,4 | 48,3 | 62,8 | 72,4 | 79,0 | 82,5 |

*Quelle: Statistisches Bundesamt, 2011. Die Werte wurden jeweils für folgende Gebiete ermittelt: 1871/81 bis 1932/34: Deutsches Reich; 1960/62 früheres Bundesgebiet; ab 1991/93 Deutschland.*

Die Lebenserwartung der Menschen ist in den letzten 140 Jahren enorm gestiegen. Wer Anfang dieses Jahrtausends geboren wurde, hat statistisch gesehen mehr als doppelt so viel Lebensjahre vor sich wie sein in den 1870ern geborener Urahn. Solange das Renteneintrittsalter nicht weiter nach oben verschoben wird, verlängern diese zusätzlichen geschenkten Jahre die frei gestaltbare Zeit des Ruhestands. Im Blick auf die Bevölkerungspyramide bedeutet dies: die Verschiebung der Altersanteile zugunsten der Senioren findet nicht nur deshalb statt, weil weniger Kinder geboren werden. Es gibt auch mehr Senioren, weil wir länger leben! – Und darüber sollten wir uns unbedingt freuen!

## Erwerbstätigenquote

Die Erwerbstätigenquote ändert sich permanent in Abhängigkeit von der Entwicklung der Wirtschaft. Es lohnt sich, die aktuellen Zahlen zu verfolgen und zu sehen, wie viel Prozent der über 55-Jährigen noch erwerbstätig sind.

| 2009 | |
| --- | --- |
| **Erwerbstätigenquote 55 bis 60 Jahre insges.** | 69,9 % |
| **Erwerbstätigenquote 60 bis 65 Jahre insges.** | 38,4 % |

*Quelle: Statistisches Bundesamt, Mikrozensus. Zitiert nach „Aufbruch in die altersgerechte Arbeitswelt", Bundesministerium für Arbeit und Soziales, 2010.*

## Weitere Infotipps

Allensbacher Berichte, 7/2008, Die neuen Alten, www.ifd-allensbach.de

Unterschiedlichste Statistiken bei www.de.statista.com

Prof. Dieter Otten, Die 50+ Studie. Wie die jungen Alten die Gesellschaft revolutionieren, Rowohlt Verlag, 2008

# Zusammenfassung

### Die wichtigsten Fakten für die Seniorenarbeit

*Zahlen und Statistiken können helfen, Gegebenheiten besser zu verstehen und Probleme konkreter zu fassen. Hinter allen Zahlen aber stehen Menschen – das sollte man nie vergessen.*

**Bevölkerungsentwicklung:** In den Jahren von 2010 bis 2020 wird die Zahl der 55- bis 64-Jährigen um 2,6 Millionen zunehmen, die Zahl der 65- bis 79-Jährigen um 0,1 Millionen, die Zahl der über 80-Jährigen um 1,6 Millionen.

**Lebenserwartung:** Die Lebenserwartung in unserem Land steigt kontinuierlich. Dies ist ein Grund zur Freude.

**Erwerbstätigkeit:** Nur noch ein Teil der 55- bis 65-Jährigen steht im beruflichen Leben. Die Zielgruppe der Senioren umfasst damit bereits Menschen dieser Altersgruppe.

**Kirchenmitgliedschaft:** Der Anteil von evangelischen und katholischen Christen an der Gesamtbevölkerung nimmt stetig ab. Seniorenarbeit muss sich zunehmend auf Menschen einstellen, die säkularisiert leben oder nicht-christlichen Religionen angehören.

**Verhältnis von Frauen und Männern:** Je älter Senioren werden, desto mehr verschiebt sich der Geschlechteranteil zugunsten der Frauen.

**Familienstand:** Bereits jede zweite Frau über 75 ist alleinstehend, während Männer selbst im höheren Alter noch mehrheitlich in Partnerschaften leben. „Einsamkeit" ist besonders bei älteren Frauen ein brennendes Thema, aber auch bei der Minderheit der alleinstehenden Männer.

**Senioren mit Migrationshintergrund:** Immer mehr ausländische Mitbürger verbringen ihren Ruhestand in unserem Land. Hier deutet sich ein neues Arbeitsfeld an.

**Ehrenamt:** Die Bereitschaft zum freiwilligen Engagement ist bei Senioren groß.

**Englischkenntnisse:** Rund die Hälfte der jungen Senioren kann nur eingeschränkt oder gar nicht Englisch. Bei älteren Senioren sind die Zahlen noch deutlicher. Ein sensibler Gebrauch der englischen Sprache in der Seniorenarbeit ist nötig.

**Musik:** Der Musikgeschmack von Senioren ist uneinheitlich. Jüngere und ältere Senioren unterscheiden sich hier deutlich.

# E. ANHANG: ADRESSEN

Evangelische Arbeitsgemeinschaft für Altenarbeit innerhalb der EKD (EAfA), Evangelische Kirche in Deutschland, Herrenhäuser Str. 12, 30419 Hannover, www.ekd.de/eafa/, hier auch Links auf weitere kirchliche Seiten

Evangelisches Seniorenwerk, Bundesverband für Frauen und Männer im Ruhestand e. V., Fachverband im Diakonischen Werk der Evangelischen Kirche in Deutschland, ESW-Geschäftsstelle: Stafflenbergstr. 76, 70184 Stuttgart, Postadresse: Postfach 10 11 42, 70010 Stuttgart, www.evangelisches-seniorenwerk.de

Evangelisches Zentrum für innovative Seniorenarbeit, eine Einrichtung der Evangelischen Kirche im Rheinland, des Evangelischen Erwachsenenbildungs-werks Nordrhein und des Diakonischen Werks der Evangelischen Kirche im Rheinland. Kontaktadressen: Evangelisches Erwachsenenbildungswerk Nordrhein e. V., Graf-Recke-Str. 209, 40237 Düsseldorf. Diakonisches Werk Rheinland – Westfalen – Lippe e. V., Lenaustr. 41, 40470 Düsseldorf. Homepage: www.zentrum.evangelische-seniorenarbeit.de

Ebz – Evangelisches Bildungszentrum für die zweite Lebenshälfte der Evangelischen Kirche von Kurhessen-Waldeck, Würzburger Str. 13, 63619 Bad Orb, www.ebz-bad-orb.de, hier unter anderem auch download des Leitfadens: „Die zweite Lebenshälfte in der Kirchengemeinde"

Kompetenznetz für Generationen- und Altenarbeit, Kloster Denkendorf, Beispiele für innovative Praxisprojekte, Adresse: Haus Birkach, Fortbildung für Gemeinde und Diakonie, Grüninger Straße 25, 70599 Stuttgart, www.bildungsportal-kirche.de

Landesarbeitsgemeinschaft evangelischer Seniorinnen und Senioren in Württemberg (LageS), Geschäftsstelle, Büchsenstr. 37/1, 70174 Stuttgart, Tel.: 0711 48072-62 oder 63, www.lages-wue.de

Offene Altenarbeit der Evangelischen Kirche in Schleswig-Holstein, Umfangreiche Befragungsaktion, Adresse: Diakonisches Werk Schleswig-Holstein, Martinshaus, Kanalufer 48, 24768 Rendsburg, www.altenarbeit-sh.de

Internetplattform „Seelsorge im Alter", in Kooperation von Evangelischer Landeskirche in Württemberg und Diakonischem Werk Württemberg. Umfangreiche Hinweise auf Arbeitsmaterial und Fortbildungsmöglichkeiten im Bereich der Seniorenarbeit, Kontakt: Diakonisches Werk Württemberg, Heilbronner Str. 180, 70191 Stuttgart, www.seelsorge-im-alter.de

Bundesministerium für Familie, Senioren, Frauen und Jugend, 11018 Berlin, www.bmfsfj.de

Bundesarbeitsgemeinschaft der Senioren-Organisationen e. V. BAGSO, Bonngasse 10, 531111 Bonn, www.bagso.de

Bundesarbeitsgemeinschaft Seniorenbüros e. V., Graurheindorfer Str. 79, 53111 Bonn, www.seniorenbueros.org

Deutsches Zentrum für Altersfragen, Manfred-von-Richthofen-Str. 2, 12101 Berlin-Tempelhof, www.dza.de

Forum Seniorenarbeit NRW, ein Projekt des Kuratorium Deutsche Altenhilfe, Wilhelmine-Lübke-Stiftung e. V., An der Pauluskirche 3, 50677 Köln, www.forum-seniorenarbeit.de

Senior Experten Service, Stiftung der Deutschen Wirtschaft für internationale Zusammenarbeit GmbH: Ehrenamtliche Fachleute, die das aktive Berufsleben beendet haben, leisten Hilfe zur Selbsthilfe in unterschiedlichen Ländern, Buschstr. 2, 53113 Bonn, Postfach 22 62, 53012 Bonn, www.ses-bonn.de

LebensLauf, Das christliche Magazin für die zweite Lebenshälfte, erscheint sechsmal jährlich im Bundes-Verlag, www.lebenslauf-magazin.net

**Weitere interessante Internetseiten**
www.althilftjung.de, www.aktivsenioren.de, www.business-wissen.de
www.erfahrungsreich.de
www.feierabend.de, www.fitimalter.de, www.freie-jahre.de
www.reifemaerkte.de, www.seniorenbroschuere.de
www.senioren-fuer-christus.de, www.senioren-initiativen.de
www.senioren-online.de, www.unserezeiten.de, www.wissensdurstig.de

# F. Neue Seniorenarbeit – Zehn Provokationen

1. Senioren sind die Zukunft der Gemeinde. Das ist keine Drohung.
   Das ist eine Chance.

2. Wir haben zu reichlich Senioren? – Nein! Senioren sind unser Reichtum.
   Ein Reichtum an Wissen, Begabungen, Kompetenzen.

3. Senioren können selbst handeln. Wir müssen sie nur handeln lassen.

4. Wenn sich Senioren wenig zutrauen, sind wir selbst schuld.
   Weil wir Senioren so wenig zutrauen.

5. Senioren kommen von alleine in die Kirche. So denken viele.
   Bis auch die letzte Bank leer ist.

6. Unsere Senioren sind bunt. Unsere Seniorenprogramme (noch) nicht.

7. Gute Kinder-, Jugend- und Familienarbeit verlangt Einsatz.
   Gute Seniorenarbeit auch.

8. Senioren haben Füße. Wenn es ihnen bei uns nicht gefällt,
   gehen sie woanders hin.

9. Nicht die Schwäche von Älteren ist das Problem.
   Das Problem ist unsere mangelnde Stärke, sie zu tragen.

10. Jesus sagt: „Ich bin bei euch alle Tage." Bis an des Lebens Ende.
    Bis an der Welt Ende. Das ist unsere Botschaft. Unser Auftrag.
    Unsere Zuversicht.